口絵1　広原湿原（長野県小県郡長和町）の景観（Ⅱ章）
A：8月下旬に撮影（湿原を北から望む）、B：5月上旬に撮影（湿原を南から望む）。

約 30,000 〜 20,000 cal BP
（最終氷期最寒冷期：23.0-19.0 ka cal BP）

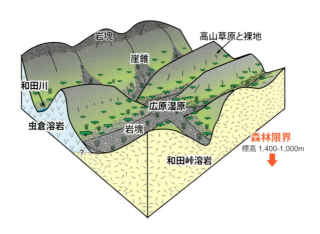

約 20,000 〜 11,000 cal BP（晩氷期）

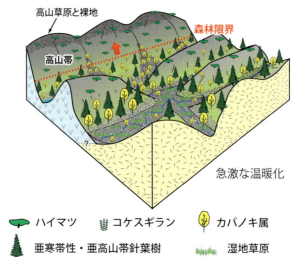

口絵 2　約 3.0〜1.1 万年前における広原湿原周辺の景観復元モデル（Ⅲ章）
吉田（2016）を加筆・修正した。

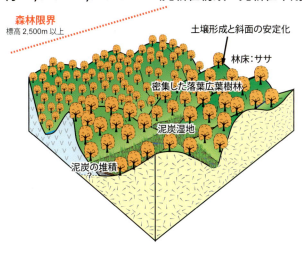

口絵3　約1.1万年前〜700年前における広原湿原周辺の景観復元モデル（Ⅲ章）
吉田（2016）を加筆・修正した。

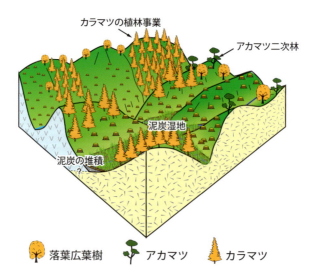

口絵4　約700年前以降における広原湿原周辺の景観復元モデル（Ⅲ章）
吉田（2016）を加筆・修正した。

明治大学黒耀石研究センター叢書 I

人類と資源環境のダイナミクス
旧石器時代

雄山閣

序　文

　明治大学黒耀石研究センターは、人類・資源環境系の解明を目的とした学際研究を推進する研究機関である。これまで黒曜石産地推定の高精度化や先史時代のさまざまな資源研究を進めてきた。そしてその成果は、新たな先史時代研究の展開の扉を開こうとしている。

　ところで、考古学の魅力とは、遺跡の発掘や出土した様々な遺物の分析にあることは間違いない。われわれは発掘によって遺跡や遺物に接し、そして地域と結びつきを強め、遠い過去の人類史の実像解明へと歩みを進めるのである。

　学際化の叫ばれる今日の科学において、考古学も個々の現象の記載という段階から、現象の相互関係の解明へと軸足を移しつつある。そして、それは、学問領域を超えて関連科学との連携を強めることになった。

　本書刊行の意図はこうした先史考古学の現状について実例の紹介を通じて先史考古学の理解を深めてもらうことである。そして本書がフィールドへとつながる道標となることを期待したい。

2019 年 1 月 14 日

黒耀石研究センター長　阿部芳郎

はじめに

　シリーズ第1巻目の本書は、旧石器時代をあつかう。人類と資源環境のダイナミクスを旧石器時代に探る。しかし、抽象的な人類とそれをめぐる資源環境は存在しない。日本列島における調査だけでなく世界各地に展開する発掘調査活動によって得られる実証的なデータは、どこでもまず個別事象である。地球儀に針を突き立てたような小さな一点の調査事例から出発するのはなにも考古学だけの特徴ではない。しかし、多くの困難をともないながらも当時の人類の生活世界に迫ろうとするならば、まずオリジナルな資料は一地点（遺跡）の発掘調査からしかでてこない。

　個別の資料のなかには、そこに固有の現象、ある広がりをもった地域的な特殊性のある現象、日本列島を超えてユーラシアに共通する現象などが重層的に含まれている。それを広がりの階層論として解きほぐし、広域に議論を展開させることを本書で試みた。つまり、一地点の調査がもつ個別事例を通してどこまで広がりの階層性が追究できるかを探ろうとしたのである。そのため本書は、日本列島にみられる旧石器時代のさまざまなテーマや論点の個別解説の体裁はとらず、また特徴を概観して整理して並べる方式も採用していない。

　私たちは、文部科学省私立大学戦略的研究基盤形成支援事業「ヒト―資源環境系の歴史的変遷に基づく先史時代人類誌の構築」（研究期間：2011年度～2015年度；研究代表者：小野　昭）の一環として、長野県小県郡長和町にある広原（ひろっぱら）湿原とそれを取り囲んで所在する遺跡のボーリングと発掘調査を2011年度から2013年度まで三回にわたり実施した。

　先史時代の人類が身の回りの環境にどのように適応し、資源環境を利用してきたかを、一般論ではなく、あくまでも事例的に詳細に解明しようとの問題意

はじめに

識の下に実施したのである。標高1,400mの高地における人類活動と、湿地の形成の対応関係を、地形学、考古学、火山灰分析、花粉分析、植物珪酸体分析、珪藻分析、黒曜石の産地分析、放射性炭素年代から解明することに務めた。その結果、湿地の堆積物に残された情報と、風成の堆積物中に残された考古学的な遺跡の対応関係を具体的に議論することができた。

最終氷期の最寒冷期を挟む後期更新世末の気候変動による森林限界の垂直移動がとらえられ、周辺の自然環境が高山草原的環境から森林が次第に回復し、あたりを覆う過程と遺跡形成の関係をとらえた。石材資源として重要な黒曜石原産地に直近の広原の地点は、当時の人類集団のどのような黒曜石石材の開発形態とサイクルで利用されたのか。そして遺跡としてどのように残ったのか。これについて、具体的な像を示すことがある程度実現できたといえるだろう。調査地点が海抜1,400mという条件も幸いし、完新世の気候温暖に移行する前の急激な寒冷のスパイクであるヤンガー・ドリアス期にあたる現象も把握することができた。本書では、こうして解明されたさまざまな局面を、より一般化し、一地点の事例をどのように広く還流できるかを解説した。

日本列島に展開した旧石器時代の狩猟民が、最終氷期と更新世末の変わりゆく身の回りの環境に適応して、資源の開発と獲得をどのように実現していったのか、そのダイナミクスを広原湿原の考古・古環境調査を題材に紹介し、一般化できる点は大胆にそれを試みた。教科書としても使えることを目標においたが、成功しているかどうかは読者の判断にゆだねたい。

本書全体を通じて、1)研究の着想の背景、2)一般的な目的と絞り込んだ目標、3)結果、4)解釈の過程などを重視した。構成はこれに沿って立てられてはいないが、これを意識して書き込んである。ここに書かれた内容は考古学を基軸にしているが、第四紀研究を推進する諸分野の方法によって解明されたものである。フィールドからのオリジナルな情報をどのように引き出してくるの

か、その過程の重要性も強調したいと考えたからである。

　本書は八つの章からなる。Ⅰ章「自然環境と人類活動」は、人類と資源環境のダイナミクスに通底する基本的な視点と枠組みを示す。自然の階層構造と人類進化の関係、とくに気候変動、植物相、動物相、人類社会の間の規定関係を明らかにし、狩猟採集社会の資源開発の性格を岩石素材、動植物資源、景観変化と生業の関係などから、日本だけでなくユーラシアの典型例で示した。

　Ⅱ章「後期旧石器時代の移り変わりと黒曜石資源の開発」は、後期旧石器（上部旧石器）時代における石器素材としての黒曜石の利用を時代の移り変わりに沿って解説し、そのなかで中部高地の旧石器時代の編年の特色と資源開発を関係づける。黒曜石の利用がなぜ変動するのかを問うことで、広原での考古・古環境調査プロジェクトの着想と、調査プランを詰めていくことを示した。

　Ⅲ章「中部高地黒曜石原産地周辺における過去３万年間の景観変遷」は、人類史を構築する際に同時代の景観の復原がどのように重要な役割を果たしうるかを事例で具体的に示した。広原湿原のボーリング調査で得られたコアの花粉分析の結果から、過去３万年間の植生景観を復原し、森林限界の垂直移動にともなって視界の眺望と遮蔽の関係を人類活動との関係で説明を試みた。

　Ⅳ章「中部高地にヒトは何を残したか―広原遺跡群の発掘―」は、後期旧石器時代の前半期と後半期を中心に、黒曜石の獲得をめぐる具体的な人類活動の痕跡として得られた、広原第Ⅰ遺跡と第Ⅱ遺跡の性格を解説した。また、森林限界の垂直移動をともなう湿原周辺の植生景観の変遷と広原遺跡群における人類活動との現状で明らかにしうる対応関係も提示した。

　Ⅴ章「中部高地でヒトは何をしていたのか―黒曜石原産地分析の活躍―」は、黒曜石原産地に残された広原第Ⅰ遺跡と第Ⅱ遺跡の黒曜石製石器の原産地をあえて分析、推定することを通して、原産地直近あるいは原産地内の黒曜石の獲得をめぐる領域と人間行動の軌跡の実相をはじめて明らかにしたといって

はじめに

よいだろう。

Ⅵ章「最終氷期寒冷気候のインパクトと人間適応のダイナミクス」では、広原の古環境記録と中部高地原産地の考古記録、そして中部・関東地方の約8万5千点の黒曜石原産地分析データの統合を試みた。これにより3万年前より以前の中部高地の開発、最終氷期最寒冷期の中部高地の石材産地開発の様相、その後の気候回復期の黒曜石原産地開発の変化をたどり、中部高地と伊豆七島の神津島や関東一円での黒曜石利用との関係を明らかにして、自然環境の変化だけでなく社会の変化がどのように資源開発の様態を規定するかを解説した。

Ⅶ章「晩氷期の温暖化と縄文文化への胎動」は、気候温暖化にともなう森林限界の上昇期における後期旧石器時代終末期から土器出現期にいたる黒曜石資源開発の質的変化を検討した。加えて、景観の変化と狩猟活動の変化を追って、縄文的狩猟法への変化を動物、植物、岩石資源の利用の変化から推定する。とくに有機質資料が希少な日本列島の例で、腐りにくい石器だけからどのように資源利用の変化を復原するのかの方法も提示を試みた。

Ⅷ章「中部高地からユーラシアへの発信」は、終章である。中部高地が人間―自然環境の相互作用を研究するフィールドとして、平地よりも気候変動を鋭敏に反映した記録を泥炭地に保存していることが、広原湿原の古環境データで明らかになったことを示すとともに、今回の共同研究で得られた研究課題をまとめた。また森林限界の垂直移動にともなう遺跡立地と狩猟活動の相関の研究を展開するためには、広くユーラシアに高精度復元データのある遺跡との類型の比較研究が必要である。それを通して相互の異動を解明し、中部高地あるいは日本列島の特徴の抽出が求められる。中部ヨーロッパの例でそれを試み、個別遺跡の事例、地域の特性、それを超えた共通性の問題を議論した。

執筆者の6名はいずれも広原湿原のボーリング調査と広原遺跡の調査にたずさわったメンバーである。また、お名前は個々にはあげないが、ほかにも多く

の同僚、学生諸君が調査プロジェクトに参加し、また調査報告書として成果をまとめる際に尽力いただいた。ここに明記し、あつくお礼を申しあげたい。

　本書の組み立ては、旧石器時代の人類と資源環境のダイナミクスを中部高地黒曜石原産地の事例研究を通して具体的に探る目的に沿い、プロジェクトの開始段階から緊密に連携をとってきた島田和高、橋詰潤両氏との議論にもとづいている。とくに編集段階では島田氏の尽力によるところ大であることを明記し、深謝の意を表したい。また、出版を引き受けていただいた雄山閣編集部の桑門智亜紀氏と、担当いただいた同編集部の戸丸双葉氏にもあわせてお礼申し上げたい。

　本書からフィールドの土の香りや、野帳（フィールドノート）の趣が読者に伝われば、と願う次第である。

　　　　　　　　　　　　　　　　　　　　　　　　　編者　小野　昭

明治大学黒耀石研究センター叢書
人類と資源環境のダイナミクス I　旧石器時代　目次

序　文 …………………………………………………………………… i
はじめに ………………………………………………………………… iii

I　自然環境と人類活動

1. 自然の階層構造 ………………………………………………… 1
   自然史のなかの人類史 1／自然の階層構造と人類進化 2

2. 最終氷期から完新世への気候変動 …………………………… 6
   気候変動と人類 6／第四紀のなかの最終氷期 7

3. 狩猟採集社会の資源開発 ……………………………………… 12
   岩石素材 13／有機質の素材 15／景観の変化と生業の対応 17

   column1　後期更新世の日本列島の動物資源 ……………… 21

II　後期旧石器時代の移り変わりと
黒曜石資源の開発

1. 明治大学黒耀石研究センターと広原湿原 …………………… 23
2. 石器時代の黒曜石 ……………………………………………… 26
3. 後期旧石器時代の編年 ………………………………………… 29
   後期旧石器時代の中部・関東地方 30／後期旧石器時代の中部高地 33
4. 氷河期の黒曜石利用はどう変化したか ……………………… 37
   原産地分析データ 37／黒曜石利用の動態 40
5. 問題の所在と研究デザイン …………………………………… 43

   column2　黒曜石の原産地分析 ……………………………… 46

III 中部高地の黒曜石原産地周辺における過去3万年間の景観変遷

1. 人類史の構築における景観復元の意義 …………… 51
2. 広原湿原のHB-1Aコア試料と堆積年代 …………… 53
3. 広原湿原における花粉分析と微粒炭分析 ………… 55
4. 過去3万年間における
   黒曜石原産地周辺の景観復元 …………………… 62
   約3.0〜2.0万年前における高山景観 62／約2.0〜1.1万年前における森林限界の上昇と気候の温暖化 63／約1.1万年前〜700年前の森林化と山火事 64／約700年前以降における人間活動による植生景観の改変 65
5. 植生景観による視界と移動性の違い ……………… 66

column3　古気候を復元する ……………………… 69

IV 中部高地にヒトは何を残したか
—広原遺跡群の発掘—

1. 何のために発掘するのか ………………………… 73
2. 中部高地原産地における広原湿原と広原遺跡群 …… 74
3. 広原第I遺跡—ヤリを携えた人々の作業跡— ……… 80
   広原第I遺跡の出土遺物 81／広原第I遺跡の編年と性格 84
4. 広原第II遺跡—局部磨製石斧を携えた黒曜石獲得集団— … 85
   遺物の出土状況 87／4層石器群の組成 88／4層石器群の石核技術と編年 91／4層石器群の性格 95／まとめ 96
5. 古環境変遷史と遺跡はどのように対応するか ……… 97
   約3.0万年前以前 99／約3.0万年前〜1.7万年前 100／約1.7万年前〜1.1万年前 101／約1.1万年前以降 101

column4　日本列島の後期旧石器時代遺跡 …………… 103

V 中部高地でヒトは何をしていたのか
—黒曜石原産地分析の活躍—

1. 黒曜石原産地研究のパラダイム …………………………… 105
2. 原産地分析の結果と原石分布のインデックス …………… 109
   第Ⅰ遺跡と第Ⅱ遺跡の原産地分析結果 109／和田川流域における黒曜石原石の分布 113
3. 広原第Ⅰ遺跡と黒曜石獲得の行動系 ……………………… 116
   黒曜石の原産地分析結果 117／黒曜石製石器の自然面の検討 118／黒曜石獲得をめぐる行動系 121
4. 広原第Ⅱ遺跡と黒曜石獲得の行動系 ……………………… 123
   原産地分析結果と4層石器群 123／黒曜石の獲得領域 126／4層石器群を原産地分析から読み解く 129／黒曜石獲得集団の行動系 132

Ⅵ 気候変動のインパクトと人間適応のダイナミクス

1. 「有効環境領域」の創出 ………………………………… 135
2. 3.0万年前以前 …………………………………………… 140
   中部高地原産地の利用 140／黒曜石利用のはじまり 141／環状ブロック群とは 143／環状ブロック群の分類 146／遊動生活と環状ブロック群の形成モデル 148／現生人類の定着と黒曜石 149
3. 最終氷期最寒冷期（LGM）初頭（e-LUP：約2.9〜2.5万年前）… 152
   中部高地原産地の利用 152／武蔵野台地Ⅱa期の黒曜石利用 153／寒冷化のインパクトと中部高地利用の一時回復 155
4. 最終氷期最寒冷期（LGM）(l-LUP：約2.5〜2.0万年前) ………… 157
   中部高地原産地の利用 157／武蔵野台地Ⅱb期の黒曜石利用 158／寒冷化のインパクト：Ⅱb期前半 159／黒曜石獲得の共同利用施設：Ⅱb期後半 161

目次

  5. 最終氷期最寒冷期（LGM）終末（f-LUP：2.0〜1.9万年前）…… 164
   中部高地原産地の利用 164／長野県矢出川第Ⅰ遺跡の特異性 166／原産地利用が二極化した背景 168

  column5　石器研究法 …………………………………………………… 170

Ⅶ 晩氷期の温暖化と縄文文化への胎動

  1. 北方系細石刃石器群と中部高地原産地 ………………………… 176
  2. 神子柴系大形尖頭器と中部高地原産地 ………………………… 178
  3. 晩氷期前後の環境と人類活動の変化 …………………………… 182
   最終氷期末の環境変動 183／考古資料と古環境の対応関係 185／本州東部における石器と古環境との関係 186／古環境変動と人間行動の関係をさぐる 187／狩猟具からさぐる動物資源利用 189／伐採具利用からさぐる植物資源利用 190／晩氷期前後における資源利用行動の変化 191

  column6　土器の出現をめぐる最近の動向 ………………………… 195

Ⅷ 中部高地からユーラシアへ

  1. 黒曜石原産地研究の課題と意義 ………………………………… 199
  2. 比較の可能性─広原遺跡群とウラーフェルゼン遺跡─ ……… 202

用語解説 …………………………………………………………………… 206
引用参考文献 ……………………………………………………………… 210
索引 ………………………………………………………………………… 229
執筆者一覧 ………………………………………………………………… 238

自然環境と人類活動

1. 自然の階層構造

(1) 自然史のなかの人類史

　歴史といえば、普通は狭い意味で人類の歴史をさし、さらに絞って人類が文字（史料）を残すようになってからが対象となる。そのため文字が出現する以前の人類史は先史時代とよばれたりする。これは研究する際の方法や手段を「文字」の存否を基準に設定された区分である。文字が出現してからの世界では、暦がある、社会組織自体の存否ではなく、社会の存在が前提となって、社会組織の形態や体制が研究対象である。そのため、人類が進化の過程で獲得した、人類社会という運動形態の特殊性を前提にして、それ以前を自然史として切り離す二分法が議論の前提となっている。

　本書であつかうのは人類が地球上に出現し、道具を使うようになった最初の段階を示す旧石器時代である。旧石器時代は世界の現状では約260万年前から約1万年前まで続いた。日本列島に即してみると、約4万年前から1万数千年前までが対象となる。なぜ本書で約4万年前からはじまるとするかについてはⅡ章で触れる。

　古人骨をあつかう自然人類学では、人類の起源は約700万年前まで遡る。しかし、700万年前から最古の石器が発見されている260万年前までの間の約440万年間は、考古学的に証明できる道具が現状では存在しないので、具体的な人類史像は不明である。

　われわれは自然史と人類史の二分法に慣れ親しんできた。人類進化の歴史は

I 自然環境と人類活動

他の生物の進化史と比べて極めて特異である。形質的な進化と文化の両方によって特徴づけられるので、この特異性が普遍であると錯覚しがちである。しかし、人類の出現は、自然史の一段階である生物史的段階との関連で発生的にとらえること以外に解明の途はない。人類の特徴の基本の一つである直立二足歩行を考えてみよう。四つ足の歩行では、本来外側からの攻撃を防ぐように体制（ボディプラン）のデリケートな部分は地表面側に向いていた。しかし直立したために、デリケートな腹（下面）が前面になり、頭（前面）が上面に、椎骨面側（上面）が背面に、骨盤（後面）が下面になった。

社会関係やコミュニケーション的行為が高度に複雑化した今日でも、われわれは、この四足歩行の哺乳類の体制の特徴をほとんど変わらずに保っている。人類は生物進化の自然史のなかから出現したことが明快にとらえられる。ただ、自然史に占める人類史の関係は、放射的、累層的であって、生物が人類史の段階に進化したからといって、自然史の下位の諸階層が無くなるわけではない。いまのわれわれも人類の社会史的段階を自然史のなかに生きているのである。

(2) 自然の階層構造と人類進化

自然そのものが階層的な構造をなしていることは、われわれの日常の生活のなかで広く認めることができる。だが、それには二つの面がある。第一は、例えば時系列の「いま」という任意の一時点で切り取った場合で、いわばシンクロニックな面である。階層の構造はミクロからマクロまで両方向に無限に延長可能である。生物界の人類に限定して取り出してみると、個体から群集のレベルまで断絶は無いが階層的なまとまりがある（図I-1）。人類と資源環境のダイナミクスを旧石器時代の事例で追究する場合、普通は個体から群衆レベルまでが対象である。しかし、近年では人類の現象を解明するために遺伝子レベルの分析が盛んに行われるようになったので、人文・社会関連の現象として解釈する場合も、分析の過程では物質の運動形態の下位の構造までフィードバッ

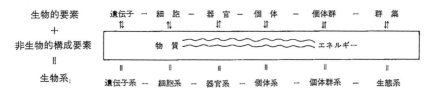

図I-1 生物システムの階層構造
考古学はスペクトルの右側、個体系から生態系にいたるレベルに焦点をあわせている。オダム（1991）1-1図より引用した。

クされることは大いにある。分析的研究では特定の階層に焦点をしぼって解明が進むが、最終的に成果をまとめ、何がしかの叙述を行う際は必ず階層横断的になる。

　第二は、非常にマクロな時系列からみるダイアクロニックな面である。宇宙規模における連続と不連続の関係である。変化のなかから新しい質の階層的なまとまりが出現してくるが、それ以前の階層が失われることなく全体として放射状に存続する。人類の出現に即していえば、生物進化のなかから人類が生成・進化して新しい物質の運動形態ができたことを示す。人類の文化が自然界から分離して存在できないことの発生的な意味はここにある。

　今日では、自然と人類の二つの軸だけでなく、人類が生み出した広義の文化が巨大な機能を果たしているため、自然・人類・文化が形づくる相関システムの持続可能性が課題である。その展開のためには生物多様性の保全と共にグローバル化のなかにおける文化の多様性の深化と意味が鋭く問われなければならないであろう。

　惑星的運動形態→地球的運動形態→生物的運動形態→社会的運動形態と進んできたなかで、人類は新第三紀の霊長類から生成した。人類は進化の過程を貫いて「人類社会」という特殊な装置を形成し、結果として「動物社会」とは異質に分離・展開したのである（図I-2）。

　本書で具体的にあつかう4万年前以降は、現生人類（ホモ・サピエンス *Homo*

I　自然環境と人類活動

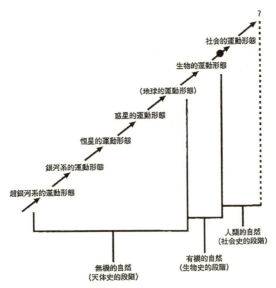

図I-2　物質の運動形態と自然の階層構造
岩崎・宮原（1972）図1・3より作成した。

sapiens）の社会が成立してからの世界である。石刃技法という新たな石器製作技法の確立、石器製作の規範から解放された溝きり技法にもとづく磨製骨器の全面的な成立、思想を物的な象徴として脳外に引き出した洞窟壁画や、動物・人間を小彫像として表現した形象芸術の成立、骨製の楽器フルートに現された音階をもった音楽の成立などは、現生人類の特徴である。これらはヨーロッパで典型的にみることができるが、ユーラシアの広がりに還元してみると、どこでも観察される現象ではなく、地域によってそれぞれ差はある。ただ、遺物の保存状態の地域的特性に規定され、検証が難しい問題もある。現れ方の違いはあるものの、社会的、博物的、技術的知能など、さまざまな認知モジュールが現生人類の成立の段階で真に統合され、相互にアクセス可能なモジュールが形成されたと考えるのがもっとも有力な仮説である（Mithen, 1996）。この段階で現在のわれわれと変わらないコミュニケーション能力が獲得されたと考えられ

るのである。

　人類と資源環境のダイナミクスを検討する場合には、人類の進化の段階の違いを超えていきなり一般化した形で議論はできない。初期人類では社会構造などは単純であったろうと想定はできても、道具が残っていなければアプローチの方法がない。260万年以降ホモ属が成立してから後でも、石器の形態には単純なチョッパーやチョッピングトゥールから、巧みな平坦剝離によって薄くシンメトリーなハンドアックスへと技法上の変遷をたどることができる。道具の製作技術から身の回りの資源環境の利用形態などをわずかにおしはかることも不可能ではない。しかし、例えばキャンプ地の周辺に大形のハンドアックスを製作するのに最適な河原の扁平な礫が大量にあるにもかかわらず、石器をつくるには難度の高いゴルフボールやピンポン球のように丸く小さな礫素材に徹底的に固執して、小形の石器を製作している30数万年前のハンガリーのヴェルテシュセレーシュ遺跡やドイツのビルツィンクスレーベン遺跡の石器づくりなどは、今日のわれわれが考える省エネルギーの最適合理性では理解できない（小野2001）。現生人類の残した遺跡からはこのような極端な事例はないので、人類が自然環境にアクセスする際の基本的枠組みは、現在のわれわれを念頭に置いても認知構造上の大きな間違いはないと思われる。

　本書でいう資源環境は、人的資源（human resource）の環境のことではなく、人類を取り巻く自然資源（natural resource）の環境である。具体的には岩石、植物相、動物相がその素材的基礎である。ただ、一般的に環境の区分に関しては、1)自然環境と人為環境、あるいは2)無機的（非生物的）環境と有機的（生物的）環境とに二分して説明される。しかし、1)では人為的なもの以外はすべて自然環境に入れられてしまう。2)では無機的な環境以外はすべて有機的環境として区分される。そのため、人類以外の生物も人類と同一のカテゴリーに属するので、差の質的な区分ができない。本来は三分法が現実に対応す

る区分である。つまり、無機的（非生物的）環境と、有機的（生物的）環境と、人為的（社会的）環境である。

2. 最終氷期から完新世への気候変動

（1）気候変動と人類

　気候は、自然現象として人類活動の背景として静的にあるのでなく、その変動は自然環境に多様な影響を与える。変化する自然環境のなかに埋め込まれて存在する資源環境は、人類によって発見され利用可能な対象として取りだされたものであり、資源化は人類の歴史的発展に制約される。あたえられた環境が客観的な存在であるのに比べ、資源環境は人間の認識能力と開発技術の適用によって変化する。土器の利用がなかった旧石器時代にも、土器製作に必要な素材としての山の粘土も川の粘土も存在していた。しかし、人類の利用対象にならなかったことを指摘すれば充分であろう（小野, 2011a）。

　人類をとりまく環境の一次的な影響関係を、氷河性海水準変動で考えると、図Ⅰ-3の単純なモデルでも、氷期には陸橋ができ、間氷期には海峡ができる。これによって植物相が変化する。植物に依存する草食動物とそれに依存する肉食獣など動物相も変わる。食物連鎖から最終的に人類がこうした影響を受けるのは当然である。ただ、この図は気候変動からの一方向からの影響関係を表現しているが、人類からの応答は示していない。人類活動を代入して環境との関係を領域として階層的に示したのが図Ⅰ-4である。Ⅲは純粋な自然史的な過程であり人類にとってはマクロ的条件として受け入れなければならない汎世界

氷河性海水準変動 ＜ 陸橋／海峡 ＜ 植物相 ＜ 動物相 ＜ 人類

図Ⅰ-3　人類をとりまく自然環境の一次的な影響関係
1999年著者原図。

的な地球環境変動システムなどをさす。Ⅰは狩猟対象などが少々変化しても容易に変わらない道具の製作体系など、人類の社会の独自性の面である。Ⅱは人間の働きかけが可能な有効環境（effective environment：Allee et al., 1949）である。自然からの影響を受けながらも人類が制御可能なあるいは意識的な対応が可能な領域であり、環境と人類活動の相互の規定関係の解明の鍵を握る領域である。例えば旧石器時代の道具の素材の調達を考えると、身のまわりの資源を利用して道具を製作する際、どの部分に人類がアクセス可能かを問題にすることができるからである。

(2) 第四紀のなかの最終氷期

最終氷期は第四紀の後期更新世の後半の一時期をさすが、その前に第四紀の枠組みをまずみよう。第四紀の特徴として、1)寒冷気候が卓越し、中・高緯度の大陸に氷床が形成された時代、2)現生生物の化石を多く含む地層が形成された時代、3)人類の進化と進出の時代があげられ、地球史46億年の約1,800

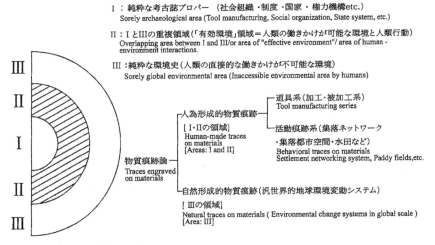

図Ⅰ-4　人類活動と環境の階層関係
小野（2009）より引用した。

I 自然環境と人類活動

分の1の長さであるが、比喩的に「地球の現代史」として、地球システムのさまざまな過程や人類活動の記録が最もよく残っている重要な時代である（町田ほか, 2003）。

国際的に長い議論を経て、2009年6月に国際地質科学連合（IUGS）で第四紀のはじまりの時期が批准された（町田, 2009; Ehlers et al., 2016）。その内容は次の通りである。地質単位では系（System、第四系）に相当する。開始は258.8万年前で、ガウス―マツヤマ地磁気境界の直上。模式地はイタリア・シチリア島南部のモン・サン・ニコラとし、そこの海成層のうちジェラ期（Gelasian）の基底（海洋酸素同位体ステージ103）に置く（図I-5）。

したがって第四紀は年代でいえば約260万年前から今日までの範囲をカバーする。最古の石器は同じく約260万年前にさかのぼり、現状で偶然一致しているが、両者間に因果関係はない。

考古学を学ぶ者は、とくに悠久の時間の深さと、それが研究の進捗にともなっていかにラディカルに可変的であったかを知ることが重要である。例えば、ヨーロッパアルプスの四氷期説を打ち立てたペンクとブリュックナーは、氷期の継続年代を約52万～84万年間とみていた（Penck and Brückner, 1901 - 1909; Osborn, 1915）。1940年代に入っても旧石器時代最古の様相は20万年ないし25万年前くらいまで遡ると考えられ、氷期のはじまりもおよそ50数万年前という枠組みで

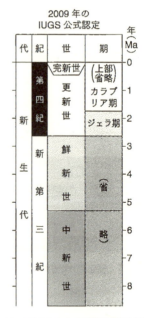

図I-5　2009年に国際地質科学連合IUGSで批准された第四紀の定義
町田（2009）より一部省略して引用した。

あった（Childe, 1942, 1944）。

　こうした枠組みを突きくずしたのは放射性炭素年代測定法を代表格とする理化学年代（数値年代）である（兼岡, 1998）。それは、後期旧石器時代初頭から農耕が開始される新石器時代の考古資料、植物相、動物相を横に貫く共通の年代的枠組みを提供した。数値年代は、異なる分野の形態学的あるいは型式学的編年の原理と関係なく、分野横断的に共有できるからである。1950年代には最古の旧石器が50万～60万年前に遡ると考えられていたが、東アフリカのオルドヴァイ渓谷の古い旧石器の地層のカリウム・アルゴン（K-Ar）法による年代が約170万年前と測定された（Leakey et al., 1961）。旧石器時代のはじまりが3倍近く古い方に延長された。今日われわれが共有する旧石器時代のはじまりと終わりの年代観は1960年代の初頭に形成されたのである。

　本書のⅡ章以下で主にあつかうのは氷期区分でいう最終氷期の後半、4万年前以降である。すでに1950年代には、海底堆積物中に含まれる有孔虫の酸素同位体比の分析（コラム2）によって、氷期／間氷期サイクルが過去数十万年間にわたり解明された（Emiliani, 1955）。1960年代でも教科書にはヨーロッパアルプス、北米、北欧、ソ連、中国などの標式地の名を冠した氷期の名称がよく使われていた。しかし、氷床に覆われなかった広い地域の寒暖の変動は、適用範囲の広い海洋酸素同位体ステージ（Marine Oxygen Isotope Stage：以下、MIS）で表現することでグローバルな対比が可能となった。また、氷期・間氷期の変動が等速運動ではなく、鋸の歯状であること、つまり寒冷化は漸進的であるが温暖化は急激であることが調査の分解能が上がるごとに一層明らかとなった（図Ⅰ-6）。

　寒暖の変化も細かく、かつ激しく変動することが分かったため、個々に氷期名を与えることは不可能で、そのため、急速にMISによる表記にとって代わるようになった。現在を基準に温暖期を1、直近の寒冷期を2というように、

I 自然環境と人類活動

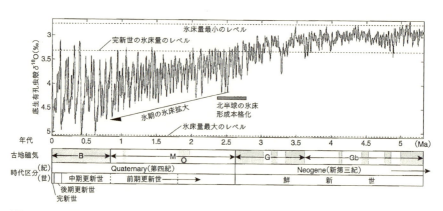

図I-6 過去約500万年間の気候変動を示す底生有孔虫の海洋酸素同位体比
町田（2009）より引用した。

間氷期に奇数番号、氷期に偶数番号が振られている。最終氷期をMISのステージに対比させるとMIS4のはじまり（約7.5万年前）からMIS2の終わり（約14,500年前）までをさす（図II-5も参照）。

しかし考古学的に後期旧石器時代後半から縄文時代草創期までの文化の変遷を環境との関係でとらえようとするときは、最終氷期のなかを、さらに最終氷期の最寒冷期（the Last Glacial Maximum：以下、LGM）約2.8万〜2.4万年前、晩氷期（Late Glacial：以下、LG）約1.5万年〜11,700年前、後氷期（Post Glacial：以下、PG）約11,700年以降、という区分も頻繁に使う。ただし、LGMの継続年代については諸説ある。また、更新世／完新世移行期や境界の関係で考古学的な現象を対応させ、議論することも多い（工藤, 2012）。

北西ヨーロッパの晩氷期の区分の枠組みが、更新世／完新世移行期に一つの基準を与えている。典型例では、最古ドリアス期（Oldest Dryas：以下、D1）→ベーリング亜間氷期（Bölling Interstadial）→古ドリアス期（Older Dryas：以下、D2）→アレレード亜間氷期（Alleröd Interstadial）→新ドリアス期（ヤンガー・ドリアス、Younger Dryas）の順に、寒冷期・温暖期が繰り返す（Lowe and Walker,

2015)。スパイク状に寒冷期になったヤンガー・ドリアス期の終わりが更新世と完新世の境界（Pleistocene/Holocene boundary）である。ヨーロッパでは旧石器時代の終末と更新世の終末が一致している。正確にいえば、それ以降は急激に温暖な完新世初頭のプレ・ボレアル期がはじまる。同じくヨーロッパではここから中石器時代がはじまる。完新世初頭から今日までは、大きな意味で長期にわたる温暖な間氷期である。

日本列島では、土器の出現をもって縄文時代の開始とするのが通説であるが、その場合、縄文時代のはじまりは中部ヨーロッパでは最古ドリアス期まで遡り、後期旧石器時代の末を代表するマグダレニアンの末葉と時代的に対応する。中部ヨーロッパの土器の起源はおよそ 8,000 年前である。

ただ、MIS2 の終わり（約 14,500 年前）とヤンガー・ドリアス期の終わり（約 11,700 年前）では、もとになっている試料と方法の違いから約 2,800 年のズレが生じている。更新世／完新世の境界前後の考古学的議論では MIS のステージの枠組みでは分解能が及ばないため不都合が生ずる。ヤンガー・ドリアスの急激な寒冷期が MIS では温暖期の MIS1 の時間幅のなかに入ってしまうからである（図Ⅱ-5 参照）。

北西ヨーロッパで構築された晩氷期の基準が 1 万 km 以上離れた日本列島の事例にそのままあてはまらないことは想像に難くない。気候の変動がグローバルな現象であるとはいえ、それはマクロな目でみた場合のことであり、地理的な環境や植生帯の違いなどで変異は多様である。一番検出可能と思われるヤンガー・ドリアスの寒冷スパイクも、日本列島の海浜部などではうまく発見できない。

詳しくはⅢ章で述べるように、われわれが長野県長和町の海抜 1,400 m にある広原湿原の泥炭地を調査しようと計画した狙いは、中部山岳地の長野県和田峠付近であれば、気候変動による森林限界の垂直移動の証拠と共に、ヤン

ガー・ドリアスの寒冷期の証拠もとらえることができるのではないか、という問題意識にもとづいて立てられたのである。

3. 狩猟採集社会の資源開発

　資源は歴史的な存在である。人類社会の発展にともない、身の回りの自然の資源化が進み、現代では資源が資本化して、投機の対象にさえなって久しい。長く経済学は自然を無限と措定し、劣化しない地球を前提にしてきた（中村, 1995）。いまや気候変動自体が経済活動に与えるリスクが問題となっている。より一般的には、21世紀中にも起こり得る自然資本の劣化が問題になって、将来の環境被害に経済成長率などのどの割引率を適用すべきか論争がおきている。つまり、気候変動と公的資本の関係が深刻な問題に直面している（ピケティ, 2014）。ここでいう自然資本とは資源のことである。われわれはもうここまで来てしまった。

　では、はるか遡って起点となる狩猟採集社会ではどうか。この段階には対象としての自然資源の利用はあっても所有はない。先史時代の人類の活動と資源利用は、氷期か間氷期か、高緯度地帯か中緯度地滞かで文化の形態に差が出る。

　生態系は、ある地域に生活するすべての生物の集団と、その生活に関係する非生物的諸要素を含む環境を、一つの機能的なシステムとしてとらえたものである（河内・桜谷, 1996）。生態系はしたがって生物と非生物部分間の循環をつくりだしているようなまとまりを意味する（オダム, 1991）が、先史時代を対象にした場合、どのような循環平衡を保っていたのかを発掘やボーリングで解明することは、特定の部分系に絞り込まなければ実現することは難しい。

　生態系の基本的な構成の模式は図 I-7 にみるとおりである。これを旧石器時代の人類が道具素材獲得のため、資源環境をどのように適応的に利用したか

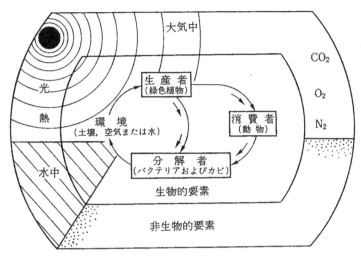

図I-7 生態系の基本的構成の模式
河内・桜谷 (1996) より引用した。

という視点からみると、例えば木槍の柄の部分は第一次生産者である緑色植物に帰着し、骨器・角器・牙器の多くは緑色植物の消費者である大型・中型の哺乳動物に帰着し、道具を製作する人類自身大型草食動物を消費する消費者（動物）である。石器の素材は非生物的要素の岩石界に帰着する。

(1) 岩石素材

悠久の人類史で最初に使われた道具の素材は岩石である。骨角牙を素材とした道具も使われているが、腐りにくく安定して土中に残り、また製作の技法の追跡が可能で比較もできる考古資料は岩石を素材とした石器である。旧石器時代の研究は、世界中で石器を中心に進められてきたが、今後もこれは変わらないであろう（小野, 2010）。

岩石を素材とする石器は、石材の種類の選択、製作技法に表現された集団の表象性、個体の技能、完成形態にいたる手順などを雄弁に物語る。それを遺跡の場（空間）に置きなおしてみると、石材の獲得からその地点への搬入、粗割

13

I 自然環境と人類活動

から完成に至る製作途中で生じた剝片、石屑など、ヒトの動きの結果がそこに反映されていることが分かる。

　日本列島でも、多様な石材が選択されて石器が製作された。剝片石器に使われた代表的な岩石は黒曜石、珪質頁岩、無斑晶質安山岩（サヌカイトも含む）、チャートである。こうした石材は居住域の周辺にない場合、遠隔地への獲得活動、あるいは集団の移動の途中で獲得する、あるいは交換、贈与などさまざまな方法で入手が果たされたと想定できる。しかし、とくに流通や交易に関しては、石材の産地と発掘地点での事情は解明しやすいが、それらの中間過程の情報は得られない場合がほとんどである。民族誌例で解釈することも世界各地で試みられている。だがそれは、レファレンス・モデルを使って考古学の現象を説明することができるという事であって、その通りであったことの証明ではない。決定論に陥らないためには、方法上の距離を担保することが肝要である。

　珪質頁岩などの堆積岩と違って、黒曜石は研究上、ほかの岩石と比較してさまざまな潜在的な可能条件を備えている。噴出したマグマの特性によって元素組成が異なる点に着目して、遺跡から出土する黒曜石の原産地の推定が蛍光X線分析などにより、世界各地で研究が展開している。適切な課題設定が行われ産地推定が正しく行われれば、目にみえない人類集団の動きや素材・半製品・完成形態の石器の起点と終点を明示できる。今回われわれは、長野県の中部高地黒曜石原産地に位置する広原遺跡群を発掘し、出土した黒曜石製石器群について蛍光X線分析による原産地分析を行った。発掘成果と原産地推定を統合することにより得られた原産地における人間行動をIV章からV章にまとめた。

　ところで、ヨーロッパの旧石器時代から新石器時代に多用されたは堆積岩であるので、さまざまな放射化分析の対象にはならず、原産地の推定は裸眼、実体顕微鏡・光学顕微鏡下での薄片の観察などに限定される。日本の珪質頁岩の

石器資料と同じである。さらに、ヨーロッパのフリント石材は、原産地といえども、それ自体がアルプス北麓の氷床や、北欧からの大規模な氷床の発達によって基盤岩が削られ、数百kmから1,000km以上も運ばれた結果であるという複雑な現象が介在している（Kahlke, 1994）。しかし、考古学的には、氷河によって運ばれ到達した地点が、人類集団によるフリント採取のための産地として機能していることになる。

(2) 有機質の素材

　日本列島における旧石器時代の遺跡は、ほとんどの場合弱酸性の風成火山灰質の地層から発見されるため、骨や木質の保存が悪く、発掘調査していて石器以外の遺物を発見することはまずない。失われて存在しないものから何か具体的な姿を想定することは立論の根拠がないので、考古学が科学である限りは、もちろんできない。

　一つの方法としては、すぐに民族誌例にたよるのではなく、同時代の枠を設定した上で有機質の保存が良好な遺跡例を日本列島以外に求め、比較することがある。適切な事例があったとしても、それをもって有機質資料が残っていない日本の事例を直接説明することにはもちろんならない。ただ、そうした事例は、居住地に骨や木質の道具や残滓が本来あったことは理解しながらも、日常的に石器以外は目にしないため、研究者の脳裏から次第に有機質資料の存在が締め出されていく危険を防ぐ役割を果たす。

　旧石器時代に限定すれば、骨角牙器は槍や投槍器など狩猟の利器だけでなく、装飾品、人間や動物の小彫像、楽器（フルート）、そのほか芸術品などもある。木器は狩猟具としての槍にほとんど限られる。こうした遺物はヨーロッパの石灰岩洞窟や泥炭地に類例が多く発見されている。

　では、当時の集落ないしキャンプ地など、遺構や遺跡関連で有機質の資料は残っていないのか。旧石器時代の集落やキャンプ地の調査歴の長いヨーロパで

I 自然環境と人類活動

も住居の部材などが残っている例はほとんどない。マンモスの骨や牙が住居の部材としてよく残っているロシアやウクライナの後期旧石器時代の例はある。しかし、調査の精度、遺物と遺構と集落の関係、石材獲得活動などと有機質の資料との関係が総合的に提示されているかどうかが問題である。その点、マグダレニアン期末のパンスヴァン遺跡（フランス）やゲナスドルフ遺跡（ドイツ）は注目に値する。

　とくにゲナスドルフ遺跡では、住居の構造材の柱の木質は残っていなかったが、小さな柱穴が住居の全周をめぐっていたため、住居の上屋の構造も高い精度で復元することに成功した（図I-8）。この遺跡は、マグダレニアン期末、約1.5万年前のライン川中流域右岸の段丘緩傾斜地に立地する開地の集落である。多様な動物骨から、動物個体群の離合集散度、移動の季節性など、また豊富な有機質資料の分析と花粉分析により、集落周辺の景観、集落の構造、大形・小形住居の利用パターン、産地の異なるフリントが住居単位でどのように分布するかなど、詳細な分析などが行われた。氷河時代末における狩猟採集民のミクロコスモス（小宇宙）の復元に成功したといってよいだろう。

図I-8　ゲナスドルフ遺跡の大形住居の復元
Bosinski（1979）とボジンスキー（1991）より引用した。

報告書を要約した解説では、大形住居3棟、大形テント1張、小形テント3張を復元している（ボジンスキー, 1991）。夏期に使われた小形テントは季節的に利用した後はたたんで秋から冬に集団が移動した。一方、冬に使われた約7×6mの大形住居はそのつど建て替えるのではなく、毎冬回帰的に利用されたことを結論づけた。結論が正しければ、異なる集団が同じ場所を使い、大形住居は冬以外にはその場に建っていたが無人であったことになり、遺構と人の居住の同時性にも新たな問題を提起することになった。これは発掘資料の詳細な分析にもとづいた巧みな解釈モデルである。

　その後多くの研究者が、同遺跡の住居の分析など、さまざまに反証を試み、異なる見解も提示されているが、集落全体の構造やメカニズムをトータルに変えるようなモデルは提起されていない。このように、有機質資料が豊富に残る場合は、石器資料しか残っていない場合よりも豊富な解釈が可能である。ただ、ゲナスドルフ遺跡の場合も、接合関係の復元作業を含む石器の徹底的な分析がその基礎にある点を忘れてはならない。

(3) 景観の変化と生業の対応

　景観の変化と生業の対応を解明するのは容易ではない。遺跡地周辺の景観変遷の情報、動植物の遺存体の情報、石器製作と関連遺構の情報などが残っていなければ困難をともなう。しかし遺跡を調査して、その地点あるいは近接する地点から環境分析用の試料が連続的に層位的に採取され、それらの遺存の条件がよければ、遺跡形成の背景となった古景観の変遷を復元することもできる。今回われわれは、広原湿原と広原遺跡群の調査でその一部を果たすことができた（小野ほか, 2016）。本章以下、本書で展開するおもな議論は、広原湿原と遺跡群の調査成果（Ⅲ・Ⅳ・Ⅴ章）とこれに関連する黒曜石獲得をめぐる人間—環境相互作用（human-environment interaction）の研究成果（Ⅱ・Ⅵ・Ⅶ章）にもとづいて構成されることになる。

Ⅰ　自然環境と人類活動

　広原遺跡群とその周辺原産地との間で繰り広げられた黒曜石獲得活動とともに、湿地堆積物の花粉分析により過去3万年間の周辺植生と森林の垂直移動の変遷を復元できたということである。しかし、風成のローム層中に残された日本列島のほとんどの旧石器時代遺跡では、有機質資料は腐食によって消え去り、生活面の動植物に関する環境情報を得ることはできない。腐らずに残っている黒曜石製の石器や原石から、生業活動を支える道具とその素材の獲得と製作に関する情報を得ることが、まずは何よりも重要であることを本書では示したいと思う。

　さて、広原遺跡群の調査後、われわれは考古学的な比較研究の対象を求めて、オーストリアの北チロル、海抜1,869mにあるウラーフェルゼン遺跡（約1.1万年～9,500年前）に着目した。この遺跡は完新世初頭プレ・ボレアル期の早期中石器時代に属する。すでに詳細な分析と報告が行われ、炉跡に残った炭化材と種子などから放射性炭素年代と当時のキャンプ地周辺の植生の情報も得られた。しかし、動物骨の保存は悪い（Schäfer 2011）。

　ヴュルム氷期の氷床が退いて、後氷期のアルプス北麓に出現した広大な無氷空間に、早期中石器時代の集団がどのように進出し、その結果としてどのような石器の分布型が残されたのか。また、さまざまな種類の石材の獲得をめぐる動きも広域に展開したことが示された。気候変動による森林限界の垂直移動、遺跡立地、狩猟具としての石器形態、石材の獲得など、考古学的に比較できる基本的な要素を広原遺跡群の研究事例と対応させることができる。加えて、狩猟対象であった動物遺体の資料が極めて少ない点も共通しており、動物遺体が保存されている遺跡例から外挿するか、現生の動物の生態からフィードバックして推定しなければならないという方法上の困難さでも共通している。

　ウラーフェルゼンに遺跡が形成されたころ、氷河は遺跡よりも標高が高い南に後退していた。森林限界は次第に高地方面へ移動して遺跡地の近くに迫って

はいたが、炭化物の分析からはまだ森林にはおおわれていなかったことが解明されている。プレ・ボレアル期に後続するボレアル期の後期中石器時代になると、遺跡はさらに高所に立地するようになり、森林限界の上昇と遺跡立地の高所移動との間には相関関係があることが復元されている。アルプス・アイベックス（*Capra ibex*）など、森林限界近くの比較的植生の豊かなゾーンに生息する中型動物の狩猟に直結する生業との関係が、遺跡立地の規定要因であろうと議論されている。遺跡は、時期が新しくなるにつれて高所に移動するようになるが、さらに後続するアトランティック期になると北チロルからは、突然遺跡がなくなる。

　ウラーフェルゼン遺跡のデータは、氷河が退いた広い空間において早期中石器時代の集団が後期旧石器時代の集団よりも広域の移動をともなう狩猟活動を展開したことを示している。また、森林限界の垂直移動と遺跡立地の変化も、アルプス・アイベックスの狩猟を介在させることにより、単なる相関を超える因果関係を示唆し、更新世末から完新世初頭の環境変動と人類の応答を如実に示す事例だと評価できる。

　ウラーフェルゼン遺跡の時期は、日本列島では縄文時代草創期末から早期初頭にあたる。広原遺跡群では、縄文早期押型文系の土器の時期の遺跡が確認されている。広原遺跡群ではこれまで動物骨の保存は確認できないが、長野県南佐久郡北相木村にある縄文時代早期初頭の栃原岩陰遺跡出土の動物骨が参考になる（藤森, 2011）。哺乳類の化石骨総重量は231kgにのぼり、そのうち分類済みの資料の偶蹄目をみると、最も多いのがニホンジカ、第二位がイノシシ、第三位がカモシカであり、現在と類似した山間部の動物環境である（利渉, 2012）。狩猟具は弓矢で、矢柄の尖端には三角形の石鏃が着く。

　中部ヨーロッパでは、弓矢の成立は晩期旧石器時代にさかのぼるが、矢柄の先端に三角形の石鏃が装着されるのは新石器時代に入ってからである。ウラー

I 自然環境と人類活動

　フェルゼン遺跡の石器は全て細石器であるので、それが矢の先端について弓矢猟が行われていたことは間違いないと思われるものの、投槍器を使った繊細な投げ槍の先端に装着されたのか、それとも矢柄の先端に付けられたのかは、石器自体からは分からない。

　日本列島では回復した森林のなかで弓矢猟が盛んに行われたことは明らかであるが、ウラーフェルゼン遺跡周辺でも森林や、アルプス・アイベックスの生息域である森林限界付近で投槍と弓矢による狩猟が行われていたことは想像に難くない。事実、ウラーフェルゼンと同時期で、森林限界付近で狩猟されたアルプス・アイベックスの骨が12個体発掘された東南アルプスのモンデヴァル・デ・ソーラ遺跡（海抜2,150m）の例がある（Hohenstein et al., 2016）。

　日本列島とは遠隔の地であるが、ほぼ同時期で、森林相と動物相と石器の組み合わせが異なる事例相互の比較は、景観の変化と生業との対応の問題にいくつもの論点を提供している。こうした観点から、Ⅶ章では更新世／完新世移行期における日本列島中央部での狩猟具形態の変遷についても対応関係を議論する。

Column 1

後期更新世の日本列島の動物資源

1 後期更新世の日本列島における動物群

1980年代までは日本列島の大型哺乳動物化石は、中期更新世（78.1～12.6万年前）のトウヨウゾウなどの万県動物群や中期後半のナウマンゾウなどの周口店動物群、そして後期の黄土動物群など、アジア大陸からのその時々の動物群が陸橋を渡って渡来したと考えられていた（亀井・那須, 1982）。ところが、トウヨウゾウは63万年前ごろ、ナウマンゾウは43万年前ごろ日本列島に入って（小西・吉川, 1999）以降、その後は新たな大量の動物群の流入はなく、列島固有の動物相の原型はすでに中期更新世にでき上がっていたという（河村, 2014）。

約5.0万年前以降の後期更新世後半の日本列島の哺乳動物群には、大きく二つのグループがあるという（図1）。主体となるのは、中期更新世から続くと考えられるナウマンゾウ、ヤベオオツノジカ、ニホンムカシジカ、ニホンジカ、ヒグマ、テン、イイズナ、アナグマ、タヌキ、ニホンザル、オオカミ、キツネなどのナウマンゾウ—オオツノジカ動物群である。もう一つは、おもに北海道に産出するマンモスや本州まで渡来したヘラジカ、バイソンなどのマンモス動物群である（高橋, 2007）。マンモス動物群は、最終氷期の寒冷期にシベリア、沿海州から北海道経由で一時的に流入したものと考えられている。

2 旧石器人類と動物群とのかかわり

日本列島では更新世遺跡からの動物化石の出土が大変少ない。ヨーロッパや中国で多く知られているアルカリ性の黄土はなく、日本では火山灰土壌であったり、多雨の環境により酸性土壌が多いこと、さらに縄文遺跡によくあるような貝塚や低湿地遺跡がきわめて少ないことによる。このような条件下ではあるが、一部の遺跡では旧石器人類と動物群とのかかわりの一端が認められる。琉球列島の人類遺跡については、動物群や環境が大きく異なるのでここでは触れない。

長野県野尻湖（立が鼻遺跡）では、海洋酸素同位体ステージ3（MIS3）の時期のナウマンゾウ、オオツノジカが多く、そのほかにヘラジカ、ヒグマ、ノウサギ、ハタネズミ、ヒシクイ、ヤマドリ、カワウなどの動物化石が人類遺物と同層準から出土している（野尻湖発掘調査団, 1997）。とくに、ナウマンゾウの骨の資料には、骨製クリーヴァーなどの骨器（野尻湖発掘調査団人類考古グループ, 1990）や4組10点の骨器・骨剝片による接合資料（野尻湖人類考古グループ, 1996）が含まれている。

これらの化石群・遺物の年代は、較正年代で約 6.0〜3.8 万年前と推定されており、後期旧石器時代をさかのぼる可能性がある。

青森県尻労安部洞窟では、ナイフ形石器・台形石器が出土した 15 層を中心に 1,000 点を超える脊椎動物化石が産出している。ノウサギ属が半数以上を占め、ほかに偶蹄目、カモシカ、ヒグマ、ハタネズミ、リス科などが報告されており、これらの年代は、約 3.0〜2.0 万年前と推定されている（奈良ほか, 2015）。

岩手県花泉遺跡では、姶良 -Tn 火山灰（AT）をはさむ泥炭層より、バイソン（ハナイズミモリウシ）を中心に、ナウマンゾウ、ヤベオオツノジカ、ヘラジカ、ノウサギなどが産出している。出土骨の一部には、人為的な加工痕が報告されている（花泉遺跡調査団, 1993）。

神奈川県吉岡遺跡群 C 地点では、約 2.0 万年前の礫ブロックよりイノシシの乳歯 1 点が産出した（白石・加藤, 1997）。このほか、自然堆積と推定されている例では、岩手県風穴洞穴遺跡、アバクチ洞穴遺跡、広島県帝釈峡観音洞窟遺跡などから長鼻類、ヘラジカなどを含む化石群が産出している。

旧石器人類とのかかわりがよく想定されるナウマンゾウは、日本列島では花泉遺跡の AT 層準に代表される約 3.0〜2.9 万年前まで生息していたことが推定され、後期旧石器時代前半期にあたる。ヤベオオツノジカについては資料が少ないが、帝釈峡馬渡岩陰遺跡の縄文時代草創期の無文土器の包含層から出土した化石から、約 1.4 ないし約 1.2 万年前と年代推定されており、更新世末まで生息していたと考えられる（河村・河村 2014）。このように断片的な資料ではあるが、日本の後期旧石器時代にはナウマンゾウ、ヤベオオツノジカ、ヘラジカなどの絶滅哺乳類とともにヒグマ、ノウサギ、ニホンシカ、イノシシなどの動物資源が利用されていたと考えられる。

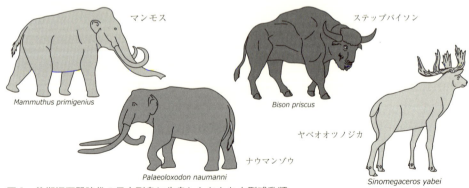

図 1　後期旧石器時代の日本列島に生息したおもな大型哺乳類
　　　体高の縮尺は不同。島田（2012）より作成した。

II 後期旧石器時代の移り変わりと黒曜石資源の開発

1. 明治大学黒耀石研究センターと広原湿原

　本書では、全体をとおして長野県中部高地を舞台にした、後期旧石器時代の黒曜石資源開発と最終氷期の古環境の変動との関係をめぐる研究を解説していくことになる。この研究で何を問いかけているのか分かりやすく言い換えると「先史時代の狩猟採集民による黒曜石の獲得とは具体的にどのようなものか？ 当時の原産地の景観は現代と違っていたのか？ 違っていたとすればどのような景観だったのか？ そして人々はどのように適応していたのか？」ということになる。

　それは、主に考古学、古環境学、黒曜石原産地分析といった学際分野にまたがっている一連の研究を取りまとめていく作業でもある。これらの研究成果は、明治大学黒耀石研究センター（Center for Obsidian and Lithic Studies, Meiji University、略称 COLS、図II-1）が中心となって 2010 年度〜 2015 年度にかけて行った学際的な共同研究を核としている（COLS は、施設名称として「黒耀石」を用いる）。まずはじめに、そもそもの研究の発端をお話しする必要があるだろう。COLS は 2001 年 4 月に長野県小県郡長和町大門に設置された明治大学研究・知財戦略機構付属研究施設であり、2000 年に明治大学が地元の長門町（現長和町）と締結した研究推進協定にもとづく日本で唯一の先史時代黒曜石研究を専門とする研究施設である。現地では考古遺物、発掘記録、地質サンプルなどの研究資料を保管し、考古学と文化財科学の専門家が常駐している。COLS では、とくに 2010 年以降、長野県にある中部高地黒曜石原産地と先史

Ⅱ　後期旧石器時代の移り変わりと黒曜石資源の開発

図Ⅱ-1　明治大学黒耀石研究センター
背景は星糞峠黒曜石原産地。

時代遺跡の調査、最終氷期を含む古環境の調査そして黒曜石と遺物の原産地分析を核とし、学内外の研究組織とも連携して学際的、国際的に研究を推進している。具体的には、石器時代におけるヒトと石器原料であった黒曜石資源のかかわり方を究明し、気候変動などの影響を踏まえて、それがどのように歴史的に変化したのかを解明する研究を展開してきた。

　本書が書かれることになるそもそもの発端は、2010年の夏、当時のCOLS中核メンバーであった小野昭、会田進、島田和高、橋詰潤の4名が、黒曜石原産地として古くから著名な和田峠に近い、標高1,400mに位置する広原（ひろっぱら）湿原の踏査を行ったことからはじまる。長和町が史跡として整備している旧中山道の広原一里塚のやや下方付近から道はずれて沢伝いに斜面をトラバースしていくと、地面が次第にシダ類が繁茂する沼沢地に変わり、鬱蒼とした林のなかから急に視界が開けたと思うとカヤが生い茂る広原湿原に出る（口絵1）。このときに踏査した広原湿原は、次のような理由からその後の共同研究の舞台となった。広原湿原周辺では、1989年～1991年にかけて旧和田村教育委員会と男女倉遺跡群分布調査団により遺跡の詳細分布調査が行われた（男女倉遺跡群分布調査団, 1993）。広原湿原とその周辺を調査した際、トレンチ掘削により湿原堆積物をサンプリングし、信州大学（当時）の酒井潤一らによる花粉分析が行われた。加えて、湿原を取り巻く範囲で行われた当時の試掘調査では、7ヶ所のテストピットから後期旧石器時代と縄文時代の遺物の出土が確認された。この後、湿原周辺の遺跡では踏査が行われる機会もあったが（ほしく

ずの里たかやま黒耀石体験ミュージアム友の会, 2009)、20年ほどの間、本格的な調査のメスが入ることはなかった。

　花粉分析の結果、年代は不明ではあったが、約3mにおよぶ堆積物の最下部付近で針葉樹からなる寒冷な気候を示す花粉帯が発見されたと記録されている（酒井・国信, 1993）。この研究は、最終氷期にさかのぼる古環境分析に適した良好な堆積物が広原湿原に残っている可能性を強く示唆するものであった。こうした先行研究の成果と現地を踏査した結果から、湿原堆積物の古環境分析と湿原周辺の発掘調査を体系的に推進することで、中部高地原産地の古環境変動と原産地をめぐる人間活動のローカルで一体的なデータを構築できる可能性が高いと確信したのである。　そこで、2011年度〜2015年度を研究期間とし、小野昭（COLSセンター長：当時）を研究代表者とする私立大学戦略的研究基盤形成支援事業「ヒト―資源環境系の歴史的変遷にもとづく先史時代人類誌の構築」を計画した。この学際的共同研究では、考古学、地質・原産地分析、古環境学、年代測定のグループに分かれ、2011年〜2013年にかけて広原湿原の考古・古環境調査を行った。最終的な調査報告書は2015年度に「長野県中部高地における先史時代人類誌」として刊行している（小野ほか, 2016、図Ⅱ-2）。加えて、成果に関連する学会発表、論文も国内外で多数発表している（本書に関係する主な文献として、小野, 2011a; 島田, 2015a; Yoshida et al., 2016; Shimada et al., 2017, 土屋・隅田, 2018; 橋詰, 2018; 島田, 2018ほか）。

　なお、広原湿原の名称であるが、男女倉遺跡群分布調査団（1993）でも湿原に特定の名称は付されておらず、遺跡の所在する長和町教育委

図Ⅱ-2　長野県中部高地における先史時代人類誌（2016）

員会を通じて確認したが、2010年の時点では、通称として「ザゼンソウの沼」などと呼んでいる方もいるというような状況で、固有の名称を確認することはできなかった。そのため、名称が不在だったこの湿原を「広原湿原」と呼称することとした。この名称は湿原近くに所在する中山道の「広原一里塚」の名称から採用した。一里塚に併置されている解説看板によると「広原」の名は、周囲に笹と萱が生い茂る原であったことに由来するとされる。この原は湿原のことを指している可能性が高く、「広原」の名称で呼ぶのが最も妥当であると判断した。また「広原」をどのように読むかのかについては、本来は「ひろはら」とするのが通例ではあるが、とくに地元の年配者の多くは、広原一里塚のことを「ひろっぱらいちりづか」と読んでいる場合が多かった。われわれもその読み方を採用し、この湿原を広原湿原（ひろっぱらしつげん）と呼ぶことにした。

2. 石器時代の黒曜石

　本書の全体をとおした研究テーマの焦点は、最終氷期における黒曜石利用の実態と古環境変動との関係について、I章で解説したヒト―資源環境系の観点から考古学と古環境学の具体的なデータにもとづいて検討することにある。なぜ黒曜石に焦点を絞るのか？　それは一言でいうと、黒曜石が採れる原産地は限られているけれども、黒曜石は後期旧石器時代から縄文時代、そして弥生時代の一部にまで石器原料として多用され、人間に持ち運ばれることで非常に広範囲に石器となって分布しているからだ。黒曜石は一般に黒みがかって透明感があり、ガラスの塊のような見た目をしている。実際のところガラスと成分がよく似ており、そのため打ち割りやすく、鋭い刃先をもった欠片を容易に得ることができる。こうした特性から、打製石器の代表的な石器石材として約3.5万年間の長期間にわたり好まれ続けたのだろう。

もう少し先史狩猟採集民の日々の営みを知る上での黒曜石の有利な特性を挙げてみよう。黒曜石は火山の噴火にともないマグマ流や火砕流が地表近くで急冷されることで産生される。日本列島は火山列島とも呼ばれるように多数の火山が分布しており、全てが石器時代に利用されたわけではないが、これまでに約200ヶ所の原産地が確認されている（図Ⅱ-3）。マグマは噴出場所によって元素組成が異なることが多いため、黒曜石原産地で自然に産出する黒曜石礫の元素組成と遺跡から出土し、人間が加工した黒曜石製の石器の元素組成を理化学的に分析して比較することにより、石器原料となった黒曜石の原産地が推定できる（コラム2）。日本ではこうした原産地分析の研究は1970年代の初頭から行われている。

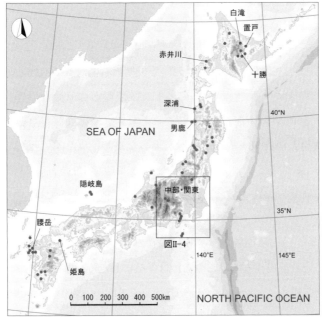

図Ⅱ-3　日本列島の主要な黒曜石原産地
●：先史時代に利用された主な原産地。国土地理院日本全図（1/5,000,000）より作成した。

II 後期旧石器時代の移り変わりと黒曜石資源の開発

　本書が研究の対象地域とする中部・関東地方では、黒曜石原産地は地理的には中部高地（霧ヶ峰・八ヶ岳）、高原山、箱根、天城柏峠、神津島の5ヶ所に大きく区分でき、相互に隔たって分布している（図II-4）。ただ、これらの原産地には、それぞれに黒曜石が産出する場所が普通は複数分布しており、元素組成を調べると、相互に違っていて区別できることもあるが、組成が同じで区別できない場合もある。原産地内部での細かな産地の化学的な判別は意外と複雑で、考古学的には厄介な問題を引き起こすこともある。こうした原産地分析の難しさは、V章で紹介することになる。

　いずれにせよ、原産地が地理的に限定される一方で、黒曜石製の石器は原産地の近辺だけではなく、たいていは他の石材も含む石器群の一部となって、中部・関東地方に広く分布している遺跡から出土する。黒曜石製石器の数量は、遺跡で発見された石器群によってもちろん異なる。中部・関東地方は（ここでは長野県・静岡県・山梨県・神奈川県・東京都・埼玉県・千葉県・茨城県・群馬県の一都八県を含む範囲とする）、日本列島で後期旧石器時代の集団が黒曜石を好んで多用した地域の一つである。こうして、黒曜石の原産地分析と人間の行動を復元する考古学の研究が結びつくことで、広域に展開した石器時代人の黒曜石の獲得と消費の実態や逆に原産地のなかといった狭い範囲での人間の動きを明らかにすることができる（国武, 2015; 橋詰, 2018; 島田, 2018 ほか）。こうした黒曜石研究の意義は、日本列島だけに限定されるものではない。例えば、アフリカを中心にホモ・サピエンスの進化過程で現代人的行動（Mellars, 1989; McBrearty and Brooks, 2000 ほか）がいつどのように発現するのか、近年盛んに議論されている。現代人的行動の指標は多岐にわたるが、その一つとされる物資の長距離交換ネットワーク（McBrearty and Brooks, 2000）の初源を追求する研究が、原産地分析による黒曜石の長距離運搬を復元することで議論されてもいる（Moutsiou, 2014; Blegen, 2017; Brooks et al., 2018）。

本書ではさらに一歩踏み込んで、黒曜石の獲得と消費をめぐる人間の行動が、後期旧石器時代にあたる最終氷期の気候変動によって大きく変化した中部高地原産地の景観とどのように関係していたかを追究していく。続くⅢ章、Ⅳ章、Ⅴ章では広原湿原、広原遺跡群、中部高地というローカルな視野で、そしてⅡ章とⅥ章では中部・関東地方というマクロ地域的な視野で黒曜石をめぐる人間の営みについて議論を進めることにしよう。

　古い時代の気候変動とこれにともなう環境変化を復元する研究分野は、花粉分析などを代表とする古環境学である（コラム3）。考古学と古環境学といった異なる研究対象の長期にわたる時間的な変化を一緒に取りあつかうためには、それぞれで編年（クロノロジー）という時間の尺度をつくって、相互に年代をすり合わせる（統合する）必要がある。考古学の編年とは、人間が形づくった遺物や遺構などからなる物質文化の移り変わりの順番を表す年表であり、古環境の編年とは、さまざまな代替指標（プロキシー）を用いて過去の気候や植生、場合によると動物相など人間を含む生物全般ををとりまく環境の移り変わりの順番を表す年表である。これらを統合して相互にどのような関係があるかを観察するためには、事物の順番だけを決めた編年では不十分で、期間を区切る年代を与えておくことも重要である。

　このⅡ章では、8万点以上に達する黒曜石製石器の原産地分析データの塊を地域別に分類して、中部・関東地方の後期旧石器時代の石器群の編年にそって黒曜石利用がどのように変化したのか、その動態を観察し、その特徴と解決すべき課題について整理してみよう。

3. 後期旧石器時代の編年

　日本列島の人類の居住がいつはじまったのかという問題については、まだ決着をみていない。この問題について本書は深く立ち入らないが、2000年11

月に発覚した前期・中期旧石器時代遺跡捏造事件以降、後期旧石器時代をさかのぼる日本列島における約4.0万年前以前の人類文化の探究はいまも続いている。本書にかかわるところでいえば、黒曜石利用について得られている最も古い放射性炭素年代は 37,000～38,000 cal BP であり（高尾・原田, 2011）、概ねこの年代から、日本列島全域で遺跡が出現し遺跡数も増加しはじめる。加えて、標高 1,200 m～2,000 m にある中部高地原産地や太平洋上にある神津島原産地の利用がはじまる証拠が得られるようにもなり、広域の遊動領域における徹底的な資源探索が行われた形跡がある。こうした状況は、ユーラシア東部におけるホモ・サピエンスの拡散を背景とした日本列島での本格的な人類居住のはじまりと関係していると考えられる（島田, 2009; Shimada, 2014; Ikeya, 2015）。なお、日本列島人類文化のはじまりにかかわる近年の研究動向については、Nakazawa（2017）にまとめられている。

(1) 後期旧石器時代の中部・関東地方

そもそも旧石器時代にあたる日本列島の人類文化が存在することをはじめて発掘調査で実証したのは、1949・1950 年の群馬県岩宿遺跡の調査であった（杉原, 1956）。その後、はやくも 1953 年と 1954 年には最初の旧石器時代編年が提示されている（杉原, 1953; 芹沢, 1954）。1965 年に刊行された「日本の考古学Ⅰ 先土器時代」では、その時点での日本列島の旧石器時代石器群を「敲打器」から「刃器」、「尖頭器」、そして「細石器」への石器文化の変遷として理解している（杉原, 1965）。こうして次第に石器群の地域性についての理解が深まるとともに、1960 年代末から 1970 年代初頭にかけて、東京都野川遺跡、神奈川県月見野遺跡群を皮切りに「広く、深く」旧石器時代遺跡を発掘する手法が一般化し、厚く規則的に堆積している関東ローム層における石器群の豊富な重層的出土事例や始良 - Tn 火山灰の発見（AT：町田・新井, 1976）に代表される火山灰編年の発達に助けられ、武蔵野台地や相模野台地でいち早く地域編年

が構築された（小田・キーリー, 1973; 小田, 1980a, b; 矢島・鈴木, 1976; 鈴木・矢島, 1978, 1988; 諏訪間, 1988）。各地域での発掘件数の増大にともない、各地で編年の構築や細分化も進み、2000年代までには全国的な編年大綱と地域編年の比較も可能となった（安斎・佐藤, 2006; 稲田・佐藤, 2010）。こうした流れに並行して、遺跡が密集する関東平野西部の武蔵野台地や相模野台地および静岡県の愛鷹地域で石器群にともなう炭化物の放射性炭素年代測定が進む。その結果、近年までに蓄積された年代測定値の集成により、編年の時期区分に数値年代を与えることもできるようになった（工藤, 2012; 中村, 2014; 阿部, 2015）。これにより、古環境など別に構築された第四紀編年との比較が可能となった意義は大きい。

本章では、黒曜石利用の地域的な利用状況を同等に取り扱いたいので、ここ

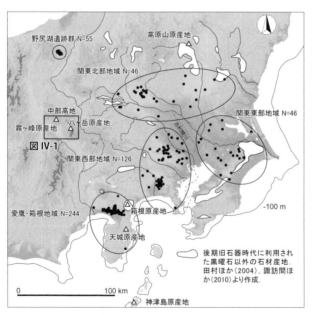

図Ⅱ-4　本書で言及する地域区分と原産地分析データをもつ石器群の分布
△：黒曜石原産地、N：黒曜石分析データをもつ石器群の数。石材獲得ルートだった可能性がある主要な大形河川を示した。陰影図は国土地理院基盤地図情報（10m）を使用。島田（2015a）を改変した。

Ⅱ　後期旧石器時代の移り変わりと黒曜石資源の開発

で用いる後期旧石器時代編年も、地域間で比較できるように共通したものを用意しなければいけない。まずその地域であるが、後述する原産地分析データをもつ遺跡の地理的な分布傾向にもとづいて、中部・関東地方を野尻湖遺跡群、関東北部、関東東部、関東西部、愛鷹・箱根の各地域に区分して、原産地データ分析の単位とする（図Ⅱ-4）。また、これらを資源獲得地である黒曜石原産地に対して、黒曜石をはじめとする各種石材で石器をつくって生業を営む旧石器居住地と呼ぶこともできる。

次に、確かに一部の地域ではローム層の分厚い堆積と細かな層位区分によって高解像度の後期旧石器時代編年がつくられているが、中部・関東地方の全体で統一された編年を考える場合、地域間で最大公約数的に共有できる編年区分を考慮しなければならない。また、原産地分析データがもつ時期（年代）の情報が編年の細かさに対応できなくなり、はじき出されるデータが増加しないよう、なるべく多くのデータが利用できるように適度に緩やかで、かつデータの

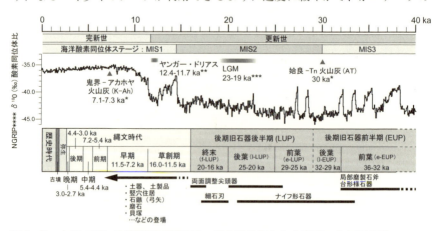

図Ⅱ-5　本書で用いる後期旧石器時代・縄文時代編年と北半球の古気候変動
文化編年の年代は、辻（2013）、中村（2014）を参考に較正年代で表した。後期旧石器時代の標式石器の変遷は、関東・中部地方の石器群を代表している。NGRIP は北グリーンランド氷床コア掘削計画。ka は 1,000 年前。小野ほか（2016）を改変した。文献：* Smith et al. (2013)、** Stuiver and Grootes (2000)、*** Clark and Mix (2002)、**** Andersen et al. (2004)。

変化が明確に現れる、ほどよい程度の時期区分が求められる。

このような条件を考慮しながら、各居住地についての地域編年（関口, 2010; 諏訪間ほか, 2010; 諏訪間, 1988; 高尾, 2006; 谷, 2007）から地域横断的な時期区分を検討した。その結果、図Ⅱ-5に示すように、本書ではまず後期旧石器時代を前半期（Early Upper Palaeolithic：以下 EUP とする）と後半期（Late Upper Palaeolithic：以下 LUP とする）に二分する（佐藤, 1992）。次に、EUP は前葉（early part of Early Upper Palaeolithic：以下 e-EUP とする。武蔵野台地立川ローム考古層序のⅩ～Ⅺ層相当）と後葉（late part of Early Upper Palaeolithic：以下 l-EUP とする。同Ⅶ～Ⅵ層相当）に細分する。なお、AT（姶良-Tn火山灰）の降灰は約3.0万年前であり（Smith et al., 2013）、l-EUP にあたる。最後に、LUP は3期に細分し、前葉（early part of Late Upper Palaeolithic：以下 e-LUP とする。同Ⅴ～Ⅳ層下部相当）、後葉（late part of Late Upper Palaeolithic：以下 l-LUP とする。同Ⅳ層中部～Ⅳ層上部相当）、そして終末（final part of Late Upper Palaeolithic：以下 f-LUP とする。同Ⅲ層～漸移層）とする。図Ⅱ-5に示した年代は、中村（2014：表2）の放射性炭素年代による推定年代区分（較正年代）を外挿した。前述したように、ローム層堆積の厚薄など地域的な条件によっては、もっと細かく時間を区切って高解像度な編年をつくることが可能ではある。しかし、中部・関東地方全域での黒曜石利用の変化を同列に比較する必要があるので、今回はこの程度の編年の解像度が適切である。

（2）後期旧石器時代の中部高地

ところで、周辺居住地での黒曜石利用の動向との対応関係を知るために、原産地側での人間活動の動向も知りたいところである。原産地での人間活動の増減は、中部高地原産地に分布する遺跡数の時間的な増減を知ることができれば、ある程度推測することが可能だろう。これを知るためには中部高地に限定したローカルな後期旧石器時代編年も必要になる。これまでに、中部高地では

Ⅱ 後期旧石器時代の移り変わりと黒曜石資源の開発

確かに多数の旧石器時代遺跡が発見されている。これは黒曜石と石器時代人の魅力にとりつかれた先人たちによる1950年代からの発掘の蓄積である（中村, 1978）。また、1980年代からは、道路整備、リゾート開発などにともなって遺跡の大部分を発掘するような調査も進み（森嶋, 1976; 戸沢ほか, 1989; 安蒜ほか, 1991）、長和町の星糞峠（鷹山）原産地では縄文時代の黒曜石地下採掘を証明した調査も行われている（安蒜ほか, 1999, 2000; 鷹山遺跡群調査団, 2015）。

中部高地ではこれまで永らく旧石器時代編年はつくられてこなかった。それには、いくつかの理由がある。山間部のため地滑りや崖錐堆積が頻繁に発生

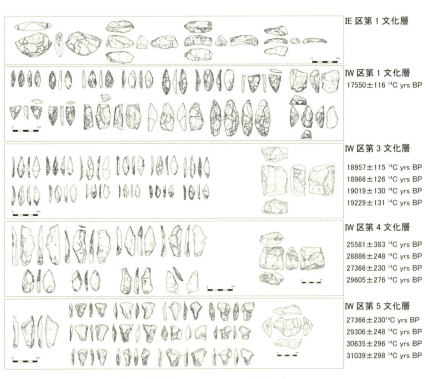

図Ⅱ-6　長野県長和町追分遺跡群（中部高地）の考古編年
放射性炭素年代測定値（未較正）は米田（2001）。大竹ほか（2001）より作成した。

することから、最終氷期の堆積物（ローム）が静かに安定して堆積している場所とそうではない場所での堆積状況の違いが大きい。そのため、平野部のように離れた遺跡どうしで共通するローム層の堆積順番を決めることができない。また、寒冷地であるため、土壌と遺物の二次的な上下移動が激しく生じ、とくに土層の堆積が薄いところでは、複数の時期の遺物が混ざり合うことが多い。こうしたことも関係して、理化学的な年代測定例も極めて少ない。考古学調査の問題としては、試掘調査など発掘自体が小規模であることも多いため、編年的な位置を決める石器の型式や石器群の特徴を十分に検討できない場合も多い。

こうした状況のなかで、ブレーク・スルーとなったのはCOLSに近い標高1,235m付近に位置する長和町追分遺跡群である（図Ⅱ-6）（大竹ほか, 2001）。追分遺跡群では、いくつかの扇状地堆積物（崩落して遺跡に流れ込んできた礫の層）やAT火山灰を挟みながら、後期旧石器時代の石器群が前半期（EUP：第5文化層から第4文化層）から後半期（LUP：第3文化層から第1文化層）にかけて地点を変えて重層的に出土した。また、追分遺跡では多数の放射性炭素年代測定により時期の異なる石器群に年代を与えることもできた。追分編年は、中部高地旧石器石器群の編年を構築するうえでとても役に立つ編年モデルであるといってよい。

図Ⅱ-7に、追分遺跡群の編年モデルをもとに構築した、現在まで得られている中部高地石器群の後期旧石器時代編年案を示した。中部高地の編年であるため、中部高地Ⅰ期～Ⅴ期の独自の区分として表示している。そのうち中部高地Ⅳ期は前半と後半に二分している。これに、追分遺跡の年代を考慮して、先に述べた後期旧石器時代編年の枠組みを暫定的にあてはめてある。なお、編年表には、Ⅳ章で紹介する広原第Ⅰ遺跡と第Ⅱ遺跡も含めている。

編年表を一見してわかるように、中部高地原産地の後期旧石器時代編年にはまだ遺跡や石器群を充当できない部分が多くあり、平野部に比べ解像度が低

時期／遺跡群	追分遺跡	鷹山	男女倉	広原	和田峠・星ヶ塔	八島
V期（尖頭器）(fLUP)	+	+	+	+	浪人塚下	+
V期（細石刃）(fLUP) ~15-20 ka cal BP	上位層	第一地点	H地点	+	和田峠頂上	+
IV期後半 (ILUP) ~17 ka 14C BP	第1文化層	S地点 県道拡幅 小林五十五郎 第一地点	+	第I遺跡EA-1	丁子沢 星ヶ塔のりこし 和田峠頂上 焙烙V上	八島
IV期前半 (ILUP) ~20-25 ka cal BP	第3文化層	星糞峠2001 センター地点 19 ka 14C BP	ヘイゴロゴーロ B地点 III地点 公民館	+	焙烙V下	雪不知
III期 (eLUP) ~25-29 ka cal BP	+	+	J地点	+	+	+
II期 (IEUP) ~29-32 ka cal BP	第4文化層 27 ka 14C BP	M地点	+	+	焙烙VI層	+
I期 (eEUP) ~32-36 ka cal BP	第5文化層 30 ka 14C BP	+	+	第II遺跡EA-2	+	+

時期／遺跡群	池ノ平	八ヶ岳西南麓	割橋	池ノ平白樺湖	ジャコッパラ	諏訪湖東岸
V期（尖頭器）(fLUP)	塩くれ場 大反					上ノ平A, C-Ia・Ib 北踊場
V期（細石刃）(fLUP) ~15-20 ka cal BP	+	+	+	御座岩岩陰	+	+
IV期後半 (ILUP)	+	馬捨場	第VIN2	+	+	+
IV期前半 (ILUP) ~20-25 ka cal BP	+	夕立 渋川IIA 渋川I	IV層中部～下部	御小屋ノ久保	+	手長丘
III期 (eLUP) ~25-29 ka cal BP	+	+	+	+	池のくるみ	上ノ平CII
II期 (IEUP) ~29-32 ka cal BP	+	+	+	+	+	+
I期 (eEUP) ~32-36 ka cal BP	+	弓振日向	+	+	ジャコッパラ12	茶臼山

図II-7 中部高地の後期旧石器時代編年案
図IV-1に示した遺跡群ごとに遺跡名ないし地点名で編年した。時期区分のkaは1,000年前。同一欄内での上下は時間的な前後関係を意味しない。＋：当該編年にあたる石器群が未発見であることを示す。島田（2015a）を改訂した。

い。確かに、追分編年は武蔵野台地や相模野台地といった関東西部の石器群編年によく整合するようにみえるのであるが、後述するように中部高地は、黒曜石原産地として中部・関東地方の全ての居住地から集団が訪れた地である。したがって、今後の発掘調査の進展に応じて、それぞれの地域性を反映した石器群が集積した複雑な様相が明らかになってくるにちがいない。そこで、中部高

地においては、例えば追分編年といった一つの編年モデルだけではなく、年代や時期を決められる石器群が重層的に出土する原産地遺跡群の調査を進め、中部高地に予測される交錯した地域性に対応できる複数の編年モデルをつくることが原産地研究の大きな課題として浮上してくる。この問題意識は、Ⅳ章で後に述べるように、共同研究「ヒト―資源環境系の人類誌」によって実施された広原遺跡群の発掘調査における大きな目的の一つとつながってくる。

4. 氷河期の黒曜石利用はどう変化したか

(1) 原産地分析データ

日本列島での黒曜石原産地分析と考古学との結びつきは1970年代初頭からはじまる（小野, 1973）。その後、実は2010年代まで、一体どれぐらいのデータが蓄積されているのか誰も知らない状況であったが、2011年と2013年、二つのチームが中部・関東地方の原産地分析データを集成した（芹澤ほか, 2011; 谷ほか, 2013）。その結果、縄文時代で85,247点、後期旧石器時代で106,404点のデータが集積されていることが判明した。ただし、これらの集成の以降にも、原産地分析データは当然のことながら増加しているため、数字には更新が必要である。ここで取り扱うデータは後期旧石器時代である。これら膨大な数にのぼる原産地分析データの性格ついて少し説明しよう。

原産地分析の実際は、とくに1990年代以前の発掘の場合は、一遺跡から発見された石器群から任意に抽出された少数の石器を原産地分析する場合が多かった。その後、一つの石器群の黒曜石製石器の全点を分析する事例が愛鷹地域を中心に増えたが（望月ほか, 1994）、現在でも諸事情で一部の限られた黒曜石製石器の分析に止まることも多い。もちろん、黒曜石製石器が出土しているが、原産地分析が行われていない遺跡も存在する。つまり、原産地分析データは遺跡の相互で量的なバイアスがある。量的なバイアスだけでなく、分

析したのが道具としての石器（ツール）なのか打ち割り（剝片剝離）の副産物として生じた石片（剝片、砕片）なのかでは、考古学的に意味が異なる。道具としての石器は、つくられてから捨てられるまでに複雑な履歴があるのが普通で、いろいろな場所に運ばれていた可能性があるが、剝片や砕片は基本的に石器がつくられたその場所に廃棄されているからだ。しかしここでは遺跡どうしの比較ではなく、居住地ごとの地域的な傾向を把握することに主眼を置くので、全点分析の結果なのか、抽出分析の結果なのか条件の違いは考慮しないことにする。

　加えて、分析者に由来する原産地分析データの混乱もある。前述した五大原産地レベルの判別では分析結果に大きな違いはないのだが、各原産地のなかの露頭や採取可能地の細かな判別結果は、分析者によって原産地名称が異なったり、分析の大元になっている地質黒曜石がラボの間で標準化されておらず、サンプリング地点も明示されず異なる場合が多い。したがって、原産地内部での細かな分析結果を重視する場合は、分析者相互の結果を合算して量的なデータとして取り扱うには慎重さが求められる。本章で利用する分析結果は五大原産地の違いを区別するレベルで十分なため、それ以上の細かな原産地区分には立ち入らない。逆に、中部高地の多数の原産地の判別にチャレンジして、原産地での人間行動を復元した広原第Ⅰ遺跡と第Ⅱ遺跡の試みをⅤ章で紹介する。また、本章では産地分析データを後期旧石器時代編年に位置づけることが重要になる。しかし、データが帰属する遺跡によっては、編年的な位置が不明ものもある。これらのデータは、利用できないので除外する必要がある。

　このような条件下で芹澤ほか（2011）と谷ほか（2013）から原産地分析データをピックアップし、先の後期旧石器時代編年に沿って旧石器居住地ごとに集計すると、表Ⅱ-1に示すように時系列の変化を示す86,523点のデータセットとなる（島田, 2015a）。これを今回は定量データとして利用する。ただし、

表Ⅱ-1　本書で用いる原産地分析データの時期別・地域別集計の一覧
島田（2015a）より作成した。

時期	地域	石器群数	高原山	霧ヶ峰	八ヶ岳	神津島	箱根	天城	計(点)
f-LUP	関東北部	7	94	258	32	63	0	0	447
	関東東部	5	7	132	4	0	0	0	143
	関東西部	15	116	1,219	94	1,425	113	1,458	4,425
	愛鷹・箱根	18	0	368	74	1,741	7	40	2,230
	野尻湖	1	0	78	1	0	0	0	79
	小計	46	217	2,055	205	3,229	120	1,498	7,324
l-LUP	関東北部	10	193	810	177	1	6	1	1,188
	関東東部	19	131	268	38	2	3	0	442
	関東西部	45	74	1,502	1,674	234	732	324	4,540
	愛鷹・箱根	80	0	8,191	2,081	707	5,388	1,124	17,491
	野尻湖	13	0	845	64	0	0	0	909
	小計	167	398	11,616	4,034	944	6,129	1,449	24,570
e-LUP	関東北部	6	109	330	124	0	2	2	567
	関東東部	3	930	13	0	0	0	0	943
	関東西部	38	206	507	1,007	29	3,244	2,180	7,173
	愛鷹・箱根	52	0	1,073	719	165	3,590	1,550	7,097
	野尻湖	10	0	1,115	51	2	0	0	1,168
	小計	109	1,245	3,038	1,901	196	6,836	3,732	16,948
l-EUP	関東北部	9	96	302	145	0	0	0	543
	関東東部	10	40	393	35	5	0	1	474
	関東西部	14	1	195	31	0	272	182	681
	愛鷹・箱根	71	0	697	131	79	924	3,516	5,347
	野尻湖	16	0	6,742	223	0	0	0	6,965
	小計	120	137	8,329	565	84	1,196	3,699	14,010
e-EUP	関東北部	14	280	574	43	11	2	2	912
	関東東部	9	57	556	0	165	1	0	779
	関東西部	14	11	235	36	26	60	149	517
	愛鷹・箱根	23	0	306	221	668	1,254	1,774	4,223
	野尻湖	15	0	16,921	318	1	0	0	17,240
	小計	75	348	18,592	618	871	1,317	1,925	23,671
全時期	合計	517	2,345	43,630	7,323	5,324	15,598	12,303	86,523

　表Ⅱ-1のf-LUPの原産地データは約2.0万年〜1.9万年前の稜柱系細石刃石器群に限定し、これ以降の縄文時代草創期までの石器群の黒曜石利用についてはⅦ章で言及する。

Ⅱ 後期旧石器時代の移り変わりと黒曜石資源の開発

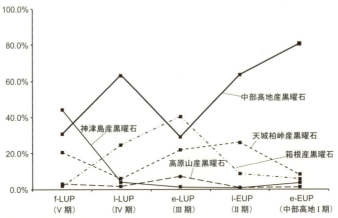

図Ⅱ-8 原産地利用頻度の変化（中部・関東地方全体）
島田（2015a）より作成した。

(2) 黒曜石利用の動態

とはいえ、表に羅列した数字だけじっと眺めていても具体的な傾向や意味を見出すのは普通は難しいので、このデータをグラフや図に分かりやすく加工して分析してみよう。最初に、中部・関東地方全域を取りまとめた形で黒曜石利用を分析し、その動向をとらえる。結論をいうと、五大原産地のなかでもとくに、中部高地産黒曜石と神津島産黒曜石の利用に興味深い独特な変化を見出すことができる。

図Ⅱ-8に示したように中部高地産黒曜石の利用頻度は後期旧石器時代初頭のe-EUPで最も高率であり、l-EUPにかけて漸減傾向はあるものの3.6～2.9万年前のEUPをとおして、利用頻度はほかの原産地に比較して際立って高い。しかし、続く2.9～2.5万年前のe-LUPで中部高地産の利用頻度は激減し、これを補完するように神津島を除く他の原産地の利用頻度が高まる。そして、2.5～2.0万年前のl-LUPでは一転して中部高地産の利用頻度が再び上昇することが明らかに示されているが、f-LUPには再び減少に転じ、神津島産黒曜石

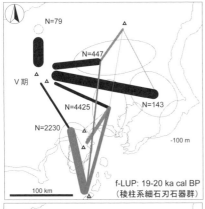
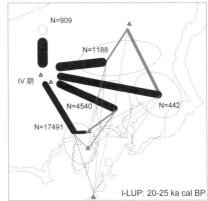
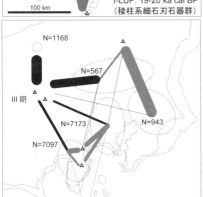
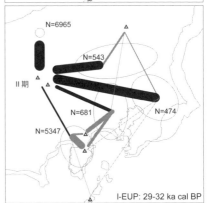
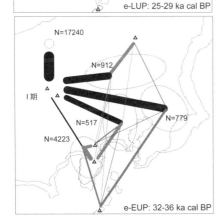

図II-9 居住地別の原産地利用頻度の変化（地域区分は図II-4を参照）

I期～V期は中部高地編年（図II-7参照）。△：黒曜石原産地。N：地域別の原産地分析データ数。島田（2015a）より作成した。

Ⅱ 後期旧石器時代の移り変わりと黒曜石資源の開発

の利用頻度が後期旧石器時代をとおしてはじめて中部高地の利用頻度を超えるまでに増加している。このように、中部高地原産地とその黒曜石の利用頻度の変化には、後期旧石器時代の時系列において、めまぐるしく変動する性質があったといえる。

一方、神津島産黒曜石は、同じく図Ⅱ-8が示すように後期旧石器時代初頭のe-EUPからl-LUPにかけて利用頻度としては他の原産地に比べて一貫して低い比率を示しながらも、全く利用されなくなるということもなく、ひっそりと利用され続けている。しかし、2.0万年〜1.9万年前のf-LUPの稜柱系細石刃石器群では、何らかの理由により神津島産の利用頻度が中部高地産の利用頻度を超えるほどに急上昇している。神津島産黒曜石の利用の時間的な変化は、不可解といってよいほどに特異である。

次に、各居住地における原産地別黒曜石の空間分布を分析してみよう。地域的な黒曜石利用の動向を中部・関東地方の編年にそって以下に記す。図Ⅱ-9には、居住地に視点をすえて、各居住地で利用されている五大原産地の比率を居住地と原産地を結ぶ線の太さで示した。線が太いほどその原産地の利用頻度が高いということだ。この図によると、3.6〜3.2万年前のe-EUPにはすでに五大原産地の全てが開発され、各居住地で利用されている。神津島を除く内陸の原産地では、中部高地産が各居住地に広範に広がる傾向を示すのに対して、それ以外の原産地の黒曜石は、それぞれに近い居住地に分布するという基本的な黒曜石空間分布の構図がすでにできあがっている。e-EUPでは、神津島原産地の利用頻度がf-LUPを除くほかの時期よりも比較的目立っていることも分かる。最終氷期で海岸線が低下しているとはいえ、本土と神津島の間には太平洋が広がっていることから、神津島原産地の開発には海洋を渡航し黒曜石を運搬する技術が必要である。なお、原産地分析結果から中部高地産と神津島産の黒曜石の両方が石器群から一緒に確実に出土した最も古い遺跡は愛鷹・箱根

地域の井出丸山遺跡Ⅰ文化層であり、約38,000～37,000 cal BPの年代が得られている（高尾・原田, 2011）。残念ながら神津島原産地の側で、黒曜石獲得の証拠となる旧石器時代遺跡は発見されていない。晩氷期以降の気候温暖化に伴う海水面上昇により、多くの遺跡が水没してしまった可能性はある。

l-EUP（3.2～2.9万年前）でも基本的にe-EUPに確立した地域的な黒曜石利用状況が踏襲されているが、関東西部と愛鷹・箱根地域では中部高地産とともに地元に近い箱根と天城柏峠原産地も利用する傾向が強まっている。

e-LUP（2.9～2.5万年前）には、関東西部と関東東部で近郊の箱根、天城柏峠、高原山産黒曜石の利用が拡大し、結果として中部高地の利用頻度が低下している様子がわかる。ただ、関東北部や野尻湖では継続して中部高地の利用が認められ、中部高地原産地が完全に放棄された状況ではない。

こうしたe-LUPの状況は、同じく図Ⅱ-9に示したl-LUP（2.5～2.0万年前）では一転している。特定の居住地に偏ることなく、黒曜石利用が中部高地重視に変化したことが読みとれる。l-LUPの中部高地産黒曜石は、全ての居住地で最も多用された黒曜石である。

f-LUP（2.0～1.9万年前：稜柱系細石刃石器群）では、先にみたように、神津島産黒曜石の空間分布が量的に一気に拡大している。その結果、中部高地産と神津島産黒曜石の空間分布は、大きく中部・関東地方を南北に分けるように棲み分けていることが読みとれる。ただし、完全に排他的に区分されているのではなく、分布の一部があたかも相互に浸潤している状況でもある。

5. 問題の所在と研究デザイン

問題は、なぜ特定の原産地とその黒曜石の利用頻度が変化するのか、その要因はなにかということである。とくに、中部高地の利用頻度の変化はいわば劇的ですらある。また、後期旧石器時代の大半で目立った利用を示さなかった神

津島産黒曜石の f-LUP における利用頻度の急上昇と中部高地産黒曜石の利用低下との関係も気になるところである。第一に考えられるのが、最終氷期の気候の寒冷化が人間の活動、この場合は黒曜石の獲得行動、に制約を与えたという予測である。では、具体的にどのような研究計画で、この課題を解明するデータを集めることができるだろうか。

まず、気候変動とのかかわりで中部高地産黒曜石の利用に言及した先行研究をみてみよう。e-LUP に相当する関東西部のⅣ下～Ⅴ層段階（Ⅵ章、コラム5を参照）の石器群で中部高地産黒曜石利用が減少し、箱根や天城柏峠産黒曜石が増加することは経験的には知られていた。この要因として、佐藤（1996）、諏訪間（2002）、堤（2002）などは、グリーンランド氷床コアなどに示される最終氷期最寒冷期（LGM）の寒冷気候が、標高の高い中部高地での黒曜石獲得行動を阻害した可能性が高いと指摘している。気候変動と考古編年の現在の年代観とは異なる当時の年代観にもとづくが、佐藤（1996）はⅣ下～Ⅴ層段階から尖頭器石器群以降への石器技術の変化（コラム5参照）が、LGM の寒冷気候とその後の温暖化と相関関係があることを示唆している。

しかしながら、これらの先行研究では定量的に中部高地産黒曜石利用の減少を確認してはおらず、原産地分析データの定量的な分析にもとづいて原産地利用の変化を復元しているわけではない。この点について、先に紹介したように、データベースから独自に集成した原産地分析データの時間的変化と空間分布の分析が、この課題にかなりの部分で貢献できるだろう。また、高緯度地帯の古気候データを日本列島の中緯度地帯にそのままあてはめて人間との相互作用を議論できるのかどうか、慎重に検討する必要がある。さらに、先行研究では気候の寒冷化が中部高地の黒曜石獲得行動に対して負の要因としてインパクトを与えたと評価しているが、人間の側からの環境変化への働きかけについてもっと考えてみる必要があるのではないだろうか。

こうした問いかけに答えるためには、まず、中部高地の原産地と現地の遺跡に近い場所で最終氷期にさかのぼる古環境データを実際に集めるしかない。できれば、長期にわたって途切れることのない連続的なデータが好ましい。そして、原産地の景観変遷を示すデータセットと本章で提示した黒曜石獲得をめぐる人間行動の変化を示すデータセットを統合する必要がある。結論からいうと、本章の冒頭で述べた COLS の共同研究「ヒト―資源環境系の人類誌」により、こうしたデータを、完全にではないが、可能なかぎり集めることができた。この、いわば考古・古環境統合データを用いて、黒曜石利用という先史資源開発に気候変動が与えた影響、あるいは環境変化に対する人間の側からの適応（人間―環境相互作用：Birks et al., 2015）について検討を加えていくことにしたい。

　具体的には、次のⅢ章で、広原湿原の花粉データの解析にもとづく中部高地原産地の植生変化による景観変遷史を紹介する。Ⅳ章では、共同研究「ヒト―資源環境系の人類誌」で発掘した広原遺跡群の第Ⅰ遺跡と第Ⅱ遺跡の発掘成果と広原古環境変遷史との対応関係について議論する。そしてⅤ章で、両遺跡の考古分析と原産地分析とのコラボレーションで得られた黒曜石獲得をめぐる人間行動の復元を紹介する。これは、中部高地でのはじめての試みとなる。Ⅵ章では、それまでに紹介した成果を総動員して、中部・関東地方の黒曜石利用の変化、中部高地旧石器編年による遺跡数の増減、そして中部高地の景観変遷史の擦り合わせを行い、その統合結果をもとに最終氷期の気候変動と人間適応について黒曜石原産地の開発という観点から議論する。

　はたして気候変動は、後期旧石器時代の集団の行動に一方的に変化を強いる強制要因だったのだろうか。確かに狩猟採集経済への影響はあったとしても、集団が発揮した何らかの能動的な適応行動など両者の間での相互作用を見出すことができるだろうか。

黒曜石の原産地分析

1　黒曜石の化学的な性質

　鉱物は岩石の主な構成要素であるが黒曜石の主な構成要素は鉱物ではなくガラスである。鉱物とガラスの違いは、鉱物は鎖状や網状などの規則的な結晶構造をもった固体物質であるのに対して、ガラスは不規則な結晶構造をもった固体物質である。結晶もガラスも、ともに高温のマグマが冷え固まることでつくられるが、一般的には、マグマの冷え固まる速度が速いとガラスがつくられ、遅いと結晶がつくられる。また、マグマのなかでも温度が低く粘性率が高い二酸化ケイ素に富む流紋岩質マグマ（SiO_2：63wt.%以上）ほど、冷え固まると鉱物ではなくガラスがつくられやすい。

　これとは逆に、マグマのなかでも温度が高く粘性率が低い二酸化ケイ素に乏しい玄武岩質マグマ（SiO_2：45〜52wt.%）ほど、ガラスではなく鉱物がつくられやすい。このため、ガラスを主成分とする黒曜石はごくわずかな例を除いて流紋岩質マグマの急冷によってつくられる。また、この流紋岩質マグマは、二酸化ケイ素に乏しい玄武岩質マグマが分化していくことで、あるいは斑れい岩などの玄武岩質な岩石が部分溶融することでつくられる。すなわち流紋岩質マグマとは、成因的には玄武岩質マグマからの枝分かれ、もしくはマグマの成れの果てであり、玄武岩質マグマに比べて非常に多様な元素組成をもつことが可能となる。化学分析により黒曜石製石器の原産地判別ができる理由は、黒曜石という素材そのものがこのような性質をもつからである。

2　黒曜石製石器の原産地分析

　日本での黒曜石製石器の原産地の判別には、経験的な目視による手法に加えて、望月明彦が1980年代に考案したエネルギー分散型蛍光X線分析装置を用いた化学的な手法が、非常に多く用いられている。このエネルギー分散型蛍光X線装置は、ある未知な物質のなかにどのような元素がおおよそどのくらい含まれているかモニターする定性分析を行うための装置であり、物質中のある特定の元素の含有量を正確にもとめる定量分析を行うことには適さない。

　しかし、この定性分析法では、試料間の相対的な元素組成の違いを特性X線の強度から見積もることができ、日本各地の黒曜石原産地の黒曜石試料を事前に測定し、それぞれの試料の相対的なX線強度の違いを分析装置ごとに明らかにしておけば、未知な黒曜石製石器を分析したとしても、どの黒曜石原産地の

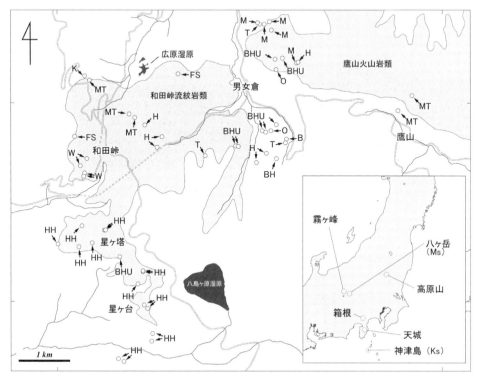

図1　長野県霧ヶ峰地域における黒曜石原産地の位置と元素組成にもとづいた原産地の分布図
アルファベットで示す記号の違いは元素組成グループの違いを示す（図2に対応）。著者原図。

試料と元素組成的にマッチングするものであるのか見積もることができる。しかも、この手法であれば、数百万円程度の分析装置と日本各地の黒曜石原産地の試料さえあれば、低コスト、非破壊で石器の原産地分析を迅速にできるという最大のメリットがある。

　上述したように、この手法は定量分析法よりも確度や信頼性が劣るので、判別結果の高度な信頼性が求められる場合は、事前に黒曜石原産地の試料の定量分析を行うこと、そして石器についても同じ定量分析を行い両者の元素組成を比較することが必要となる。

3　明治大学黒耀石研究センターの取り組み

　遺跡の発掘調査により得られた黒曜石製石器の原産地判別を実施するためには、どのよ

黒曜石の原産地分析

写真1　霧ヶ峰黒曜石原産地の山並みと広原湿原の位置
印の交点が広原湿原。明治大学黒曜石研究センター提供。

うな手法を用いようとも、各地の黒曜石原産地の位置情報や産状、黒曜石試料が、最低限取り揃えられていること、そして可能ならば定量分析値のデータベースを持ち合わせていることが必要である。しかし今日、一つの研究機関や一人の研究者が、例え日本列島全域であっても黒曜石原産地の試料を全て揃えていくことは、金銭的、物理的、時間的な理由で決して容易なことではない。黒曜石原産地判別の基準となる各地の黒曜石試料が定量分析値や野外情報などとともにパッケージとして一式どこかに取り揃えてあり、それを相互に利用できるシステムが整備されていれば、非常に便利である。

本書のⅣ章からⅤ章にかけて詳しく述べられるが、これまでに黒耀石研究センターにて実施した黒曜石製石器の原産地判別について紹介する。2011年から2013年にかけて、黒耀石研究センターを中心に、長野県長和町の広原遺跡群の発掘調査が行われた。そこでは、数千点に及ぶ後期旧石器時代～縄文早期ほかの黒曜石製石器が発掘され、それら全ての石器についての原産地判別を実施した。原産地判別に必要な黒曜石原産地の黒曜石試料は、島根大学法文学部や黒耀石体験ミュージアムとともに行った黒曜石原産地の野外調査によってとり揃えられた。これらの研究成果は、ともに2018年に、明治大学黒耀石研究センター発行の紀要『資源環境と人類』と国際誌『Quaternary International』にて発表した（土屋・隅田, 2018; Suda et al., 2018）。これらの内容について簡単に紹介する。

広原遺跡群は黒曜石の原産地で有名な長野県和田峠に近い、広原湿原周辺に位置する（図1・写真1）。野外調査によりこの地域からは数十ヵ所に及ぶ黒曜石原産地が発見され、

Column 2

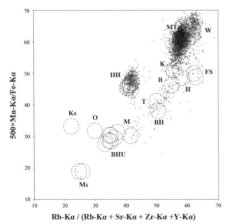

図2　広原第Ⅰ遺跡と第Ⅱ遺跡出土の黒曜石製石器の原産地判別結果（左）とCOLS設置のエネルギー分散型蛍光X線分析装置（右）
著者原図。写真は明治大学黒曜石研究センター提供。

それらの多くが流紋岩の火山活動にともなう岩脈や溶岩として冷え固まったもの、すなわち原地性のもの、またはそれに近いものであった。これらの黒曜石原産地から採取した試料に対して蛍光X線分析装置を用いた定量分析を行い、定量分析値にもとづいた黒曜石原産地のグループ分けを行った。図1や図2の中でMやWなどのアルファベット記号で示すものが、それぞれの組成グループにあたる。

次に、それぞれの組成グループを代表する基準試料を定め、これらの基準試料をエネルギー分散型蛍光X線分析装置により定性分析し、望月明彦の手法にもとづいた判別図上で黒曜石製石器の原産地判別を行った（図2）。そして判別分析を行った石器の約70％について原産地の判別結果を得ることができた。黒曜石原産地であるこのような霧ヶ峰地域において黒曜石製石器の原産地判別を実践していくことで、石器石材の原産地や生産地における先史時代の人類の行動様式の復元に関する研究のさらなる進展が今後ますます期待される。

中部高地の黒曜石原産地周辺における過去3万年間の景観変遷

1. 人類史の構築における景観復元の意義

　人間は、あたかも自分たちがこの世の中心になって、すべての事象が回っているものと錯覚しやすい。しかし、人間は地球上の生物の1つであり、科学技術が発達した現代でも自然現象や環境の変化に抗うことはできない。とくに、先史時代の人類にとって、著しい自然環境の変化は生活基盤を揺るがすものであり、現代人よりも大きな影響を受けたことは容易に想像できるであろう。このように先史時代の人類史を編む上で、その当時の人類がどのような自然環境や景観のなかで暮らしていたのか、これらをどのように資源として利用していたのか、そして環境や景観の時間的な変化が人類の生活や行動にどのような影響を与えたのかなどを理解することは、先史時代の人類史を構築するための重要な研究課題であるといえよう。

　自然環境やそこから生み出される複合的な景観は、地形や植生、気候などさまざまな自然要素から構成されている。過去の人類を取り巻いたこれらの環境要素を復元するためには、自然科学的な視点でのアプローチが不可欠である。とくに、森林は過去の人類にとって、道具や燃料などの資源を供給する場所を提供し、また狩猟や移動、居住の場所としても利用されてきた重要な自然要素である。また、現在の日本列島における植生帯をみても分かるように、植生帯は緯度と標高によって分布を変化させている。すなわち、過去の植生を正確に復元することで、その当時の人類がどのような気候環境で生活していたのかも知ることができる。

Ⅲ　中部高地の黒曜石原産地周辺における過去3万年間の景観変遷

　植生の復元にはさまざまな方法があり、大きく分けると二つの方法がある。それは誰しもが一度はみたことのある葉や種子、木材などの肉眼で確認できる大型植物化石と、花粉や植物珪酸体（プラントオパール）など顕微鏡を使用しないとみることのできない微化石である。大型植物化石の多くは、種レベルまでの同定が可能であり、過去の森林構成を詳細に知ることができる。しかし、大型植物化石は地層に保存され難く、なかなか産出しない。したがって、大型植物化石を用いた手法では、限られた範囲や時代の局所的な植生の復元となってしまう。一方、微化石を代表する花粉は、属レベルまでの同定しかできず、過去の森林構成種を詳細に特定することはできない。しかし、化学的に安定したスポロポレニンと呼ばれる物質でつくられる花粉は、さまざまな堆積物に長期間にわたって保存される。とくに、植物遺体が分解されずに、ゆっくり堆積した泥炭や湖沼の堆積物には、大量の花粉化石が含まれている。また、花粉は風によって散布・飛散することから、広域的な植生を復元することに適している。このように、植生復元の各手法には、互いに長所と短所があり、両者による多角的な視点から過去の植生を詳細に復元することが理想である。

　さて、最終氷期から現在の後氷期にまたがる後期旧石器時代から縄文時代における人類活動の痕跡が多数発掘される中部高地では、当時どのような自然環境や景観が広がっていたのであろうか。現在と同じような森林が後期旧石器時代にも広がっていたのであろうか。長野県霧ヶ峰や八ヶ岳を中心とした中部高地の周辺では、これまで多くの研究によって花粉分析結果が報告され、最終氷期以降の植生変遷や気候変動が議論されてきた（Morita, 1985; 津田, 1990; 酒井・国信, 1993; 大嶋ほか, 1997ほか）。しかしながら、これらの研究では人間活動の痕跡が残る中部高地の黒曜石原産地周辺で分析はなされておらず、かつ詳細な時系列や定量的な花粉分析に沿った植生変遷やそれにもとづいた気候変動については解明されていない。

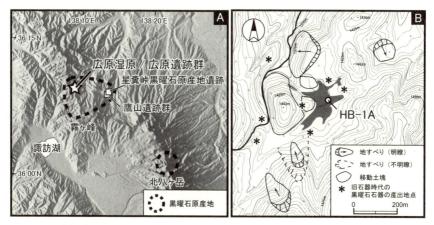

図Ⅲ-1 中部高地周辺における主要な黒曜石原産地と旧石器遺跡(A)、広原湿原におけるボーリングコア試料の採取地点(B)
Yoshida et al. (2016) より作成した。

本章では、長野県和田峠の北北東約 1.4 kmにある広原湿原周辺における後期旧石器時代以降の植生と気候を復元した事例について紹介しよう（図Ⅲ-1）。広原湿原は標高1,400 mにあり、その周囲には後期旧石器時代から縄文時代の広原遺跡群が湿原を取り囲むようにして立地している（図Ⅲ-1-B）。また、中部高地の後期旧石器時代の遺跡群や黒曜石原産地の多くが、広原湿原とほぼ同じ標高1,400〜1,300 mに分布している。すなわち、広原湿原は中部高地における各時代の自然環境や景観の変化、さらにはこれらの変化が人類活動に与えた影響を考える上で最適な場所である。なお、本研究の詳細はすでに公表されているので、あわせて参照されたい（Yoshida et al., 2016; 吉田, 2016; 吉田ほか, 2016）。

2. 広原湿原の HB-1A コア試料と堆積年代

この研究では、広原湿原のほぼ中央部で機械式シンウォール型ボーリングにより、直径7.5 cmの円柱状試料であるボーリングコア試料（以下、コア試料）を、約1m間隔で掘り下げながら採取した（図Ⅲ-1-B、写真Ⅲ-1）。このボー

Ⅲ 中部高地の黒曜石原産地周辺における過去3万年間の景観変遷

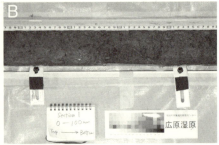

写真Ⅲ-1 広原湿原での機械ボーリングによる調査
A：コア試料の採取風景、B：HB-1A コア試料の泥炭堆積物。

リングによって、広原湿原では全長3.85mのコア試料を採取することができた。このコア試料は実験室に持ち帰って、かまぼこ状に半割して、断面を包丁でクリーニングしながら、新鮮な堆積物を観察・記載した（写真Ⅲ-1-B）。また、各分析用の試料を採取してしまうと、コア試料の断面を綺麗に保存することができない。そのため、アーカイブとして全てのコア試料の写真を撮影した。なお、コア試料は、長野県長和町の明治大学黒耀石研究センターに保管されている。

コア試料の観察・記載の結果から、広原湿原の堆積物は大まかに上部と下部の二つに区分される（図Ⅲ-2）。深度3.85～1.88mは有機物を含む砂礫層からなる。深度1.88m～地表までは泥炭層から構成されている。また、各堆積物の詳細な年代を明らかにするために、コア試料から計5点の木材化石を試料として採

表Ⅲ-1 放射性炭素年代測定の結果

Lab. コード	深度 (cm)	試料	δ¹³C (‰)	¹⁴C 年代 (yrs BP)	較正年代 (2σ, cal BP) *
PLD-23961	98.5	木材（部位不明）	-27.80	3,575 ± 20	3,965 − 3,830
PLD-23962	150.5	幹 / 枝（マツ属単維管束亜属）	-25.83	12,420 ± 40	14,830 − 14,910
PLD-23963	163.5	幹 / 枝（マツ属単維管束亜属）	-25.09	13,190 ± 35	16,025 − 15,690
PLD-23965	213.4	木材（部位不明）	-24.97	15,980 ± 40	19,490 − 19,100
PLD-22992	267.8	木材（部位不明）	-29.97	22,940 ± 70	27,480 − 27,085

*IntCal13 (Reimer et al., 2013) の較正曲線にもとづく OxCal4.2 (Bronk Ramsey, 2009) を用いて算出した。

取し、加速器質量分析法（AMS）による放射性炭素年代測定を実施した（表Ⅲ-1）。^{14}C 年代値（yrs BP）は、宇宙線の強弱を原因とする地球大気上空での ^{14}C 生成率の変化によって、真の年代値とズレが生じることが知られている。そのため、この研究では、IntCal 13（Reimer et al., 2013）の較正曲線にもとづいたコンピュータープログラム OxCal 4.2（Bronk Ramsey, 2009）を用いて、較正年代（cal BP）を算出した。

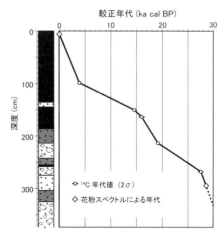

図Ⅲ-2　広原湿原における HB-1A コア試料の地質柱状図と年代モデル
Yoshida et al.（2016）より作成した。

　放射性炭素年代測定の結果から、広原湿原の堆積物における最下部の年代は、約3万年前まで遡ることがわかった。また、内挿法・外挿法を用いて堆積物の年代モデルを作成してみると、堆積物には大きな欠落（不整合）は認められず、連続的に堆積していることがわかる（図Ⅲ-2）。このことから、広原湿原の堆積物に含まれる花粉化石は、過去3万年間の中部高地における植生変化や気候変動を連続的に記録していると考えられる。

3. 広原湿原における花粉分析と微粒炭分析

　花粉分析には、コア試料から 4cm 間隔で、厚さ 1.2cm で体積 2.88cm³ のキューブ状の試料を計 88 点採取した。一定の体積で試料を採取したのは、試料中の花粉化石の濃度（grains/cm³）を調べ、さらに堆積速度を用いて花粉化石の年間堆積量（grains/cm³/year）を計算するためである。この花粉化石の年間堆積量を知ることで、湿原の周囲に森林があったのか、なかったのかを推測できる

からである。とくに、最終氷期の日本列島では年平均気温が約7℃も低下し、降水量も減少していた可能性が指摘されている（安田・成田, 1981; 安田, 1983; 阪口, 1989など）。この時代の日本アルプスの山岳地帯では、現在はみることのできない氷河が発達していたことが知られている（柳町, 1987; 小疇, 1988など）。また、現在の中部高地周辺では、標高1,500m以下にはコナラやクマシデなどの冷温帯性落葉樹林、標高1,500m～2,500mにはオオシラビソやアカエゾマツなどの亜高山帯性針葉樹林、標高2,500m以上にはハイマツやササ草原からなる高山植生が広がっている（図Ⅲ-3）。標高1,400mの広原湿原周辺では、現在は冷温帯性落葉樹林の分布域にあたる。しかし、少なくとも最終氷期最寒冷期（the Last Glacial Maximum: LGM。以下、本書ではClark and Mix, 2002よりLGMを約23,000～19,000 cal BPとする）には、現在よりも森林帯が低下し、高山植生が取り巻いていた可能性がある。

現在、広原湿原は美しいカラマツの森に囲まれている（写真Ⅲ-2-D）。このカラマツ林は、1918年（大正7年）に一斉植林されたものであることが、営林署（現在の林野庁森林管理署）の台帳に記されている。すなわち、この一斉植林がなされる直前までは、広原湿原を取り巻く森林ははげ山となっていたことを

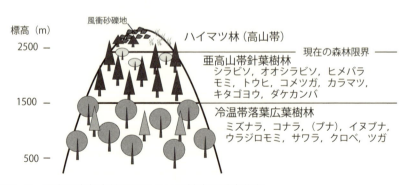

図Ⅲ-3　現在の中部高地周辺における植生の垂直分布
宮脇編著（1987）と柴田（1994）をもとに作成した。

写真Ⅲ-2　森林帯による視界の違い
A：遠くまで視界の開けた高山帯の景観（オーストリア・チロル地方フォッチャー渓谷）、B：林床植物によって遠・近距離の視界が遮られる亜高山帯針葉樹林（青森県八甲田山）、C：高木によって遠距離の視界が妨げられる冷温帯性落葉広葉樹林（青森県八甲田山）、D：1918年に植林されたカラマツ（長野県美ヶ原）。著者撮影。

意味している。一般に、花粉化石の年間堆積量は、森林域と非森林域を区分する森林限界を予測するための重要なパラメーターとして知られている（Feagri et al., 1989）。しかしながら、調査地周辺における地形や気象などの自然条件は場所によって違い、花粉の飛散範囲や堆積の様式も異なるため、花粉化石の比率だけで森林の有無を推測することは困難である（守田, 1984, 2004）。また、堆積物中の花粉化石の年間堆積量を把握したとしても、森林の有無を区分するために、閾値（しきい値）を設定することは極めて難しい。

　前述したように、広原湿原周辺の植生は一時的とはいえ、人為的に森林が伐採され、非森林域になった時期を経て現在のカラマツ植林となっている。また、現在では湿原周辺に自生しないカラマツ属の花粉化石が広原湿原の堆

III 中部高地の黒曜石原産地周辺における過去3万年間の景観変遷

積物から検出されれば、その層準は1918年の一斉植林を示していることになる。すなわち、同一条件のなかで非森林域と森林域であった時代を特定することができ、これらの時代における花粉化石の年間堆積量から、森林の有無を推測することが可能である。そこで、カラマツ属の花粉化石が出現する1918年の堆積物を特定し、その試料における高木花粉の年間堆積量（以下ではPARt（Pollen accumulation rate for trees）と略す）を、森林域と非森林域を区分する閾値として過去3万年間の中部高地での森林の有無を検討した。

　コア試料から採取した花粉分析用の試料には、英国製プラスチックマーカー（Palynospheres, 22.6μmマーカー濃度：1.63 ± 0.08×104 粒／ml, 45.5μmマーカー濃度：7.84 ± 0.37×103 粒／ml）を添加し、10% KOH によって試料の拡散とフミン酸の除去をした。その後、大型植物遺体や細礫を除去するために250μmメッシュの金網を用いて物理的に濾過を施した。また、傾斜法によって試料の砂質分を除去した。10% HCl にて試料のカルシウム分を除去した後に、比重1.68〜1.70に調整した塩化亜鉛飽和溶液（ZnCl₂）を用いて比重分離を行い、花粉・胞子化石の抽出をした。抽出した試料は、アセトリシス混合液（無水酢酸9：濃硫酸1）によってセルロースを溶解した。試料の残渣は、1‰塩基性フクシンを用いて赤色に染色し、グリセリンゼリーを用いて封入し、プレパラートを

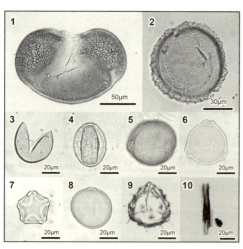

図III-4　広原湿原のHB-1Aコア試料から産出した花粉・胞子化石と微粒炭
1：トウヒ属、2：ツガ属、3：スギ属、4：コナラ亜属、5：ブナ属ブナ型、6：カバノキ属、7：ハンノキ属、8：イネ科、9：コケスギラン、10：微粒炭。

作成した。

　各試料の検鏡は、250〜600倍の光学顕微鏡下で、高木花粉が300粒以上に達するまで同定・計数し、その間に出現した低木・草本花粉、胞子化石は全て同定・計数した（図Ⅲ-4）。また、花粉・胞子化石の同定作業では、山火事の頻度を知るために、10〜250 μm の微粒炭についても計数も行った。各花粉分類群の出現率は、高木花粉はその総和を基数として、低木・草本花粉と胞子類については出現したすべての花粉・胞子化石の総和を基数として百分率で示した。

　広原湿原のHB-1Aコア試料における花粉組成図を図Ⅲ-5に、高木花粉（PARt）と微粒炭の年間堆積量の変動を図Ⅲ-6に示す。局地花粉帯（以下、「花粉帯」または「帯」と略す）は、高木花粉の計数によるクラスター分析を用いて区分した（CONISS：Grimm, 1987）。花粉帯とは、花粉組成やその量比をもとにして、各試料をグループ化したものである。本研究では、クラスター分析の結果をもとにしてHR-1〜HR-6帯の六つの花粉帯に区分した。さらに、HR-4帯については、aとbの二つの亜帯に細分した。各花粉帯の特徴を表Ⅲ-2に示す。なお、各花粉帯および各試料の年代は、年代モデルをもとにして算出した（図Ⅲ-2）。

　広原湿原における花粉分析の結果から、試料番号HR-P2の層準でカラマツ属の花粉化石が高率となり（図Ⅲ-5）、PARtが急激に減少することが分かった（図Ⅲ-6）。すなわち、HR-P2試料が堆積した時期は、森林が伐採され、カラマツの一斉植林が実施された1918年前後であると解釈できる。このHR-P2試料におけるPARt値を森林域と非森林域を区分するための閾値として設定した。例えば、これより高いPARt値の場合には湿原周辺に森林が分布していた、低い場合には湿原周辺に森林は無かったと判断した。

　図Ⅲ-6をみると、過去3万年間における広原湿原のPARt値は著しく変動し

Ⅲ 中部高地の黒曜石原産地周辺における過去3万年間の景観変遷

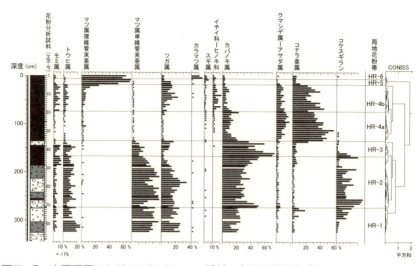

図Ⅲ-5 広原湿原における HB-1A コア試料の主要な花粉組成図
地質柱状図は図Ⅲ-2と同じ。Yoshida et al.（2016）より作成した。

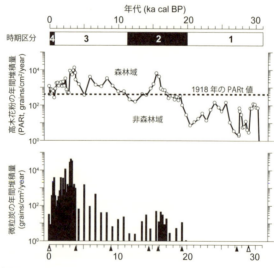

図Ⅲ-6 広原湿原の HB-1A コア試料における高木花粉および微粒炭の年間堆積量の変動
Yoshida et al.（2016）より作成した。

表III-2　局地花粉帯の特徴

花粉帯	深度（cm）	年代 (cal BP)	特徴
HR-6	0〜6	AD 1918〜現在	カラマツ属が 11.4〜15.2%と急増する。HR-5 帯と同様に、マツ属複維管束亜属は最大 63.7%と高率で出現する。
HR-5	6〜18	0.7 ka−AD 1918	マツ属複維管束亜属が最大 70.5%と高率となり、コナラ亜属は著しく減少する。
HR-4	18〜134.5	11.2〜0.7 ka (b 亜帯：2.9〜0.7 ka) (a 亜帯：11.2〜2.9 ka)	コナラ亜属が 18.5〜60%と優占し、クマシデ属ーアサダ属とケヤキ属がそれぞれ最大で 16.7%と 11.4%出現する。本帯は、以下の特徴から 2 つの亜帯に区分される。HR-4a 帯（深度 74〜134.5cm）：亜寒帯性針葉樹のモミ属やトウヒ、ツガ属などが低率となる。HR-4b 帯（深度 74〜18cm）：温帯性針葉樹のツガ属、スギ属、モミ属、コウヤマキ属の温帯性針葉樹の出現が増加する。
HR-3	134.5〜166.5	16.2〜11.2 ka	カバノキ属が下部で 73.2%となる。カバノキ属と針葉樹の花粉が上部に向って減少する。コケスギランは下部で減少する。
HR-2	166.5〜273	27.5〜16.2 ka	カバノキ属が最大で 51.3%と増加する。針葉樹の花粉化石は上部に向って減少し。落葉広葉樹の花粉化石は低率であるが、コナラ亜属は上部でわずかに増加する。コケスギランは最大で 37.3%出現する。
HR-1	273〜326*	>30〜27.5 ka	針葉樹の花粉化石が優占する。マツ属単維管束亜属は 16.3〜38%、ツガ属は 11.5〜26.9%、トウヒ属は 8.1〜24.3%出現する。カバノキ属は安定的に高率であり、最大で 25.4%となる。最上部でコナラ亜属が一時的に増加する。コケスギランは上部に向って増加する。

*最深の試料は深度 326cm から採取した。それ以深の層準については花粉分析を実施していない。

ている。PARt 値は、約 30,000〜20,000 cal BP で閾値よりも低く、約 20,000〜17,000 cal BP に急激に増加する。約 17,000〜14,000 cal BP に閾値を超えるが、約 13,000〜11,000 cal BP に一時的かつ急激に減少する。その後、PARt 値は、約 11,000〜3,000 cal BP 以降には安定的に閾値を越え、約 3,000 cal BP 以降には僅かな減少と増加を繰り返す。また、微粒炭の年間堆積量も PARt と同様の変動傾向を示す（図III-6）。すなわち、約 30,000〜20,000 cal BP には微粒炭は検出されず、約 20,000 cal BP から増加する。約 13,000〜11,000 cal BP には一時的に減少し、約 3,000 cal BP 以降には高い値を示す。

4. 過去3万年間における
   黒曜石原産地周辺の景観復元

　広原湿原における花粉分析の結果は、過去3万年間の植生変遷や気候変動を記録していた（図Ⅲ-5・6）。この結果は、広原湿原が位置する中部高地の黒曜石原産地周辺では、旧石器時代から現在までの自然環境やそれにともなって形成される景観が常に変動しており、そのなかで人類活動が繰り広げられてきたことを示唆している。以下では、過去3万年間を四つの時期に区分して、中部高地の黒曜石原産地周辺における自然環境や景観を復元する。

(1) 約3.0～2.0万年前における高山景観

　約3.0～2.0万年前には、HR-1帯期とHR-2帯期前期が含まれている（図Ⅲ-5）。この時代の花粉組成は、カバノキ属やマツ属単維管束亜属が優占し、これにツガ属やトウヒ属、モミ属の針葉樹の花粉化石が出現する。那須ほか（1999）やNoshiro et al., (2004) は長野県軽井沢の埋没林における大型植物化石の分析結果から、約15,000 cal BP以前の低地ではハイマツの低木林が林床を覆っていたことを指摘している。すなわち、この時代におけるマツ属単維管束亜属の花粉化石は、ハイマツに由来する可能性が高い。

　一方、この時代のPARt値は閾値を著しく下回っていることから、広原湿原周辺は非森林域であったことを示している（図Ⅲ-6）。また、この時代には高山帯の草原や岩塊斜面に生育するコケスギランの胞子化石が多量に産出した（図Ⅲ-5）。したがって、約3.0～2.0万年前の広原湿原周辺では、森林が分布しない高山帯に位置し、ハイマツや高山草原、露岩したガレ場などがパッチ状に分布した景観が広がっていたと考えられる（口絵2上段）。

　最終氷期最寒冷期における高山帯の景観は、中部日本のさまざまな古環境データからも支持される。例えば、中央アルプスに残る化石周氷河地形は、この時期には標高1,000m付近まで低下していたことが示されている（柳町,

1987；小疇, 1988）。長野県野辺山高原にある矢出川遺跡（標高1,400m）での花粉分析の結果からは、最終氷期最寒冷期に森林が消滅し、ハシバミ属の低木林と高山草原が広がっていた可能性が推測されている（安田, 1981, 1982）。したがって、地球規模の気候の寒冷化にともなって、約3.0～2.0万年前には中部高地の森林限界は標高1,000～1,400mまで低下しており、黒曜石原産地周辺には高山帯の景観が広がっていたのであろう（口絵2上段）。

（2）約2.0～1.1万年前における森林限界の上昇と気候の温暖化

約2.0～1.1万年前は、花粉帯ではHR-2帯上部とHR-3帯にあたる。この時代には、カバノキ属の花粉化石が高率を示し、これにマツ属単維管束亜属やトウヒ属、ツガ属の針葉樹の花粉化石がともなう（図Ⅲ-5）。また、HR-2帯期の中頃まで高率であったコケスギランの胞子化石の出現率は、HR-3帯期になると著しく減少する。この広原湿原における花粉分析の結果は、晩氷期（約1.8～1.1万年前）の開始にともなって気候が温暖化したことで、広原湿原周辺の森林植生が劇的に変化したことを示している。

約2.0～1.7万年前のPARt値は閾値とほぼ同じであり、約1.7～1.4万年前には閾値を大きく上回るようになる（図Ⅲ-6）。このことは、約2.0万年前の森林限界が、広原湿原のある標高1,400m付近にあったことを示している。その後、約1.7～1.4万年前には、森林限界は標高1,400m以上に達し、広原湿原周辺は落葉広葉樹のカバノキ属とツガ属、トウヒ属などの針葉樹との混交林が覆ったと考えられる（口絵2下段）。

約1.3～1.1万年前になると、PARt値は閾値を下回る。すなわち、この時期の中部高地における森林限界は標高1,400m以下へと一時的に低下した可能性を示している（図Ⅲ-6）。この時期における東アジアの古気候データは、Ⅰ章でも触れた北大西洋地域のヤンガー・ドリアス（1.24～1.17万年前：Stuiver and Grootes, 2000）と一致する再寒冷化イベントを記録している。例えば、中国南

部の Hulu Cave における石筍試料を用いた高時間分解の酸素同位体変動は、この時期に東アジアモンスーンの弱体化が生じ、夏季の降水量が減少したことを示している（Wang et al., 2001）。また、福井県水月湖の年縞堆積物における花粉分析結果を用いた定量的な古気候復元の結果では、1.23〜1.12万年前に小規模な再寒冷化イベントがあったと推測されている（Nakagawa et al., 2003, 2005, 2006）。このように中部高地における森林限界の一時的な低下は、東アジアのさまざまな古気候データが示す再寒冷化イベントと一致しており、北大西洋地域のヤンガー・ドリアスに対比される可能性が高い。

(3) 約1.1万年前〜700年前の森林化と山火事

約1.1万年前〜700年前は、花粉帯のHR-4aと4b帯期にあたる。HR-4a帯期には、コナラ亜属とクマシデ属を主とする落葉広葉樹の花粉化石が高率となる（図Ⅲ-5）。完新世（約1.17年前〜現在：Walker et al., 2009）、つまり後氷期の安定した温暖な気候の開始は、HR-4a帯期の初頭における落葉広葉樹の花粉化石の急増が示している。この時期におけるPARt値は安定的であり、継続して閾値を上回っている（図Ⅲ-6）。したがって、1.1万年前以降の広原湿原周辺では、コナラ亜属を主体とした冷温帯性落葉広葉樹林が継続的に覆っていたと推測される（口絵3上段）。

HR-4b帯期になると、スギ属やツガ属、イチイ科—ヒノキ科、トウヒ属などの針葉樹の花粉化石が増加する。ツガ属とトウヒ属には、亜寒帯性や亜高山帯針葉樹林を構成するコメツガやアカエゾマツ、エゾマツなどの寒冷な気候環境に生育する種と、比較的に温暖な気候環境の冷温帯性落葉広葉樹林に混交するツガやトウヒがある。この時期の森林には、冷温帯性落葉広葉樹や温帯性針葉樹のスギ属やイチイ科—ヒノキ科が生育していたことが推測されることから、後者のツガやトウヒなどの温帯性針葉樹が増加したと考えられる（口絵3下段）。

さて、この時期になると大量の微粒炭が検出される（図Ⅲ-6）。すなわち、広原湿原周辺では、温暖な気候環境下で森林が覆ったことで、山火事が頻繁に発生した可能性が高い。一般に、完新世後期での温帯性針葉樹の拡大は、気候の冷涼化や湿潤化を示すものと解釈されている（Tsukada, 1988）。一方、山火事の発生頻度の増加は、気候の温暖化や乾燥化を意味する（Bowman et al., 2009）。広原湿原の花粉分析と微粒炭分析の結果は、一見すると大きく矛盾した気候環境を示していることになる。しかし、微粒炭の年間堆積量の増加が開始する時期は、温帯性針葉樹の花粉化石の増加の開始時期よりも、わずかに先行している（図Ⅲ-6）。このことは、広原湿原周辺における温帯性針葉樹の増加は、気候の冷涼化や寒冷化ではなく、山火事による撹乱が増加したことにより、冷温帯性落葉広葉樹林に温帯性針葉樹が侵入する機会が増えたことが原因の一つと考えられる。

(4) 約 700 年前以降における人間活動による植生景観の改変

　この時代は、花粉帯の HR-5 帯と HR-6 帯にあたる。HR-5 帯はマツ属複維管束亜属の花粉化石が高率となる（図Ⅲ-5）。マツ属複維管束亜属には、丘陵地や山地に分布するアカマツ、海岸線に生育するクロマツの 2 種がある。これらの分布域からみて、この時代のマツ属複維管束亜属の花粉化石は、アカマツに由来するものと推測される。アカマツは明るい環境を好む陽樹であり、天然では土壌の薄い尾根筋に生育している。一方、アカマツは伐採跡地にいち早く侵入し、二次林を形成する代表的な樹種として知られている。完新世後期のマツ属複維管束亜属は、日本全国の各地における花粉分析結果で認められており、人間による森林伐採にともなって、アカマツ二次林が拡大したことが指摘されている（Tsukada, 1988; Sasaki and Takahara, 2011, 2012; 吉田・鈴木, 2013 など）。そのため、広原湿原周辺においても、約 700 年前から人間による森林伐採が始まり、アカマツ二次林が拡大したものと考えられる（口絵 4 上段）。

HR-6帯では、カラマツ属の花粉化石が出現する（図Ⅲ-5）。現在の日本列島に天然分布するカラマツ属は、宮城県と山形県の県境にある蔵王山が日本の北限地とされるカラマツだけであり、長野県では中央アルプスや八ヶ岳などの亜高山針葉樹林にカラマツが分布している。広原湿原周辺では1918年にカラマツが一斉植林されている。すなわち、この時期のPARt値が低率になっていることから、広原湿原周辺の森林は伐採されたことがわかる（口絵4下段）。

5. 植生景観による視界と移動性の違い

地図やコンパス、さらには現代では携帯電話やカーナビに内蔵されたGPS機能によって自分の位置を瞬時に把握できる。また、現代人にとって、なかなか普段の生活では気づかないが、景観の違いは私たちの視界や移動性に大きく影響する。例えば、地下通路を歩いていると、目的地やランドマークとなる建物がみえず、見当違いの場所に行ってしまった経験があるだろう。また、人混みにもまれて歩いていると、視界が遮られてしまうだけでなく、人混みを掻き分けながら進まねばならず、目的の場所までなかなか辿りつかないという経験をしたことがあるはずである。自然のなかでは、植物によって視界は変化し、その植物が障害物となって私たちの移動性を阻害する。

このように景観の違いは、ミクロな視点でみると人類活動を制約することがよくある。では、過去3万年間の中部高地で復元された森林景観は、人類にとってどのような視界で、移動性の違いがあったのだろうか。以下では、現在の森林をもとにして、中部高地で復元された過去3万年間の森林景観による視界や移動性の違いを検討してみたい。

約3.0～2.0万年前の中部高地は、森林限界が低下していたため、高山帯の景観が広がっていた（口絵2上段）。日本列島の高山帯は、現在では長野県の中央アルプスや南アルプスなどの標高3,000m級の山岳の一部でしかみることが

できない。しかも、これらほとんどが、山頂付近の険しい地形が広がる場所に高山帯が広がっている。そのため、現在における日本列島の高山帯では、約3.0〜2.0万年前の中部高地の景観とは、少々違うものをみていることになる。そこで、写真Ⅲ-2-Aには、ヨーロッパアルプス山脈に位置するオーストリア・チロル地方フォッチャー渓谷における高山帯の風景を示した。

　この写真Ⅲ-2-Aからわかるように、高山帯にはわれわれの視界を遮るような樹木は生育しておらず、遠方まで見渡すことができる。また、高山帯には草原や岩場が広がっているため、とても歩き易く、移動時のランドマークとなる特徴的な地形も容易に見つけ出すことができる。したがって、高山帯の景観が広がる約3.0〜2.0万年前の中部高地は、最終氷期における寒冷な気候条件を除けば、人類活動に適した環境であったと考えられる。

　約1.7〜1.4万年前の中部高地では、落葉広葉樹のカバノキ属とツガ属やトウヒ属などの針葉樹の混交林が覆っていたことが復元された（口絵2下段）。このような森林は、われわれが登山をする際にみることのできる亜高山帯性針葉樹林に相当するものと考えられる。写真Ⅲ-2-Bは、青森県八甲田山の亜高山帯性針葉樹林である。この森林では、オオシラビソの疎林が分布するだけでなく、林床には人の背丈ほどもあるササ類やミネカエデ、ダケカンバなどの落葉広葉樹の低木が密集して生育している。一度、この亜高山帯性針葉樹林を私たちが歩けば、視界は遮られてしまい、遠方を見渡すことはできない。また、密集したササ類や低木によって足元をみることもままならなくなり、藪を掻き分けて歩くため私たちの移動性は奪われてしまう。すなわち、約1.7〜1.4万年前における中部高地の亜高山帯性針葉樹林の景観は、人類活動を制約する要素があったと推測される。

　約1.1万年前以降の中部高地では、冷温帯性落葉広葉樹林が覆っていた（口絵3）。陰樹と呼ばれるミズナラやコナラ、ブナなどの落葉広葉樹は樹冠を

Ⅲ　中部高地の黒曜石原産地周辺における過去3万年間の景観変遷

大きく広げるため、林床に日光が行き届かなくなる。このことで、生育や成長に十分な日光を必要とする陽樹の侵入を阻害し、日陰でも成長できる自らの子孫たちだけを育て、極相林と呼ばれる陰樹だけの森林を形成するのである。写真Ⅲ-2-Cは、青森県八甲田山の冷温帯性落葉広葉樹林を代表するブナ林内の様子である。このような森林内の林床では、倒木などによって局所的に日光が届くような場所にはササ類や他の落葉広葉樹の低木が生育している。しかし、大半の林床は樹冠に覆われ、日光が届かないため、植物は疎らにしかみられない。このような森林に私たちが足を踏み入れると、森林を形成する高木が視界を遮ってしまい、遠方の風景を見渡すことはできない。一方、林内の比較的に近い場所（20～30m程度）であれば、その様子を見渡すことができる。また、この林内は、植物が密集していないため、亜高山帯性針葉樹に比べて歩き易い。したがって、約1.1万年前以降の中部高地における森林景観は、遠方の視界は悪く、長距離の移動などには不向きである。しかし、林内だけに限れば、人類の移動性や作業性には適した環境であったと推測される。

Column 3

古気候を復元する

1 気候変動の周期性

　現在から約260万年前に始まった第四紀は、約46億年の長い地球の歴史からみれば僅かな時間でしかない。そのなかでも、第四紀における最大の特徴は、温暖になったり、寒冷になったりと激しく変動する気候である。第四紀の気候変動は、約70〜80万年前を境にして、それ以前では4万年の周期で、それ以降は10万年を氷期と間氷期の一つのサイクルとして周期的に繰り返されてきた。なお、4万年から10万年への周期変化の原因については、未だに多くの研究者によって議論が続いている。

　この周期的に繰り返される第四紀の気候変動の原因は、セルビアの地球物理学者のミランコビッチによって提唱されたミランコビッチ・サイクルと呼ばれる地球の天文学的な周期運動に求めることができる。ミランコビッチ・サイクルは、①離心率と②地軸の傾き、③歳差運動の三つの要素の変化によって引き起こされる。①離心率とは、地球は太陽を焦点としてその周縁にある楕円形の軌道上を一年かけて一周するが、常に地球は一定の軌道を通る訳でなく、地球の軌道は太陽に近づいたり、離れたりと約10万年を周期として変化する。この変化によって太陽から受ける熱量（受熱量）の変化がもたらされる。

　②地軸の傾きは、現在では23.4度あり、この傾きによって昼夜の長さの変化や半球間における受熱量の変化が生じて季節性が生まれている。例えば、北半球が夏であれば南半球は冬になり、逆に北半球の冬には南半球が夏になるのも地軸の傾きによるものである。この傾きは常に一定ではなく、約4万年周期で21.5〜24.5度の間で変化している。この変化は微少な角度にみえるが、地球上における季節差の強弱をもたらすのである。

　③歳差運動とは、地球の自転軸の「すりこぎ運動」とも呼ばれている。子供のときに遊

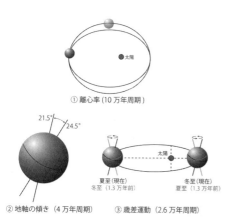

図1　ミランコビッチ・サイクルの三つの要素
①〜③は本文の説明と対応している。

古気候を復元する

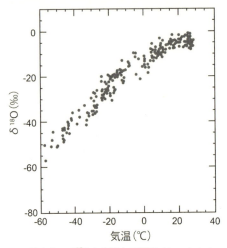

図2 降水中のδ^{18}Oと気温との関係 (Jouzel et al., 1994)
同一地点における実際の観測にもとづいている。この図からわかるようにδ^{18}Oと気温には相関関係がある。すなわち、氷の中のδ^{18}Oを調べることで、過去の気温を推定することができる。

んだコマの軸は、最初のうちは勢いよく軸を中心に回転しているが、時間が経つと回転の勢いがなくなり、軸がふらつき始める。このようなふらつくコマの軸と同じように、地球の自転軸も約2.6万年を周期としてふらついている。例えば、真北の延長線を指す北極星(こぐま座ポラリス)は、我々の眼にはその位置がほとんど動かないようにみえる。しかし、長期的にはゆっくりと移動しており、将来的には地球の歳差運動の軌道上にある別の星が北極星の役割を果たすようになる。この歳差運動によって現在の地球では、太陽に最も近づく日(近日点)は北半球の冬至、最も遠くなる日(遠日点)は夏至になり、夏と冬との季節差は小さくなっている。しかし、約1.3万年前には夏至が近日点にあり、冬至が遠日点になっていたことになり、夏と冬の季節差がもっと大きくなっていたことになる。

2 古気候の復元

古気候の復元にはさまざまな方法があり、その復元はとても難しい。気候を作り出す要素には、気温や降水量、風など様々なものがある。とくに、現代に生きる私たちには、温度計や雨量計、風速・風向計などの様々な測定・計測器機を駆使して、これらの要素を数値として可視的に把握し、その変化を知ることができる。しかし、これらの器機が発明される以前において、これらの要素を知るとなると一筋縄ではいかない。そのため、これらの気候要素を記録している堆積物中の生物化石や同位体などの代替指標と呼ばれる天然の記録媒体を手掛かりにして、古気候を復元することになる。

代表的な古気候の代替指標として、グリーンランドや南極の氷床コアや深海底コアから得られた酸素同位体比(以降、δ^{18}O)の分析結果がある。これらの酸素同位体比の変動は、第四紀の気候変動を詳細に表すものとして、世界中の研究者によって用いられている。自然界の酸素には、質量数の異なる^{16}O(99.76%)、^{17}O(0.04%)、^{18}O(0.2%)の三つの安定同位体が一定の割合で存在し、このうちの^{18}O/^{16}O比を利用したものである。し

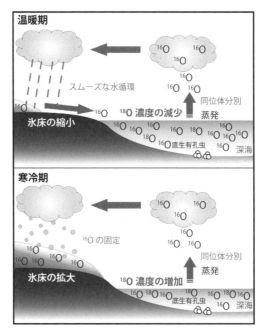

図3 海洋酸素同位体比の変動をもたらす原理
温暖期（間氷期）には氷床が縮小・消滅することにより、河川を通じて ^{16}O が海洋へと返還されるため、海洋における ^{18}O 濃度は相対的に減少する。一方、寒冷期（氷期）には氷床が拡大し、^{16}O は陸上に固定されるため、海洋における ^{18}O 濃度は相対的に増加する。

かし、しばしば混同されて説明されるが、同じ $\delta^{18}O$ を分析したとしても氷床コアと深海底コアでは、その変動するメカニズムや各々が示している要素は異なるので十分に注意が必要である。

　グリーンランドや南極の氷床では、毎年の積雪が自重による圧密で氷となり、地層のように毎年積み重なっていく。氷床の形態はドーム状で、中央部が最も氷が厚く、グリーンランドや南極の中央部では氷の厚さが約3,000～4,000mに達する。その年代は現在から約10～80万年前まで連続的にさかのぼることができる。この氷床コアでは、約5～50年精度の高い時間分解能でサンプルが採取され、$\delta^{18}O$ が分析されている。さて、氷床コアの $\delta^{18}O$ の変動する仕組みやその変動は何を表しているのであろうか。降水中に含まれる酸素同位体比は、温度（気温）とよい相関関係があり（図2）、氷床コア中の $\delta^{18}O$ は、その当時の氷床上空の気温とその変動を示していることになる。したがって、氷床コアの $\delta^{18}O$ を用いた古気候の復元では、$\delta^{18}O$ から

温度への変換式をもとにして、過去の気温が推定されている。

　深海底の堆積物は、陸域からの堆積物の流れ込みが少なく、細粒な土砂が連続的・長期的に堆積している。そのため、深海底コアでは約1,000年精度と氷床コアに比べて時間分解能は高くないのもの、約200万年前までの長期的な古気候を記録している。とくに、深海底コアにおける古気候の復元では、底生有孔虫が作り出す殻（$CaCO_3$）の$\delta^{18}O$の変動によって、現在から鮮新世までの氷期（偶数）と間氷期（奇数）の海洋酸素同位体ステージ（Marine Isotope Stage：MIS）番号が設定されている。底生有孔虫は水温変化のない深海底に生育しており、その遺骸はマリンスノーとして深海底の堆積物として降り積もる。すなわち、底生有孔虫殻の$\delta^{18}O$の変動は、水温の変化によるものでなく、海水中に含まれる$\delta^{18}O$を表している。では、なぜ海水中の$\delta^{18}O$が変動するのであろうか（図3）。

　海水から蒸発する際に、水蒸気に含まれる^{18}Oと^{16}Oの比に差が生まれ（同位体分別）。すなわち、質量の軽い^{16}Oが蒸発しやすく、質量の重い^{18}Oは蒸発しにくい。間氷期には、海洋から蒸発した^{16}Oは、降雪・降雨として陸上に降り注いでも、大陸氷床が消滅しているため海洋へと戻り、海水中の^{18}O濃度は小さくなる。一方、氷期には大陸氷床が発達しており、降水・降雨として降った^{16}Oは陸上に固定されてしまうため、海水中の^{18}O濃度は大きくなる。したがって、底生有孔虫殻の$\delta^{18}O$の変動は、直接的には地球上の大陸氷床量の増減を示しており、間接的には気候変動を反映している。

　このように陸域・海域における試料をもとにして、さまざまな代替指標を用いて第四紀における古気候の復元が試みられている。しかし、氷床コアや深海底コアのように$\delta^{18}O$の分析という同じ手法を用いたとしても、その原理や変動が示すものは大きく異なる。よって、これらは第四紀の気候変動を表す指標として使用することが多いが、これらの方法の原理やその変動が示す意味を十分に理解しておくことが必要である。

中部高地にヒトは何を残したか
—広原遺跡群の発掘—

1. 何のために発掘するのか

　これまでに、Ⅱ章では中部高地を含む中部・関東地方の五大原産地を起点として広域に展開した後期旧石器時代の黒曜石利用の空間的そして時間的な動態を観察した。そして続くⅢ章では、最も多用されていた中部高地原産地に焦点を絞り、標高1,400mの広原湿原で得られた古環境データにもとづいて復元した過去3万年間の景観変遷史を紹介した。このⅣ章では、引き続き中部高地に視点をすえ、共同研究「ヒト—資源環境系の人類誌」による原産地遺跡の発掘とその成果について紹介する。発掘調査の対象は、Ⅱ章でも紹介した広原湿原の周辺に展開する広原遺跡群である。

　今回の発掘の目的は、大きく三つに収束するだろう。第一の目的は、先に紹介した追分遺跡群のように、ひとまとまりの遺跡群を系統的に調査することで、中部高地で得られる断片的な遺跡の情報を統合するための編年モデルを構築することである。なぜならば、後期旧石器時代の中部高地にはⅡ章で明らかにしたように、中部・関東地方の各地から黒曜石獲得者が訪問し、遺跡を残しているため、石器群に複数の地域的な伝統が反映している可能性が極めて高いからである。追分編年はどちらかというと関東西部地域の石器伝統の変化パターンを色濃く示しているため、複数の地域伝統に対応できる拡張性、すなわち、ひとまとまりの遺跡群を単位としたいくつかの編年モデルを準備する必要があるということになる。

　幸いなことに、男女倉遺跡群分布調査団（1993）の試掘調査によって、広原

Ⅳ 中部高地にヒトは何を残したか―広原遺跡群の発掘―

遺跡群には複数の地点で後期旧石器時代から縄文時代の文化層が埋没している可能性が強く示唆されており、この目的を達成する有望な候補地だといえる。ただし、広原遺跡群の実体を解明するためのメスを本格的に入れる最初の機会であるため、今回の調査で完全な広原編年モデルが構築できるかといえば、おそらくそうはいかず、編年モデルとしてのポテンシャルや概要がとらえられれば当面の目標達成というところではある。

　繰り返しになるが、本共同研究の大きな目的は、ヒト―資源環境系という考え方を媒体として先史時代の人間と黒曜石の関わりを復元し、なおかつ原産地の環境変化と黒曜石獲得行動の変化の相互作用を検討することにある。そこで、発掘の第二の目的は、考古編年モデルの構築とも密接に関連して、広原湿原とその周辺の古環境変遷史と広原遺跡群の考古編年をすり合わせ、統合することにある。ただしこれについても、高解像度で完全な考古・古環境統合編年が今回ただちに整うという保証はなく、今後も解像度を上げるための調査を継続的に推進する必要があるだろう。

　第三の目的は、発掘したそれぞれの遺跡の性格を理解することと密接に関係している。詳しくは次のⅤ章で述べるが、現在の先史原産地研究の問題意識を次のステージに押し上げるために、出土した黒曜石製石器の全点を対象に黒曜石原産地分析を実施する。これにより、原産地直下における黒曜石の獲得に関わる人間の行動と遺跡の形成過程とを可能なかぎり復元したい。本章では第一と第二の目的について現在までに得られた成果を述べ、第三の目的については、次のⅤ章で具体的に検討を加えることにする。

2. 中部高地原産地における広原湿原と広原遺跡群

　まずは、広原湿原と遺跡群の位置を確認しよう。図Ⅳ-1には、中部高地原産地と主な遺跡の広がりを示した。中部高地原産地は一つの原産地からなるの

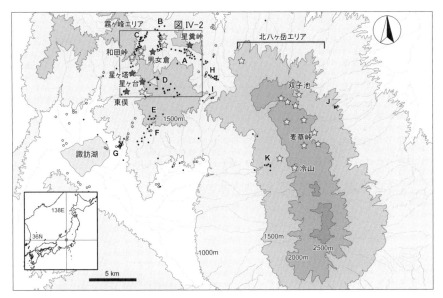

図IV-1　中部高地原産地と遺跡分布の概要
●：後期旧石器時代遺跡、○：縄文時代遺跡。星印は主要な原産地。A〜K：主要な遺跡群（図II-7に対応）。A：鷹山・追分、B：男女倉、C：和田峠・広原、D：八島、E：池のくるみ、F：ジャコッパラ、G：諏訪湖東岸、H：割橋、I：池ノ平白樺湖、J：池ノ平、K：渋川。著者原図。

ではなく、大きく霧ヶ峰一帯と北八ヶ岳を中心とした一帯に多くの原産地が分布している地理的まとまりを指している。原産地と一言でいっても、地表に現れている場合に加えて、当然地下に隠れて埋没している場合もある。後期旧石器時代に利用された原産地は、そのうち地表に現れて自然に産出していた黒曜石が獲得の対象であったと考えてよい。これに対して、地下に隠れて産出している黒曜石を地面の掘削により獲得したのは、縄文時代の集団である。今後新しい発見があることは否定できないが、これまでの発掘調査では後期旧石器時代の中部高地に採掘活動があったという証拠は得られていない。

　いずれにせよ、後期旧石器時代から縄文時代にかけて、地形の変化などにより失われてしまった原産地も含めて、これら多数の場所で黒曜石の獲得活動が

あり、それらと密接に関係して黒曜石を加工した工房（ワークショップ）が原産地には無数に存在した。そして、現代のわれわれがそれらを遺跡として発見し、研究しているのである。ここでマップとして可視化している中部高地の遺跡分布はしかし、表面採集でおそらくその地下に遺跡があると予測される場所、試掘調査などで断片的に遺物が回収され遺跡の存在が確認された場所、ある程度の範囲の発掘調査で遺跡の内容が明らかになった場所というように、異なる調査レベルが混在している。したがって、研究の目的に応じてどのレベルの分布を用いて何がいえるか、判断する必要がある。

　例えば、図Ⅳ-1のようなスケールでの遺跡分布（遺跡があるか、ないかを示す）から得られる情報はそれほど多くはないが、それでも後期旧石器時代と縄文時代の間に、黒曜石原産地の土地利用の仕方に違いがあることを読み取ることもできる。遺跡分布が示すように、後期旧石器時代の遺跡は主に原産地に近く密集して残される傾向が強い。原産地から降って標高1,000m以下の一帯にも、もちろん遺跡はあるが、原産地周辺のような際立った密集はなくなる。一方、縄文時代の遺跡は、これまでにいくつかの原産地で縄文鉱山とも呼ばれる大規模な黒曜石採掘址群が発見されている。しかし、目立った居住の跡は原産地直下や近辺にはみつかっていない。竪穴住居の構築を基盤とする縄文集落の分布は、原産地にいわば付かず離れずの関係をもち、主に標高1,000m以下の一帯に営まれる傾向が強い。こうした遺跡分布の時代的な変化は、集落形態に代表される両時代の居住方式の違いや、先に述べた黒曜石の獲得方法の転換と大きく関わっているのだろう。

　次に、図Ⅳ-2に霧ヶ峰一帯の原産地マップを示した。このマップに示したように、黒曜石が実際に産出している場所（原産地）には、まず、黒曜石が生成された状態に近い黒曜石の露頭がある。そして、それら原地性の原産地から斜面崩落や沢・河川の水流によって動かされ、場合によっては地下に埋没して

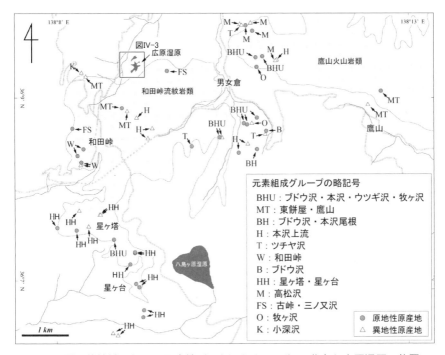

図IV-2　霧ヶ峰地域における原産地（元素組成グループ）の分布と広原湿原の位置
土屋・隅田（2018）より引用した。

再び地表に現れたりすることで、生成された場所から離れた場所で採取できる黒曜石をここでは異地性原産地と呼んでいる（隅田・土屋, 2016）。原産地分析用の基準原石のサンプリングの際には現地でのこの区別が重要である。なぜなら、異地性原産地の場合は複数の異なる原産地（元素組成が違うかもしれない）に由来する原石が混在する可能性があるからだ。また、原産地によっては原石と一緒に石器が地表面で発見されることも多い。しかしこの場合は、原産地であると同時に遺跡でもある可能性が高く、人工の石器を黒曜石分析用のサンプルにはできない。その原産地とは無関係な、どこかほかの場所から運ばれてきている可能性もあるからだ。

Ⅳ 中部高地にヒトは何を残したか―広原遺跡群の発掘―

　このような検討を経て、基準原石の波長分散型蛍光 X 線分析装置による定量分析によって元素組成グループとして判別された原産地がマップに示してある（コラム 2）。星ヶ塔・星ヶ台（HH）、東餅屋・鷹山（MT）、和田峠（W）などの名称が、同一の原産地として判別される元素グループを表している。一見してわかるように、全ての原産地が相互に完全に別個のものとして判別されることは決してなく、地理的に比較的近い範囲に分布して同じグループに判別されることで原産地分析では相互に区別できない原産地群や、遠く離れて分布しながらも同じグループに判別される原産地群などがあり、実際は複雑である。こうした現象の要因には、同一の噴火（共通のマグマ）による複数の火道で黒曜石が生成された、広範囲に広がった同一の噴火を起源とする火砕流中に黒曜石が生成された、または二次的な原石の移動などが考えられる。ともあれ、共同研究「ヒト―資源環境系の人類誌」が考古・古環境調査のために焦点をあてた広原湿原と広原遺跡群は、図Ⅳ-2 の原産地との関係でいえば、和田峠（W）の北、東餅屋・鷹山（MT）の露頭が分布する和田川の中流域、標高1,400 m に位置していることになる。

　図Ⅳ-3 に広原湿原と周辺の地形および広原遺跡群の分布を示した。現在の広原湿原は、佐瀬・細野（2016, 2018）によると、年平均気温 6.3℃、最大積雪深は 50cm 超であり、湿原周辺の植生はミズナラを主とする冷温帯落葉広葉樹林で覆われている。湿原域にはヌマガヤ、イワノガリヤスなどのイネ科、スゲ類が優勢な中間湿原的植生が認められる。湿原に接するいくつかの雨裂（ガリー）や谷筋から湿原を満たす水流が供給されており、水流は西側の流出口から和田川に注いでいる。吉田（2016）によると、湿原の西側に位置する広原小丘は巨大な地滑り土塊と考えられ、これにより古い谷が閉塞されることでその後に泥炭が堆積する湿原の基本的な地形が形成されたと推定されている（図Ⅲ-1-B を参照）。

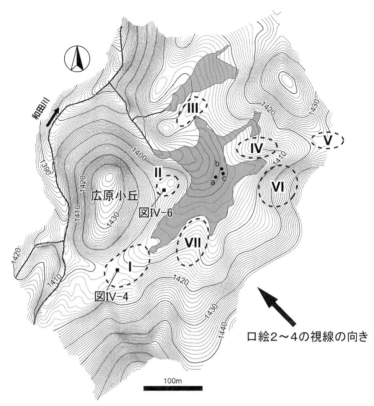

図IV-3　広原湿原周辺の地形と調査地点および遺跡群の分布
アミ掛け：湿原、I〜Ⅶ：広原第I遺跡〜第Ⅶ遺跡。a〜c：堆積物試料採取地、a：トレンチ1、b：トレンチ2、c：HB-1 ボーリング。島田ほか（2016）より作成した。

　男女倉遺跡群分布調査団の試掘調査で遺物の出土が確認された試掘坑の位置をもとに、最も南に位置する第I遺跡から時計回りに湿原をめぐる第Ⅱ、Ⅲ、Ⅳ、Ⅴ、Ⅵ、Ⅶ遺跡を区分した。現地の微地形からそれぞれの遺跡範囲もある程度想定している。本共同研究で発掘対象としたのは、そのうち第I遺跡と第Ⅱ遺跡である。発掘調査は第1次調査（2011年度）、第2次調査（2012年度）、第3次調査（2013年度）の計3期で行われた。発掘および古環境調査の経過と

成果は、詳しくは小野ほか（2016）、島田ほか（2017）ですでに報告している。ここでは、出土遺物などの概要、編年的位置づけ、遺跡の性格について分析や検討の道筋を辿りながら紹介していく。

3. 広原第Ⅰ遺跡―ヤリを携えた人々の作業跡―

　まず最初に取り上げる広原第Ⅰ遺跡（36°9' 17" N、138°9' 5" E）は、広原湿原の南西に位置する。遺跡は埋没谷状の地形をなす緩やかな傾斜をもつ平坦面に広がっており、地表面の標高は約1,400ｍである（図Ⅳ-3）。本遺跡では、2011年と2012年に発掘調査を行った。2011年の第1次調査では、当初2ヶ所の試掘抗を設定したが、1ヶ所は地表面では多数の石器が採集できたものの、表土を剝ぐとその下のローム質土からは石器がほとんど出土せず、結果は空振りに終わった。そして、次に設定した試掘坑では表土を剝いだ下から次々と石器が出土したため、2012年の第2次調査でさらに調査範囲を広げ、計9㎡の発掘区で調査を行った。第1次調査は8月に行ったため、さわやかな高原での調査は快適なものであった。しかし、第2次調査は4月末から5月初めにかけて行ったために、とくに朝夕は寒さを我慢しながら作業することも多く、標高の高さを実体験しながらの調査となった。弁当として持参した豚の生姜焼きが寒さのために固まってしまい、まるで脂身でコーティングされた塊を食べているようだったのも今ではよい思い出となっている。

　第1次調査と第2次調査で、9㎡の発掘区全体を1.2ｍほど掘り下げ、後期旧石器時代後半期の遺物を包含していた3層までの調査を終えた。調査区の一部では地表下約2.6ｍまで掘り下げを行い、7層までの土層堆積を確認している（図Ⅳ-4）。土層の堆積は1層と2層が黒色土で2層は2a層と2b層に細分される。3層から6層はローム質土、7層は砂礫層である。5層の中位よりやや下方には、テフラ分析により姶良-Tn火山灰（AT：町田・新井, 1976）と同定され

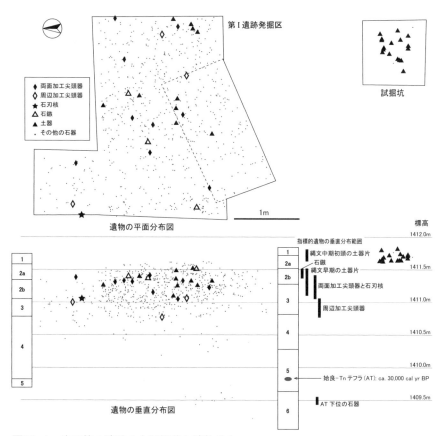

図Ⅳ-4　広原第Ⅰ遺跡の土層堆積と遺物分布
島田ほか（2016）より作成した。

た径5〜10cmの塊状のテフラが水平に分布していた（早田, 2016）。遺物は1層から4層（地表から2m弱の深さまで）と6層（地表から約2.2〜2.7mの深さ）で出土しており、7層は黒色の砂礫層で径2〜4cm程度の礫を含むとともに湧水が著しく、それ以上の調査が困難であったためそこで掘削を中止した。

(1) 広原第Ⅰ遺跡の出土遺物

広原第Ⅰ遺跡では、発掘区全体で3層までの調査が終了しており、4層以下

が掘削されているのは発掘区の一部に留まる。そのため現状での出土遺物は2層・3層のものが主となる。今回の発掘調査で黒曜石製石器は、2層で331点（2a層・2b層出土の合計）、3層で307点、4層で43点、6層で10点確認された。2a層から縄文土器とそれに関連する可能性のある石器群が（図Ⅳ-5-1～5）、2b層と3層から石刃核を含む尖頭器石器群が出土している（図Ⅳ-5-6～14）。4層からは鋸歯状の二次加工が施された削器や両極剝離痕を有する剝片、剝片類が出土している（図Ⅳ-5-15・16）が、時期決定の決め手となるような定形的な石器を発見できなかったため詳細は不明である。AT火山灰（5層中に包含）よりも下位にある6層からは10点の資料が得られた（図Ⅳ-5-17・18）。ATの降灰時期は約3.0万年前であり（Smith et al., 2013）、その下位から出土したこれらの石器の年代が、3.0万年前を遡るのは確実である。しかし剝片が主で、出土時期の指標となる定形石器が出土していないため詳細は不明である。

　土器は26点が2a層～2b層にかけて出土しているが、中心となるのは2a層と考えられる。大部分の土器片は、遺跡の広がりを確認するために発掘区の南に別に設けた1×1mの小規模な試掘坑から集中して出土した（図Ⅳ-4参照）。これらには縄文時代早期中葉～末葉の押型文系土器（約1.0万年前、図Ⅳ-5-4）と、中期初頭（約5,500年前、図Ⅳ-5-5）の土器が含まれる。縄文時代の明確な石器としては、石鏃が3点出土しており、いずれも2層の出土である（図Ⅳ-5-1～3）。3点とも黒曜石製の小形三角形の凹基無茎鏃である。形態の特徴から、縄文時代早期の石鏃であると考えられる。縄文土器の主な包含層である2層からは土器片と黒曜石製石器を合わせて計357点の遺物が出土しており、上記のほかにも多くの縄文時代の石器が含まれていると考えられる。とくに2a層出土遺物は縄文早期以降の遺物を多く包含している可能性が高い。

　第1次・第2次調査で出土した遺物のうち、石器は縄文時代のものも含め

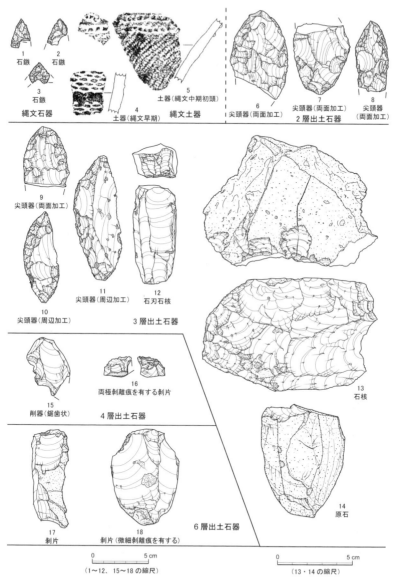

図IV-5　広原第Ⅰ遺跡出土の主な遺物
島田ほか（2016）より作成した。

IV 中部高地にヒトは何を残したか—広原遺跡群の発掘—

694点（出土位置記録資料のみ）である。石器の石材は敲石1点と磨石2点を除く691点が黒曜石製である。これらの全てを出土位置の上下差によって明確に時期区分するのは、困難である（図IV-4参照）。しかし後期旧石器時代の石器は2層と3層では縄文時代の遺物と混在しながら出土しているものの、2b層以下では縄文土器や縄文石器の出土数は減少することから、後期旧石器時代の石器が主体になっていくと思われる。4層以下では土器や石鏃などといった明瞭な縄文時代の遺物が出土することはなく、後期旧石器時代の遺物に限られる。4層以下は調査区全体が完掘されていないため、調査面積を広げることで知見を修正する可能性もあるが、今回把握した遺物の垂直方向での出土位置の傾向からは、4層で遺物の出土量がやや減少し、5層では遺物が出土せず、AT下位の6層から再び遺物が出土することを確認できる。したがって垂直分布からみて、4層よりも上層から出土した遺物と6層から出土した遺物は、無遺物層である5層を挟んで明確に分離することができる（図IV-4参照）。尖頭器は、2b層～3層を主体に出土しており、そのうち両面加工尖頭器が9点、周辺加工尖頭器は3点である。今回の調査で得られた尖頭器石器群の編年は、これらに有樋尖頭器やナイフ形石器がともなわないことなどから、後期旧石器時代後半期後葉（約2.5万年～2.0万年前）でも後出の石器群（中部高地IV期後半）であり、細石刃石器群の直前に位置づけられると判断している。

(2) 広原第I遺跡の編年と性格

以上をまとめると、広原第I遺跡では約1.0万年前（早期）と約5,500年前（中期初頭）の縄文時代、2.5万年～2.0万年前の石刃核を含む尖頭器石器群、尖頭器石器群より古いと推定される4層出土の後期旧石器時代後半期の石器群、6層出土の3.0万年前をさかのぼる後期旧石器時代前半期の石器群の存在が明らかとなった。

接合作業にかけた時間が不十分である可能性もあるが、現時点では出土した

石器どうしの接合資料は得られていない。接合資料が不在であることは剝片を石核から連続して剝離したり、尖頭器を形づくる一連の打ち欠き作業が行われていないことを意味することに加え、原石に剝離がわずかに施されただけの石器（図Ⅳ-5-14 など）が存在することなどからは、広原第Ⅰ遺跡では石器製作そのものに関わる目立った作業は行われず、獲得した黒曜石原石の質を確認したり、石器（ツール）のメンテナンスを行うなどといった、比較的軽微な作業や石器の使用にともなう活動が行われていたと考えられる。本遺跡は、比較的短い期間だけ滞在する場として利用されたようである。なお、本遺跡では住居址や土坑などの遺構は検出されていない。

4. 広原第Ⅱ遺跡―局部磨製石斧を携えた黒曜石獲得集団―

次に紹介する広原第Ⅱ遺跡（36°9′20.5″N、138°9′7.5″E）は、湿原の西に位置し、広原小丘の麓に残された古い大規模な地滑りで形成されたと考えられる峠状の狭い鞍部に立地している（図Ⅳ-3）。遺跡の土層堆積は、上位から1層～10層まで区分できる。そのうち、遺物包含層は4層までであり、5層以下は無遺物層である（図Ⅳ-6-A）。表土から1層は地表面の表土と黒色土、2層は褐色土で 2a 層と 2b 層に細分でき、3層は褐色土とロームの混合土で両者の漸移層的な土層と理解している。4層は明褐色ローム質土で 4a 層と 4b 層に区分できる。5層以下10層までは全体に大小の礫が混入するなど不安定な堆積層や均質で非常に硬質な土層からなる。発掘区の一部で確認した最下層では人力での掘削が不可能な巨大な角礫が多量に含まれる。5層上面まではほぼ水平堆積であるが、5層以下は層の境界が乱れ、一過性の高エネルギー環境下で堆積したと考えられる不規則な傾斜を示している。1層黒色土から9層まで連続的に採取した土層サンプルをテフラ分析した結果、4a 層下部に姶良-Tn（AT）ガラス粒子の検出ピークが認められた（早田 2016）。少し離れた広原第Ⅰ遺跡

Ⅳ 中部高地にヒトは何を残したか―広原遺跡群の発掘―

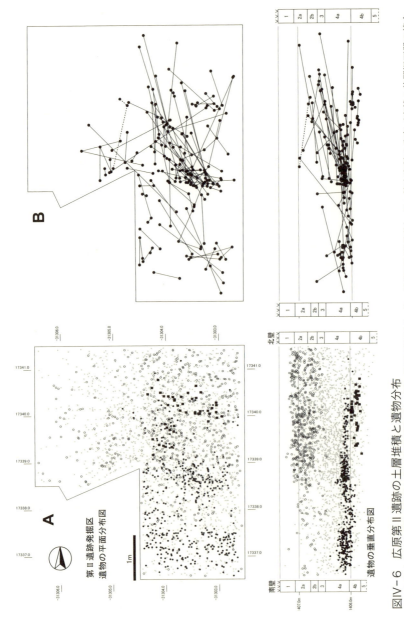

図Ⅳ-6 広原第Ⅱ遺跡の土層堆積と遺物分布
A：遺物分布（○：縄文遺物、●：後期旧石器遺物、■：黒曜石集石1、■：黒曜石集石2、●：後期旧石器遺物）。B：接合資料の分布（実線：後期旧石器の接合、点線：縄文石器の接合）。島田（ほか）（2016）より作成した。

では、AT 火山灰が小さなブロックになって土層中に含まれているのが裸眼でも認められている。AT は今から約 3.0 万年前に降灰したことが知られている（Smith et al., 2013）。中部高地では AT 火山灰が裸眼あるいはテフラ分析で検出される遺跡はⅡ章で紹介した追分遺跡群を除くとこれまでにほとんどなく、少なくとも第Ⅰ遺跡と第Ⅱ遺跡では最終氷期のうち後期旧石器時代での土層堆積は比較的安定していたといえる。そうであれば、実際に発掘しなければ分からないが、広原遺跡群は中部高地のなかでも全体として遺跡が良好な状態で残されている遺跡群かもしれない。

（1）遺物の出土状況

発掘調査の結果、広原第Ⅱ遺跡では、後期旧石器時代と縄文時代の文化層が発見された（図Ⅳ-6-A）。2a 層から 2b 層が縄文時代の基本的な遺物包含層である。竪穴住居跡は発掘区からはみつからなかったが、そのほかの遺構として性格不明の土坑と縄文人が持ち込んだ礫が集まった集石がみつかっている。縄文時代の遺物は、早期前葉の押型文系土器を中心とした早期末までの土器片と石鏃、錐器、楔形石器、磨石、剥片、石核、原石からなる石器群であった（図Ⅳ-7-1～4）。縄文時代と認定した礫を除く遺物は合計 531 点であり、うち縄文土器片が 80 点、石器が 451 点である。ほかに表面採集された有茎尖頭器が 1 点ある。楔形石器は原石から両極剥離により小形剥片を生産した石核と考えられ、その形状やほかに発見された石核から判断すると、広原第Ⅱ遺跡の縄文石器群で利用された原石は大きくても長径 3～4 cm 程度の小石状である。最大で人頭大程度の黒曜石を取りあつかっている、後述する後期旧石器時代前半期の 4 層石器群と比較すると、両者の間の時間の隔たりにともなう黒曜石への石器技術の適用の違いが際立っている。

縄文時代の遺物はほぼ発掘区の全面から出土したが、とくに東側に集中する傾向がある。細かな剥片が比較的多量に出土し、火処はみつからなかったが、

Ⅳ　中部高地にヒトは何を残したか─広原遺跡群の発掘─

14点発見された石鏃をはじめとする石器製作や磨石を使った何らかの作業が行われたことを示している。チャートなど黒曜石以外の石材も石鏃や礫器に認められた。これらの石材あるいは石器は、中部高地に到着する以前に滞在していた場所から持ち込まれたと考えられる。遺跡は、押型文期を中心とした中部高地山中での狩猟拠点として利用されていた可能性が高い。

　後期旧石器時代の石器群は一部が縄文時代の遺物と分布が重なって出土したが、4a層と4b層に区分される4層を主体に出土したことから、4層石器群と呼ぶことにする。4層石器群は、2a層から4b層にかけて垂直方向で上下に広く分布している。ただし、4層石器群のうち、100g以上の大形剥片や石核がとくに密集して出土する石器集中部が2ヶ所発見された。これを黒曜石集石と呼ぶことにする（図Ⅳ-6-A、Ⅳ-8）。そのうち、黒曜石集石1は出土レベルが4a層下半部にまとまり、これよりも少し深い4b層から黒曜石集石2がみつかっている。図Ⅳ-6-Bの接合資料の分布からは、黒曜石集石の出土レベルを中心に石器が接合し、加えて上方に分布する軽量な遺物も接合していることがわかる。したがって、4層石器群の本来の出土レベルは黒曜石集石に代表される4a層下部から4b層にあると判断できる。上下差の大きい垂直分布は、寒冷地の凍結融解作用などの影響で軽い遺物が土中で動いた結果と考えられる。以下、4層石器群に焦点をあてその性格について検討を進める。

(2) 4層石器群の組成

　図Ⅳ-7に4層石器群で発見された主な石器（ツール）を示した。黒曜石集石2から西に少し離れて、これとほぼ同じ垂直レベルから完形の透閃石岩製局部磨製石斧が出土した（図Ⅳ-7-7）。局部磨製石斧は、刃部を中心に砥石で器体の一部が滑らかに研磨された石斧で、日本列島では後期旧石器時代前半期の前葉（e-EUP）でのみ発見されている標式石器（タイプ・ツール）である。剥離面を細かく観察したところ、使用によると考えられる刃部の欠損や、器体の

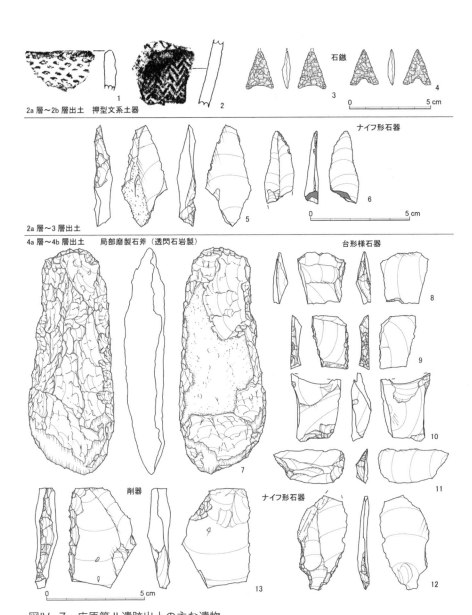

図IV-7　広原第II遺跡出土の主な遺物
1～4：縄文時代文化層、5・6：2層出土旧石器、7～13：4層石器群。島田ほか（2016）より作成した。

表IV-1　広原第II遺跡の遺物組成

島田ほか（2016）より作成。礫と発掘区内で先行調査した第3試掘坑の出土遺物は省略。A：縄文・4層石器群の剥片・石核、B：縄文文化層の石器（ツール）組成、C：4層石器群の石器（ツール）組成。

第II遺跡発掘区		点数／重量		層位別出土点数					
		点数	重量(g)	2a	2b	3	4a	4b	etc.
A	剥片　縄文	325	626.0	238	56	27			4
	旧石器	2,005	30,707.3	229	118	342	1,070	238	8
	縄文・旧石器判別不可	67	147.5	49	6	12			
	石刃　旧石器	49	486.8	1	2	4	26	15	1
	石核　縄文	30	536.6	19	9	2			
	旧石器	83	10,077.1	4	3	5	56	15	
	黒曜石原石	45	438.9	24	6	8	5	2	
B	有茎尖頭器	1	2.1						1
	石鏃	12	9.5	9	1				2
	石錐	2	3.4	2					
	楔形石器	21	90.8	15	4	2			
	削器	2	11.7		1				1
	両刃礫器	1	747.9		1				
	磨石	2	1,255.1	2					
	二次加工を有する剥片	13	151.8	8	4				1
	縄文土器片	71	564.8	42	19	6	1		3
C	局部磨製石斧	1	110.3					1	
	台形用石器	6	20.9	2			1	2	1
	ナイフ形石器	3	11.8	1		1	1		
	ノッチ	9	283.3				8	1	
	削器	3	60.2			1	2		
	二次加工を有する剥片	57	1,078.7	10	1	12	30	4	
	彫器	1	3.2		1				
	敲石	1	286.5				1		
	合計	2,810	47,711.8	655	232	422	1,201	278	22

一部が破損したのちに形がつくり直されている痕跡がみられ、この石器は標高1,400mの山中に廃棄されるまでに長いライフ・ヒストリーをたどっていることがわかる。なお、中村（2016）によると、同様に透閃石岩を利用した局部磨製石斧の分布は、長野県北部の野尻湖遺跡群と富山地域を中心に日本海側に広く認められている。透閃石岩の原産地は、新潟―長野―富山県境にあたる青海―蓮華地域とされている（中村, 2016）。ほかに、黒曜石集石1に関連して、台形様石器、ナイフ形石器、削器、ノッチといった石器（ツール）が発見された（図IV-7-8～13）。台形様石器もe-EUPのタイプ・ツールの一つであるが、

4層石器群のそれは、素材剝片を折り取った面を残し、垂直に近い石器縁辺の二次加工（背潰し加工）がみられるタイプや、東北地方でよく出土する横に長い台形状のタイプがあり、e-EUPでも後出の特徴を示している。

表Ⅳ-1には、4層石器群を含む第Ⅱ遺跡の遺物組成を示した。4層石器群の2,000点以上の剝片や石核の数量に比較すると、不定形な二次加工剝片を除く定形的な石器（ツール）の数量はいずれも一桁台である。極端にツールの比率が低く、分割や剝片剝離といった黒曜石の一次的な加工に偏った遺物組成は、原産地で発見される遺跡によくみられる特徴である。縄文時代文化層も含めると出土遺物は47kgを超え、調査面積1㎡あたりの遺物重量は約3kgである。

（3）4層石器群の石核技術と編年

ここで、黒曜石の一次的な加工の副産物である剝片や石核の特徴を少し詳しく観察することで、4層石器群の石核技術を復元してみよう。剝片は剝片Ⅰ～剝片Ⅳに分類できる。これらは概ね、4層石器群での剝片剝離作業の進行を反映し、その過程で生じた副産物と目的剝片として理解できる。剝片Ⅰは、背面が全て自然の礫面に覆われ、その剝片の剝離に先行する剝片剝離痕が残されていない剝片、もしくは、背面に先行する大きな剝離痕が1枚程度残されている剝片である。礫面に覆われた原石や応分に打ち割られた原石に対する最も早い段階の加工を反映している（図Ⅳ-8-15・16・18）。剝片Ⅱは背面に礫面を残すが、背面に2枚以上の複数の先行する剝離痕が残されている剝片である。石核に対する剝片剝離作業が、剝片Ⅰの段階よりもよりもやや本格的に進行した状態を反映している（図Ⅳ-8-6）。剝片Ⅲは、背面に礫面を全く残さず、背面が先行する剝離痕だけで構成されている剝片であるが、決まった形で連続的に石核から剝離されていない不定形な剝片であり、剝片ⅠとⅡに後続する剝離作業を反映している。剝片Ⅳは縦長剝片であり、背面には礫面を全く残さず、先行する剝離痕だけで構成されている。剝片Ⅲに準ずるあるいは後続する、一定の

Ⅳ　中部高地にヒトは何を残したか―広原遺跡群の発掘―

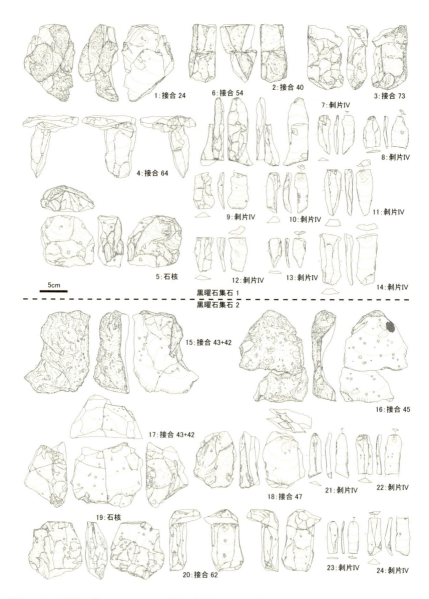

図Ⅳ-8　黒曜石集石1と2の石核と剥片および接合資料
島田ほか（2016）より作成した。

規格を意識した縦長剥片の剥離作業の過程を反映している。剥片Ⅳのうち側縁が平行し、背面を通る稜線が一稜ないし二稜で構成される一群をとくに石刃と分類した（図Ⅳ-8-7～14・21～24）。

　4層石器群の石核を分類すると大きく、分割原石、単設打面石核、両設打面石核、求心状剥離石核、単設打面板状石核に分けられる。分割原石は、原石や大分割された原石をいくつかに分割した結果生じたもので、（厳密には石核だけでなく剥片を含むが）石核の素材となる原石片といったほうがわかりやすい（図Ⅳ-8-15・17）。例えば、15は剥片Ⅰだが実質は石核素材だろう。黒曜石獲得と直結していた4層石器群の性格を如実に反映している石核（原石片）である。石核の一端にのみ平坦な打面がある単設打面石核と石核の上下両端に平坦な打面がある両設打面石核には、石刃を含む規格的な縦長剥片を連続して剥離した痕跡を残している（図Ⅳ-8-2～4・19・20）。もう少しラフな技術でやや幅広で厚手の不定形な縦長剥片を何回か剥離した後に、石核を縦に分割するように最終的に厚手の剥片を剥離するいわゆる「一発コア」とも呼ばれる石核も含まれている。求心状剥離石核とは、石核の一面でぐるりと上下左右から繰り返し打撃を加えて、貝殻状の剥片を連続剥離した痕跡を残す石核である（図Ⅳ-8-5）。4層石器群では、一つの石核上で連続する縦長剥片の剥離作業と求心状の剥片剥離作業が一緒に行われている場合もある（図Ⅳ-8-3・19）。単設打面板状石核は、分厚い剥片を素材として、その主要剥離面（腹面）を剥離作業面として利用して、貝殻状の剥片を剥離した石核を典型とする。

　以上、こうした剥片と石核の形態や別に行った剥片の背面構成の分析から、黒曜石集石1と2の両者には、ほぼ共通する石核技術が認められると判断している。それは、(1)原石や大ぶりの剥片を分割するような石核素材の生産技術、(2)打面形成以外には主だった石核調整（打面調整や稜調整）がみられない比較的単純な石刃剥離技術、(3)求心状剥離技術、(4)剥片を素材とし主要剥離面を

Ⅳ　中部高地にヒトは何を残したか―広原遺跡群の発掘―

作業面とする貝殻状剝片の剝離技術が集合している石核技術であると評価できる。とくに(1)と(2)が4層石器群では最も目立つ技術である。

　次に4層石器群の編年的な位置づけに話を進めよう。4b層から得られた炭化材の放射性炭素年代測定値は 26550 ± 90 ^{14}C BP（31020～30625 cal BP）であった（工藤, 2016）、較正年代ではほぼAT火山灰と同年代である。しかしながら、炭化材は単独で検出されており、石器群の形成にともなう人為的な活動に由来する状況証拠はなかった。4b層からは後期旧石器時代前半期前葉（e-EUP：3.6～3.2万年前）のタイプツールである局部磨製石斧が出土している。よって、放射性炭素年代は石器群の年代を直接には示していないと判断した。軽い遺物の土中での移動と同じく、石器群よりも若い年代の炭化材が混入したと考えられる。4層石器群はe-EUPの石器群であり、年代としては、推定で3.4万年～3.5万年前に位置づけられるだろう。先にまとめた4層石器群における黒曜石の一次加工で使われていた石核技術の諸特徴もこれと矛盾しない。なお、出土レベルに差があることから、黒曜石集石1と2の形成の間には一定の時間が経過していたと考えられる。しかし、石核技術の特徴に大きな変化はなく、考古学的な時期をまたぐほどの時間差ではないだろう。

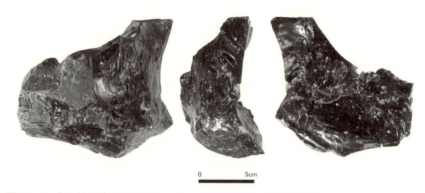

図Ⅳ-9　広原第Ⅱ遺跡から出土した4層石器群最大の黒曜石片
明治大学黒耀石研究センター提供。

(4) 4層石器群の性格

　では、石器群の性格はどのように理解できるだろうか。4層石器群から得られた接合資料などにもとづく石器群の分析からは、遺跡の場で個別におこなわれた黒曜石加工の具体的な内容が、かなり多様であったことが示された。

　今回の石器分析で石器群から分離・抽出できた黒曜石加工の具体的な工程は、おおむね次の四つの類型にまとめられる。(1)原石あるいはすでにラフに打ち割られた石片を第Ⅱ遺跡に持ち込んで、これにさらに打ち割りを加えるなどして石核の素材を生産する。それら石核素材の多くは第Ⅱ遺跡から持ち出されており、その場合それらは石器群には残らない。一方、何らかの理由で4層石器群に残されたままの石核素材もあり、最大の黒曜石片は1963.7gであった(図Ⅳ-9)。ただしこれも、大元の原石を大割した剥片であって、元の原石を推定すると、かなり大形で少なくとも4～5kgの人頭大はあったと推測される。(2)原石や石核素材をもとに第Ⅱ遺跡で剥片剥離作業をおこない、石刃を生産する。この時、まだ使える石核は第Ⅱ遺跡から持ち出されて石器群には残らない。そうではなく、石核を最後まで使い切って、第Ⅱ遺跡にそのまま廃棄した場合もある。(3)第Ⅱ遺跡とは別の場所であらかじめ石刃生産に用いられていた石核を第Ⅱ遺跡へ持ち込み、遺跡で追加の石刃生産を行い、石核はそのまま石器群に廃棄される。この時に生産された石刃の多くは、第Ⅱ遺跡から持ち出され石器群には残らない。(4)単体の石核や石刃、剥片を第Ⅱ遺跡に持ち込み、とくに打ち欠きなど加えることなく（理由はよくわからないが）そのまま石器群に廃棄する。

　このように、後期旧石器時代のある遺跡に視点をすえたときに、未消費の新しい石器石材（原石や石核素材）だけでなく、別の場である程度消費された古い石器石材（石核）も合わせて遺跡に持ち込んで石器製作が行われ、その結果、消費し尽くされた石材（剥片や石核など）がその場で廃棄され、まだ使

える石材(石核)や製品(ツールなど)の持ち出しが遺跡から認められるとき、これを「原料の二重構成と時差消費」(安蒜, 1992)と呼ぶことがある。これは、利用できる石器石材が近辺に豊富にある環境で、複数の活動地点(遺跡)を遊動しながら、石材補給、石器製作、石器消耗のサイクルを円滑に維持する旧石器的行動系の基本的な原則である。もちろん、地域的な石器技術の伝統、石材環境に応じて多くのバリエーションがある。例えば、4層石器群に認められる作業の(1)は、黒曜石を消費する平野部の遺跡では全く存在せず、原産地直下の遺跡に特有の黒曜石加工である。

(5) まとめ

以上、4層石器群から復元された多様で複相的な黒曜石加工のあり方は、広原第Ⅱ遺跡の性格が、近くでかき集めてきた黒曜石原石を使って徹底的に石刃を集中的に生産するというような、いわば単純作業を繰り返した単相的な石刃ワークショップ(製作工房址)ではなかったことを強く示唆する。むしろ、4層石器群の形成の背景には、広原第Ⅱ遺跡と近場の原産地との間だけではなく、原産地のなかにある別の複数の遺跡との原料消費によるつながり(遺跡連鎖)があったこともあわせて考えるべきである。広原第Ⅱ遺跡では、原産地を広く動き回る最中に獲得し保有している黒曜石の状態に対応した作業工程を適宜選択しながら、石核素材のつくり出しから石刃生産まで行われている。つまり一言でいえば、黒曜石獲得をめぐる遺跡連鎖をともなう原産地行動系のなかに組み込まれ、繰り返し長期にわたって利用された石刃ワークショップである、という評価が妥当だろう。ここでいう4層石器群をめぐるe-EUPの原産地行動系については、次の章で原産地分析などを援用しながら具体的に検討する。おそらく、こうした石刃ワークショップの性格にかぶさるように、狩猟活動をともなう宿泊地(キャンプサイト)、短時間の避難所的な利用など、黒曜石獲得の合間に生じた多様な訪問の目的と場の機能が4層石器群の形成の背景に

はある、と考えられる。

　先に紹介した4層石器群の透閃石岩製局部磨製石斧は、こうした多様な利用の最中に残されたと思われるが、局部磨製石斧は、e-EUPにおける中部高地原産地の土地利用に必要な石器装備の一部を構成していたと評価できる。なお、広原第Ⅱ遺跡出土の非黒曜石製石器の岩石鑑定を行った中村（2016）は、透閃石岩と同様に広原第Ⅱ遺跡に認められたチャート、珪質凝灰質頁岩、酸性凝灰岩、玉髄などの非黒曜石製石器の原産地が、日本海沿岸地域にあると推定している。このように4層石器群は、黒曜石獲得集団の本来の居住地に由来する石材が中部高地へ長距離運搬されていることが示すように、よりマクロな地域的黒曜石利用の行動系にもしっかりとリンクしているのである。

5. 古環境変遷史と遺跡はどのように対応するか

　先史時代におけるヒトと環境の相互作用（human-environment interaction）の研究にとって、お互いに地理的に近接した条件で得られた高解像度の考古学編年と古環境編年をすり合わせ統合することは、基本的な要件であるとともに困難をともなうことが多い（工藤, 2018; Robinson and Sellet, 2018）。そこで最後に、Ⅲ章で復元した広原湿原の古環境変遷史と広原第Ⅰ遺跡と第Ⅱ遺跡の発掘成果を統合してみよう。広原湿原と遺跡群の考古・古環境調査は、先史時代のヒト─環境相互作用研究に一つのケース・スタディーを提供する。

　図Ⅳ-10には広原湿原周辺の古環境変遷と第1次〜第3次調査で得られた第Ⅰ遺跡と第Ⅱ遺跡の考古編年を統合した。Ⅱ章で示した中部高地の後期旧石器時代編年案（図Ⅱ-7）を参照するとわかるように、第Ⅰ遺跡と第Ⅱ遺跡を中部高地編年に組み込むと、第Ⅰ遺跡の尖頭器石器群が中部高地Ⅳ期後半（後期旧石器時代後半期後葉：l-LUP）、第Ⅱ遺跡の4層石器群が中部高地Ⅰ期（後期旧石器時代前半期前葉：e-EUP）に位置づけられる。また縄文時代では、詳細は不明

Ⅳ 中部高地にヒトは何を残したか—広原遺跡群の発掘—

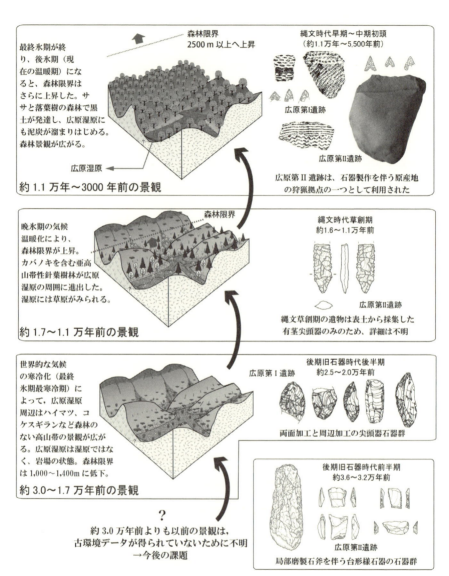

図Ⅳ-10 広原湿原の古環境変遷と広原編年（第1次～第3次調査）の統合
遺物の縮尺は不同。吉田ほか（2016）、橋詰ほか（2016）より作成した。

であるが第Ⅰ遺跡で中期初頭の土器片の集中部が発見されており、第Ⅱ遺跡では先に概要を紹介した押型文系土器群の早期前半を中心とした文化層が発見されている。そのほかに文化内容の詳細は不明であるが、第Ⅱ遺跡からは縄文時代草創期の有茎尖頭器が表土で採集されている。また図Ⅳ-10には示していないが、第Ⅱ遺跡の2a層〜3層からは、l-LUPの杉久保系ナイフ形石器をはじめ、4層石器群よりも新しく第Ⅰ遺跡の尖頭器石器群に先行するl-LUPの少数の石器が単独で得られている（図Ⅳ-7-5・6）。これらには石器群としてのまとまりはなく、少数の石器（ツール）だけが遺跡に廃棄された可能性が高い。

今回の広原遺跡群の発掘にもとづく編年モデルは、このようにまだ明らかに欠落部分が多く、湿原周辺での人間活動のいくつかを復元することはできたが、まだ時系列全体の多様な活動の断片を観察しているにすぎないといえる。しかしながら、後期旧石器時代の初頭から縄文時代にわたる人間活動の時間的な連続の密度は、今後の発掘調査によって大いに増加するものと期待される。4層石器群の透閃石岩製局部磨製石斧、断片的ながら杉久保系ナイフ形石器の存在や、非黒曜石石材の推定産地（中村, 2016）などからすると、広原第Ⅱ遺跡の後期旧石器石器群は、日本海側の石器伝統と関係が深いことがうかがえる。したがって、今回の発掘調査成果は、広原遺跡群が、多様な石器伝統を反映する中部高地石器群の編年モデルの拡充を担うポテンシャルをもつことを強く示唆している。

最後に、Ⅲ章で復元した広原湿原周辺の古景観の変遷と広原第1次〜第3次調査で発見された人間活動との対応関係について、橋詰ほか（2016）を参照しながらまとめてみよう。

(1) 約 3.0 万年前以前

図Ⅳ-10の統合結果をみて明らかなように、広原第Ⅱ遺跡4層石器群は3.5〜3.4万年前と推定され、e-EUPに位置づけられるが、この時期に対比できる

Ⅳ　中部高地にヒトは何を残したか―広原遺跡群の発掘―

30,000 cal BP 以前の古環境データは今回の広原湿原堆積物からは得ることができなかった。4 層石器群と当時の原産地景観との関係について確固とした証拠が得られていないのが現状である。詳しくは次の章で検討するが、上述したように 4 層石器群は中部高地内の複数の遺跡を巡りながら黒曜石を獲得する行動系に関係しており、その背景となった 3.0 万年前以前の古景観はどうしても必要な知りたい情報である。だが、残念ながら 3.0 万年前を遡る古環境データを広原湿原でこれ以上探索することは、堆積物の限界からかなり難しい。そうであるならば、Ⅲ章でも言及したが、これまでに AT 火山灰と同程度かそれよりも古い年代の古環境データが得られており、広原湿原と同程度の標高にある八ヶ岳東麓の野辺山高原（安田，1981，1982）などをターゲットにした EUP に相当する 3.0 万年前以前の古環境データの追究も検討に値する研究デザインといえるだろう。今後の課題である。

(2) 約 3.0 万年前～1.7 万年前

　3.0 万年前以降に広原湿原（正確には当時は湿原ではない）を訪れ、第Ⅰ遺跡、第Ⅱ遺跡に足跡を残した旧石器人が直面した原産地の景観は、現在の森林域とは全く異なり、視界の開けた岩場が広がる高山帯であったことが、今回の共同研究ではじめて実証された。湿原部には周氷河環境のもとで砂礫が堆積し、イチゴツナギ亜科の草原となっていた。第Ⅰ遺跡の尖頭器石器群（2.5～2.0 万年前）は、今回の古環境データのなかでも最も寒冷な最終氷期最寒冷期（LGM：2.3～1.9 万年前）に対比できる。尖頭器石器群の成り立ちと当時の景観からは、獲得した黒曜石を軽く打ち欠いて質を確かめたり、石器（ツール）をメンテナンスしながら高山帯の景観のなかで狩猟活動が展開していたという中部高地での人間行動をこれまでにない解像度で読み取ることができる。ただし、今回の発掘成果による限りでは、広原第Ⅰ遺跡を拠点とした人間活動はあまり活発ではなく遺跡を占地する期間も短かったと想定される。

（3）約 1.7 万年前〜 1.1 万年前

　1.7 万年前以降の時期に相当する広原湿原周辺の人間活動の痕跡は、先に述べたように第Ⅱ遺跡で表面採集された有茎尖頭器だけであり、詳細は不明である。この時期は、世界的な退氷期の温暖化にともなう標高 1,400 m 以上への森林限界の上昇に特徴づけられる。1.7 万年前までには広原湿原周辺にはカバノキ属を含む亜高山帯性針葉樹林が広がる。Ⅲ章で述べたように、これまでの高山帯の景観に比較すると、現地での視界を遮り、移動性を制約する景観へと変化した。この時期の中部高地原産地の利用については、Ⅶ章で検討を加える。

（4）約 1.1 万年前以降

　広原第Ⅰ遺跡と第Ⅱ遺跡の縄文文化層は、後氷期である温暖期（完新世初頭）における縄文人の原産地での活動を反映している。1.1 万年前以降には、湿原周辺はコナラ亜属を主とする落葉広葉樹林が覆い、湿原周囲への土砂の流入が減少したことで、湿原の泥炭形成もはじまる。Ⅲ章で検討したように、遠距離の視界を遮るが、林内での移動や作業には適していたと考えられる森林景観は約 3,000 年前まで続き、後期旧石器時代とは異なる中部高地における縄文時代の黒曜石獲得集団の原石獲得方法の成立に影響を与えた可能性がある（Yoshida et al., 2016）。本章のはじめに述べたように、これまで中部高地では原産地周辺での縄文時代遺跡の分布は採掘址群を除くと極めて希薄であった。こうした考古学的な状況に対して、第Ⅰ遺跡と第Ⅱ遺跡の縄文時代文化層は、原産地直下での採掘活動以外に縄文人の活動が中部高地に展開していたことを示す重要な証拠である。

　これまでのところ、第Ⅱ遺跡では 2 層から押型文系土器が出土しており、同時期と考えられる石鏃のほか、礫器や特殊磨石（石摺り石）の出土も認められる。石鏃を中心とした石器製作残滓に集石や土坑もともなう。加えて、中村（2016）による土器の胎土分析の結果によると、第Ⅱ遺跡の土器の多くには和田峠火山

IV　中部高地にヒトは何を残したか―広原遺跡群の発掘―

岩類の流紋岩が特徴的に認められるという。このことは、土器の素材が遠方に由来するのではなく在地的であることを示し、広原遺跡群から比較的近い場所で採集されていた可能性も示唆している。こうしたことから、第Ⅱ遺跡においては、近辺での土器づくり、土坑や集石の利用や磨石を使用した作業を含めた比較的滞在時間の長い活動が行われていたと推測できる。一方、今回の調査では土器集中を検出した時点で発掘をストップしたが、第Ⅰ遺跡では縄文中期初頭の土器集中を確認しており、今後の発掘によって当該期の人間活動の復元につながるデータが得られる可能性が高い。

　このように、広原湿原の過去3万年間の古環境変遷とその周辺遺跡での人間活動の両者を一体的に理解するためには、明らかに考古記録の解像度を高めるための今後の継続的な調査を必要としている。しかしそうではあっても、広原遺跡群に限らず今後の中部高地での発掘調査とその成果が参照できる考古・古環境統合編年の基本的な枠組みを独自に構築したことは、今回の発掘調査の最大の成果である。

Column 4

日本列島の後期旧石器時代遺跡

1 旧石器時代の遺跡

　日本列島では2010年の時点で16,771件の旧石器時代・縄文時代草創期の遺跡／文化層が確認されている（日本旧石器学会, 2010）。このなかには石器1点のみの遺跡や、石器石材原産地付近の遺跡のように多量の石器が確認されている遺跡など様々な例が含まれているが、世界でも群を抜く遺跡の確認数であることは間違いない。これらの遺跡で出土するのはほとんどが石器のみである。日本列島の温暖湿潤な気候や、火山噴出物を基質とすることが多い酸性土壌では、本来あったはずの植物質、動物質の遺物が残されることはほとんどない。また、当時は遊動生活を基本としていた可能性が高いことから、住居も簡易なものであったと推定され、縄文時代以降にみられる竪穴住居のような明確な建物の痕跡が確認されることもほとんどない。

2 環状ブロック群と陥し穴

　一見華やかさに欠ける日本列島の旧石器遺跡だが、世界でも特徴的な遺跡のあり方も認められる。一つは環状ブロック群、もう一つは陥し穴（おとしあな）である。日本列島の旧石器時代遺跡は、通常石器を中心とする1～数ヶ所の遺物集中で構成されることが多い。一方、数個から数十個の遺物集中が直径数十mにもおよぶ円環状に分布する環状ブロック群と呼ばれる大規模な遺跡がある（図1）。環状ブロック群は、群馬県下触牛伏遺跡の調査で明らかとなった（岩崎・小島, 1986）。環状ブロック群は日本列島の後期旧石器時代でもとくに古い段階（約3.6～3.2万年前）に、北海道から中国地方まで100ヶ所以上存在することが確認されている。こうした大規模な遺跡の形成には、多くの人や期間の関与が必要だったと推定される。

　陥し穴は静岡県初音ヶ原遺跡での発見で大きく取り上げられるようになった。平面形が直径約1.5mの円形、深さは1.5m程度のものが多く、約60基が発見された。陥し穴は尾根を横断するように東西約100m、南北170mの範囲にD字状に3列に並んで検出されている（鈴木, 1999）。同遺跡が立地する静岡県の愛鷹・箱根山麓では、19遺跡から200基を超す陥し穴が発見されているほか、三浦半島など神奈川県東部でも発見例が多い（佐藤, 2010）。これらの陥し穴の年代は約3.0万年前を前後する時期に集中する。狩猟対象には、イノシシ（鈴木, 1996）、シカ（稲田, 2004）、オオツノシカやナウマンゾウも含む中～大型獣（今村, 2004）などが推定されている。多数の

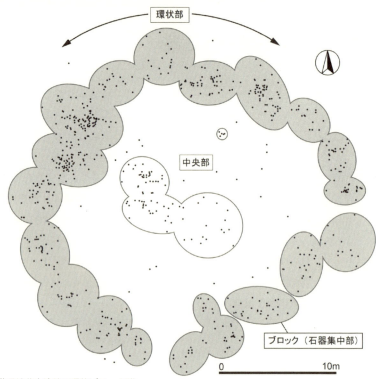

図1　千葉県池花南遺跡の環状ブロック群
渡辺（1991）より作成した。

陥し穴の掘削や、獲物の確認には相応の労働力と時間が必要なことから、頻繁に居地を移動する遊動生活とは異なる、一定の期間特定の場所に占地、滞在する生活が存在していた可能性も推定できる。

このほかにも、本州中央部には標高1,000mを超える遺跡が多数認められる。旧石器時代の遺跡立地としては世界的にも珍しい高標高地利用である。これは、長野県の霧ヶ峰、八ヶ岳周辺の高標高地に分布する黒曜石原産地周辺で、黒曜石の獲得や利用が活発におこなわれたためである。さらに、伊豆半島の南端から約55km離れた神津島の黒曜石は、海を越えて約3.6万年前から利用されている。このように、山岳や離島など多様な環境に存在する資源の利用がこうした特徴的な土地利用を発生させたと考えられる。環状ブロック群や陥し穴も含め、日本列島特有の環境への適応が特徴的な考古学的現象を生じさせたと考えられる。

中部高地でヒトは何をしていたのか
―黒曜石原産地分析の活躍―

1. 黒曜石原産地研究のパラダイム

　前章では共同研究「ヒト―資源環境系の人類誌」による広原第Ⅰ遺跡と第Ⅱ遺跡の発掘成果にもとづき、遺跡の性格について議論を展開した。いまだ考古学的解像度が不十分ではあるが、中部高地古環境変遷史との対応関係についても検討し、黒曜石開発を媒体とした人間―環境相互作用を探究する考古・古環境統合編年の枠組みを提示した。

　これを受け本章では、視点は同じく中部高地原産地にすえながらも、一つ一つの遺跡という境界を超えた少し広い視野を設定して、第Ⅰ遺跡と第Ⅱ遺跡が周辺の資源環境すなわち原産地とどのように結びついていたのか探っていこう。つまり、後期旧石器時代の黒曜石獲得をめぐる、原産地における人間の行動系について考えてみることになる。原産地での旧石器時代人の行動といえば、黒曜石を獲得して近くの遺跡で加工することは一般に最もイメージしやすい行動だろう。そうした行動はしかし、いろいろな揺らぎもあったと思われるので、似たような行動をとりながらも時間の経過とともに頻繁に利用したいくつかの原産地といくつかの遺跡を含む一定の領域で少しづつずれながら、何度も折り重なる足跡の軌跡となり、その結果一定の形をなし、行動系として姿を現してくる。人間の一つ一つの行動を解析する解像度も考古学には必要であるが、一定の時間をかけて蓄積したそれらの総体を系として理解し、モデルとしての妥当性と拡張性をのちに検討できるように提示することも大切である。

Ⅴ　中部高地でヒトは何をしていたのか—黒曜石原産地分析の活躍—

　こうした黒曜石獲得をめぐる原産地行動系の時系列上の変化は、当然のことながら、Ⅱ章で明らかにした広域地域におけるマクロな黒曜石利用の変動と密接に関係していたはずである。原産地における行動系の変化は、遠隔地でとらえられた原産地利用の変動がなぜどのように起こったのか、本来であれば古環境変遷史とともにこの問いかけに説明を与える重要な手がかりである。しかしながら、中部高地を含む黒曜石原産地では、これまで原産地を舞台にした人間の行動系については具体的にはほとんど解明されておらず、十分に理解されているとはいえない。その背景を中部高地原産地研究の現状から考えてみよう。

　Ⅱ章でもすこし述べたように、近年の黒曜石遺物の原産地分析にもとづく先史時代研究は、人類の進化と現代人的行動の発現をめぐる広範な学術領域からなる議論に参画している（Moutsiou, 2014; Blegen, 2017; Brooks et al., 2018）。日本列島でも、現生人類（ホモ・サピエンス）の列島への到達と資源開発をめぐる議論に黒曜石研究が貢献している（Shimada, 2014; Ikeya, 2015）。こうした世界各地に広がる黒曜石の人類学・考古学に欠かせない連携分野は、もちろん黒曜石原産地分析である。日本では、すでにⅡ章で紹介したように芹澤ほか（2011）と谷ほか（2013）により中部・関東地方で1970年代以降に蓄積された原産地分析結果の集成が行われている。これにより、黒曜石利用の地域的な特色や原産地の利用をめぐる集団の遊動領域についての理解が従来よりも飛躍的に高まったといってもよい（島田, 2015a; 国武, 2015; Kunitake, 2016）。また、黒曜石利用の量的な比率を後期旧石器時代で合算してみると、中部・関東地方の原産地のなかで中部高地原産地の利用頻度が最も高いことも判明している（島田, 2015a）。

　こうした、いわば巨視的な地域スケールでの黒曜石利用の実態については、たしかに歴史的な解像度が高まったといえる。しかしながら、これに比例して中部高地原産地の側でのローカルな先史人類活動に関する理解も深まったかと

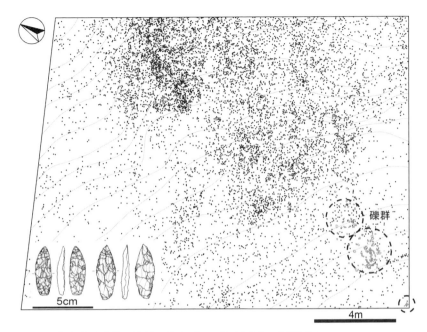

図Ⅴ-1　鷹山遺跡群第Ⅰ遺跡S地点（長野県長和町）の石器分布
原産地遺跡の「典型」である中部高地Ⅳ期後半の尖頭器石器群。安蒜ほか（1991）より作成した。

いうと、その理解は限定的で明らかに不足しているといえる。どういうことかというと、そもそもの中部高地原産地での遺跡研究では、1970年代～1980年代の発掘調査をとおして平野部の居住地ではみられない大規模な石器集中部に特徴づけられる後期旧石器時代遺跡の発見が際立っていた。このため、原産地の遺跡とは、例えば図Ⅴ-1に示した標高1,370mにある鷹山遺跡群第Ⅰ遺跡S地点（安蒜ほか, 1991）のような大規模遺跡が典型であり、したがって原産地遺跡とは、豊富な原石獲得を背景とした集中的な石器の大量生産を行う場であるというパラダイムが成立した。こうして原産地に軸足をおいた研究の労力は、原産地と黒曜石の消費地という図式的な枠組みのなかで、周辺地域に広がった石器流通網の性格とその時間的な変化をとらえることにあてられていた（安

V 中部高地でヒトは何をしていたのか―黒曜石原産地分析の活躍―

蒜, 1991, 1997; 島田, 2008 ほか)。その一方で、前世紀末から今日にかけて、図式的な大規模原産地遺跡とは異なり、鷹山遺跡群第XII遺跡黒耀石研究センター地点（島田ほか, 2003）、鷹山遺跡群星糞峠 2001 主調査区（安蒜ほか, 2003）そして追分遺跡群（大竹ほか, 2001）など相対的に小規模な石器集中部を単位として構成される遺跡の発掘事例も増加した。これらの遺跡には、平野部に分布する居住地の遺跡にむしろ類似するものも含まれる。これまでの本書の議論で明らかなように、広原第 I 遺跡と第 II 遺跡もここでいう原産地遺跡のイメージとは異なる事例に加わる。しかしながら、II章で言及したように中部高地の後期旧石器時代編年そのものが十分に完成した体系ではないことも一因となって、これら近年の発見を含む原産地遺跡の多様性が相互にどのように結びつき、どのような黒曜石獲得活動の多様性を生み出し、その結果、どのように原産地におけるローカルな空間的・経時的な歴史的パターンを示すのかについての知識はほとんど得られていない。おそらく、これまでの大規模遺跡モデルは、原産地における黒曜石獲得をめぐるローカルな人間の行動系の一側面を表しているだろう。しかし広原第 I 遺跡と第 II 遺跡の発掘成果で明らかなように、これだけでは説明がつかない複雑さがあることは、十分に想定できる。

　したがって、原産地研究の現状は、黒曜石獲得をめぐるローカルな行動系が原産地のなかで具体的にどのように展開して、どのように変化したのかという認識へのシフトをうながしている。このパラダイムシフトを推し進めるためには、原産地の域内で得られた一括性の高い石器群を用いた全点分析に相当する原産地分析結果の蓄積が必要である。こうした条件を満たす原産地分析データは、これまでに鷹山遺跡群第 I 遺跡M地点、同S地点、追分遺跡群第 1・2・3・4・5 文化層で得られてはいる（小林, 2001）。しかしながら、これらの原産地分析結果は論文発表されていないものも含まれており、また石器群の考古分類や石器技術など属性情報と統合されたデータ（原産地分析・考古統合データ）

としては十分な提示と解析がなされていない。

　黒曜石獲得の微視的でローカルな人間の行動軌跡が空間的にどのように配置され、時間的に変化していくのかを復元するためには、原産地分析・考古統合データを編年の時系列に沿って蓄積することと、そうしたデータセットに考古学的な解析を加えることによって可能となる。そこでこのⅤ章では、この長期的な研究目的の第一歩となるはじめてのケース・スタディーを提示しようと思う。前章でその性格について議論した広原第Ⅰ遺跡と第Ⅱ遺跡の黒曜石製石器から得られた原産地分析結果（土屋・隅田, 2018）を遺物と照合し、原産地分析と考古遺物の統合データをつくる。そして、遺跡の形成と直接に関係する原産地利用の実態や黒曜石獲得と石器群の技術、加えて遺跡の形成過程などについて検討しよう。その結果にもとづき、長期にわたって中部高地で展開した黒曜石原産地をめぐる人間の行動系の一端についても考察する。こうしたことを行うのは、原産地分析にもとづく原産地石器群の解析こそが、現在の黒曜石原産地の研究を次のステージに押し上げる重要な研究法の一つであると思うからである。

2. 原産地分析の結果と原石分布のインデックス

（1）第Ⅰ遺跡と第Ⅱ遺跡の原産地分析結果

　ここでは、広原第Ⅰ遺跡と第Ⅱ遺跡から出土した黒曜石製石器の蛍光X線分析による原産地分析結果（隅田・土屋, 2016; 土屋・隅田, 2018）の概要を紹介しよう。ついで、原産地での原石獲得行動をより詳しく知るための「新兵器」ともいえる、和田川流域の原石礫面の観察にもとづく原石分布インデックス（中村, 2018）を紹介する。これは、原産地分析と考古学のコラボで従来から行われているように、原産地と遺跡といういわば「点」と「点」を結んで人間の動きをとらえるだけでなはく、原石の獲得を面的な広がり（獲得領域）として理解す

V 中部高地でヒトは何をしていたのか―黒曜石原産地分析の活躍―

ることを可能とする。

　図V-2に示したように、霧ヶ峰地域の黒曜石原産地で採取した原石試料をもとに、波長分散型蛍光X線分析装置（WDXRF）をつかって元素分析が行われ、その結果、黒曜石原産地は12の元素組成グループとして分類されている（隅田・土屋, 2016; 土屋・隅田, 2018）。WDXRFを用いた定量分析は、信頼性の高い解析結果を提供していると評価できる。こうして、霧ヶ峰地域に由来する黒曜石でつくられた石器であれば、12のどのグループに該当するのか（ある

図V-2　広原湿原からみた元素組成グループの分布
元素組成グループ（原産地）は原地性原産地のみを示した（Kを除く）。点線円弧は、広原湿原からの直線距離。土屋・隅田（2018）より作成した。

いは該当しないのか）を判別する方法を得ることができた。しかしながら、WDXRFによる元素組成分析には、装置で分析するために石器試料の一部を破壊して1～2g程度の粉にする必要があり、分析試料づくりにより多くの労力と時間を必要とする。また一部とはいえ、遺物を破壊しなければ分析ができない。このため、第Ⅰ遺跡と第Ⅱ遺跡出土石器のWDXRFによる定量分析は、石器のどこを破壊したのかを記録したうえで、合計40点の石器に限定して実施した。つまりWDXRF分析は、考古学の立場からすると、多数の遺跡

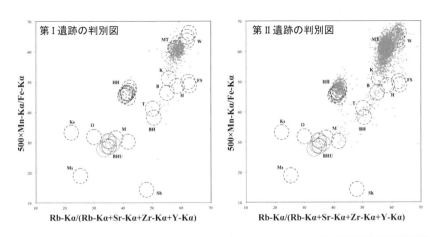

判別可a	HH	W	MT	O	BHU	M	BH	T	B	H	FS	K	Ms	計
第Ⅰ遺跡	29	36	378	0	1	0	1	1	3	2	2	11	0	464
第Ⅱ遺跡	302	313	1,137	0	0	10	9	9	23	9	13	47	2	1,874

判別可b	W/MT	BH/T	H/FS	H/K	B/H	BHU/M	計
第Ⅰ遺跡	7	2	0	0	0	0	9
第Ⅱ遺跡	15	10	1	6	2	1	35

	判別不可
第Ⅰ遺跡	218
第Ⅱ遺跡	907

図Ⅴ-3　広原第Ⅰ遺跡と広原第Ⅱ遺跡から出土した黒曜石製石器の原産地分析結果
土屋・隅田（2018）より作成した。

V 中部高地でヒトは何をしていたのか―黒曜石原産地分析の活躍―

出土石器を網羅的に分析するには適していないことになる。そこで、第Ⅰ遺跡と第Ⅱ遺跡から出土したそのほかの黒曜石製石器の分析には、非破壊で遺物の分析が可能な、エネルギー分散型蛍光X線分析装置（EDXRF）を用いた定性分析を実施した（隅田・土屋, 2016; 土屋・隅田, 2018）。

図V-3には、土屋・隅田（2018）による第Ⅰ遺跡とⅡ遺跡の原産地分析結果を示した。WDXRF（定量分析）とEDXRF（定性分析）とをあわせて、第Ⅰ遺跡では合計691点が、第Ⅱ遺跡では2,816点が分析された。これらは、まだ遺跡での考古学的な分類を反映していない、いわば「生」のデータの塊である。あらかじめ明確にしておくと、中部高地の内部で複雑に分布する元素組成グループの判別を目的とした、土屋・隅田（2018）の方法により判別可能だった石器の割合は、分析点数の約70％弱である。そのなかには、複数の元素組成グループにまたがって判別されてしまう石器試料もあった（図V-3の判別可b）。つまり今回の分析方法では、WDXRFによる定量分析を含めて、分析した石器試料の全てが必ずしも判別できたわけではない。こうした分析結果自体のバイアスを前提としながら、考古学的な石器群の分析にあたってその適用を検討する必要がある。

第Ⅰ遺跡と第Ⅱ遺跡に黒曜石を供給していた三つのメジャーな原産地（元素組成グループ）は、MT（東餅屋・鷹山）、W（和田峠）、HH（星ヶ塔・星ヶ台）原産地であることは図V-3から明らかである。しかし、原産地の元素組成グループとしての地理的分布はそれぞれ個性的でもある。図V-2の原産地判別マップにしたがうと、Wの原産地（原石サンプル採取地）は比較的狭い範囲にまとまっているが、HHの原産地は、星ヶ塔から星ヶ台にかけて広い範囲に分散しているといえる。またMTは、和田川流域の東餅屋とそこから男女倉谷をはさんで東方に位置する鷹山が同じ元素組成グループであるということを示しており、原産地がお互いに遠く離れてしまっている。広原遺跡群にとっては、

MTは考古学的にとてもやっかいである。それは、遺跡への黒曜石の獲得と搬入に複数の対応関係（どちらか一方から、あるいは両方から）が想定されるからである。この問題については、第Ⅰ遺跡と第Ⅱ遺跡の石器群の状況から、それぞれで判断をくだすことになるだろう。

(2) 和田川流域における黒曜石原石の分布

ところで、原産地分析は元素組成グループと黒曜石製石器の対応関係を示す情報を提供してくれるが、これはあくまで点（原産地）と点（遺跡）を結びつけただけともいえる。原産地分析結果は、石器群と元素組成グループの原産地（群）を線で結ぶことになるが、実際の原石は川の流れなどによってもう少し広く分布していることもある。とくに、広原遺跡群と湿原に接して和田川が流下していて、その流域では多くの黒曜石原石がいまも分布している。この状況は、石器時代でも大きく変わることはなかっただろう。

そこで中村（2015, 2018）は、和田川の上流から依田川にいたる各地点から採取した黒曜石原石の礫面を裸眼と顕微鏡で観察し、礫面状態を分類した（図Ⅴ-4）。黒曜石の表面や形状は、地面を転がったり川のなかでほかの石と衝突したりと淘汰されていくなかで、かなり変化しているはずだ。中村（2018）による原石礫面の分類結果は、和田川のどの場所で原石が採取されたかによってやはり特徴が異なり、それぞれの分布する範囲がはっきりと区別できるものだった。図Ⅴ-4に示すように、上流域から下流域にかけて、河床で淘汰された原石の表面は段階Ⅱから段階Ⅴまで分類され、上流域であるほど礫面が新鮮な角礫に近くなり（段階Ⅱ、Ⅲ）、下流になるほど小さな円錐状の衝撃痕が発達したり全体に摩滅した円礫に近くなる（段階Ⅳ、Ⅴ）ことが判明した。なお、段階Ⅰは露頭からほとんど動いていない新鮮な黒曜石原石として想定され、河床には存在しないものと定義されている。第Ⅱ遺跡出土石の自然面の顕微鏡観察では、金平糖状の突起を有する→花びら状のくぼみを有する（段階Ⅰ）→つぼ

み状のくぼみを有する（段階Ⅱ）→つぼみ状のくぼみ＋打ち傷状の痕跡を有する（段階Ⅲ）→円形の爪痕のような痕跡である衝撃痕を有する（段階Ⅳ）→平滑な表面を有する（段階Ⅴ）ものへと段階的に変化する特徴がとらえられている（中村, 2018）。

原石分布インデックスを有効に活用するためには、遺物側での礫面の分類が比較のために必要である。中村（2018）と区別するために、礫面（cortex）のcをとって、C-Ⅰ、C-Ⅱ、C-Ⅲ、C-Ⅳ、C-Ⅴの名称を用いて石器礫面の分類基準とする。

C-Ⅰ（中村の段階Ⅰ。以下同）：石器自然面は若干の風化を受けているものの新鮮な節理面の状態で、水磨痕跡や衝撃痕はみられない。露頭直下の転石の角礫に由来する。

C-Ⅱ（段階Ⅱ）：石器自然面が風化ないしは二次的な移動にともなう削剝で荒れたテクスチャーをみせる節理面の状態で、水磨痕跡や衝撃痕はみられない。露頭直下の転石～やや流された転石の角礫に由来する。

C-Ⅲ（段階Ⅲ）：石器自然面の稜を中心に荒い削剝がみられる。水磨の痕跡はないか、ゆるく水磨を受けている場合がある。衝撃痕はみられないか、まばらに若干認められる場合がある。

C-Ⅳ（段階Ⅳ）：表面の水磨は明確である。また衝撃痕が全面に形成され、衝撃痕のエッジは鋭くまだ明確に残されている。表面のテクスチャーのキメは荒い。河川礫であり亜角礫～亜円礫に由来する。

C-Ⅴ（段階Ⅴ）：表面の水磨は明確である。衝撃痕は石器に残された自然面のほぼ全面に形成されるが、衝撃痕のエッジは水磨により滑らかに削られ、表面のテクスチャーは全体に滑らかである。河川礫であり亜円礫に由来する。

中村（2018）の成果は、原産地分析結果だけではとらえきれない面的に広がる原石獲得の領域を示すことを可能とする、重要な参照枠である。つまり、黒曜

段階	I	II	III	IV	V
採集地点	河川礫では未発見	1 東餅屋下	4 広原西	9 接待下	10 男女倉川合流点 ～ 15 下和田
黒曜石礫					
法量（長径 重量）		W1-3 73.9mm 47.5g	W4-1 63.5mm 142.3g	W9-1 96.4mm 439.7g	W10-1 74.7mm 227.5g
円磨		角礫	亜円礫	円礫	円礫
表面構造		節理面がわずかに削れて、つぼみ状のくぼみがみられる	表面に衝撃による打ち傷が多くみられる	表面に衝撃痕が多くみられる	衝撃痕が削剥されて表面は平坦

和田川流域採集の黒曜石礫の段階区分（中村 2018）

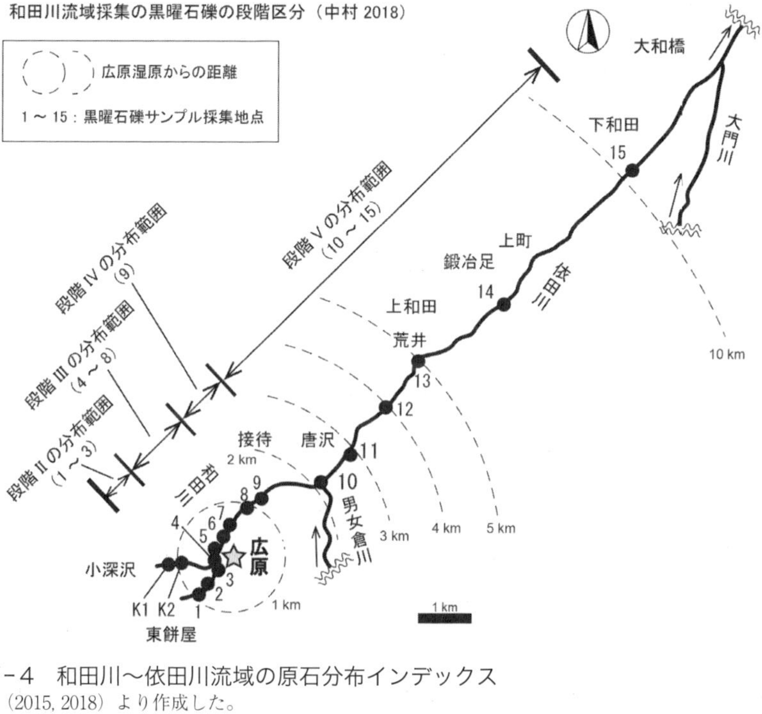

図V-4　和田川～依田川流域の原石分布インデックス
中村（2015, 2018）より作成した。

石原石は露頭から崩落し、付近を流れる沢や小河川沿いなどに広く分布しているので、この原石分布インデックスを原産地分析結果と実際の遺物に適用することで、もう少し詳細かつ面的に原石の獲得領域を復元する道を拓くことが可能である。広原第Ⅰ遺跡や第Ⅱ遺跡の場合、和田川の流域が最も至近に位置する原石の獲得領域の一部であった可能性が高いのも、この原石分布インデックスと遺物を比較するうえで好都合である。

ただし、このインデックスを用いる際には、河川に分布する黒曜石の原産地が地理的にほぼ特定ないしは限定できるかどうか留意する必要がある。その点でいえば、図Ⅴ-2のマップに示したように、W（和田峠）やHH（星ヶ塔・星ヶ台）の原産地は中央分水界を越えた和田川源流部の反対（南）側に位置するので、和田川に供給された黒曜石原石は、今回の元素組成グループの試料採取地点による限りは、現在の和田川源流部に原産地が位置するMT（東餅屋・鷹山）ないしはK（古深沢）であると限定できる。原石分布インデックスと石器の礫面分類、および原産地分析結果の相互に対照した結果については、広原第Ⅰ遺跡と第Ⅱ遺跡それぞれについて後に述べる。

3. 広原第Ⅰ遺跡と黒曜石獲得の行動系

黒曜石原産地に囲まれた中部高地の遺跡から出土した石器の原産地分析は、さまざまな可能性を有している。広原遺跡群のように複数の黒曜石原産地に近接した遺跡から出土した石器を原産地分析することで、特定の原産地の原石が選択的に利用されていたのか、それとも複数の原産地をめぐるような原石の獲得行動があったのか、そしてそれらの行動には時期的な変化などが認められるのか、また変化があるとしたら古環境変動との間に相関関係はあるのか、などといったさまざまな問いを設定し、議論を進めることが可能となる。

広原第Ⅰ遺跡は多数の黒曜石原産地に近接した遺跡であり、こうした豊富な

資源環境のもと、出土遺物730点のうち691点が黒曜石製石器で占められていた。ここでは第Ⅰ遺跡と原産地との間で、どのような黒曜石をめぐる行動系がみられるか考察する。そのために、第Ⅰ遺跡出土石器の材料となった黒曜石原石がどこから獲得されたものであるか、土屋・隅田（2018）による原産地解析結果について考古学的な検討を加える。さらに、こうした理化学分析に加えて、出土石器に残された自然面の観察結果と和田川流域の原石分布インデックスの対応関係を検討することで、現状で求めうる最も詳細な黒曜石獲得領域を推定しよう。第Ⅰ遺跡では、出土した黒曜石製石器691点に対して原産地分析を行ったほか、先のC-Ⅰ〜C-Ⅴまでの分類基準にそって自然面の状態が確認できた401点の石器に残る礫面分類を行った。

（1）黒曜石の原産地分析結果

表Ⅴ-1に遺物の出土状況と原産地分析結果の対照を示した。691点の出土石器のうち、いずれかの元素組成グループに分類可能であったのは70%弱の471点であり（判別不能は218点）、そのうち378点は東餅屋あるいは鷹山で採取された黒曜石原石と同じグループ（MT原産地、各元素グループの地理的分布

表Ⅴ-1　広原第Ⅰ遺跡出土黒曜石製石器の原産地分析結果と出土層位
橋詰（2018）より作成した。

元素組成グループ	全体			2層			3層			4層			6層		
	点数	%*	%**	点数	%*	%**	点数	%*	%**	点数	%*	%**	点数	%*	%**
MT	378	54.7%	79.9%	183	55.3%	81.3%	169	55.0%	79.7%	20	46.5%	66.7%	6	60.0%	100.0%
W	36	5.2%	7.6%	22	6.6%	9.8%	11	3.6%	5.2%	3	7.0%	10.0%			
HH	29	4.2%	6.1%	9	2.7%	4.0%	16	5.2%	7.5%	4	9.3%	13.3%			
K	11	1.6%	2.3%	4	1.2%	1.8%	6	2.0%	2.8%	1	2.3%	3.3%			
W/MT	7	1.0%	1.5%				6	2.0%	2.8%	1	2.3%	3.3%			
B	3	0.4%	0.6%	1	0.3%	0.4%	2	0.7%	0.9%						
BH/T	2	0.3%	0.4%	1	0.3%	0.4%				1	2.3%	3.3%			
FS	2	0.3%	0.4%	2	0.6%	0.9%									
H	2	0.3%	0.4%	1	0.3%	0.4%	1	0.3%	0.5%						
BH	1	0.1%	0.2%				1	0.3%	0.5%						
T	1	0.1%	0.2%	1	0.3%	0.4%									
O	1	0.1%	0.2%	1	0.3%	0.4%									
判別不能	218	31.5%	―	106	32.0%	―	95	30.9%	―	13	30.2%	―	4	40.0%	―
計	691			331			307			43			10		

*：全体および各層の合計に対する割合。**：全体および各層の判別不能を除く点数に対する割合。

V 中部高地でヒトは何をしていたのか―黒曜石原産地分析の活躍―

は図V-2を参照）に判別された（691点中54.7％、判別不能を除く473点中では79.9％）。そのほかに、W（和田峠）原産地が36点で5.2％（判別不能を除く473点中では7.6％）、HH（星ヶ塔・星ヶ台）原産地が29点で4.2％（判別不能を除く473点中では6.1％）、K（小深沢）原産地が11点で1.6％（判別不能を除く473点中では2.3％）、そのほかの各原産地に相当するとされたのはいずれも10点以下とわずかであった。

こうした結果から、第Ⅰ遺跡ではMT原産地に含まれる東餅屋あるいは鷹山（もしくはその両方）の黒曜石が主に用いられていたと考えられる。とくに、東餅屋は本遺跡の直近に存在し（遺跡から直線距離で1km未満、鷹山は5km強。図V-2）、遺跡のすぐ西を流下する和田川の河床からも原石の獲得が可能である。MT原産地の比率が突出して多い傾向は、出土層位の違いによっても大きな変化はない（表V-1）。ただし、縄文時代の石器を多く含むと考えられる2層に比べて、後期旧石器時代の石器が主になると考えられる3層と4層出土の石器では、HH原産地と判別された割合がやや多い。こうしたことから、縄文時代の石器より後期旧石器時代の石器の方が、HH原産地の利用率が高かったことが示唆される（表V-1）。

第Ⅰ遺跡の全体的な傾向としては、後期旧石器時代から縄文時代にかけて、東餅屋・鷹山（MT）の黒曜石を中心に、星ヶ塔・星ヶ台（HH）や和田峠（W）、小深沢（K）の黒曜石が少量用いられていたといえる。これらの原産地は鷹山を除くと、いずれも広原遺跡群のごく近傍に位置している（Wは直線距離で遺跡から3km強、Kは1km強。図V-2）。

(2) 黒曜石製石器の自然面の検討

第Ⅰ遺跡出土の黒曜石製石器の原産地分析結果は、MT原産地と判別された石器試料が大多数を占めていた。MTには東餅屋と鷹山の二つの原産地が含まれるが、地理的には東餅屋の方が近いことから、東餅屋由来の原石が多く用い

られていたと推定することも可能である。しかし、現状の元素組成分析からはMTと判別された石器の原料となった黒曜石原石が、東餅屋のものなのか鷹山のものなのかを絞り込むことができない。このように、確かにMTと判別された石器は、元素組成分析では東餅屋か鷹山かを絞り込むことができないのだが、鷹山で採集された黒曜石原石の自然面を観察すると、東餅屋の黒曜石原石とは異なる特徴が認められる。鷹山採集の黒曜石原石の自然面には、円磨がほとんど進んでいないものでもボール状の特徴的な凹曲面を有するものが多く存在する（図V-5）。鷹山の黒曜石原石は火砕流堆積物中に包含されていることから、数百度以上の高温下で被熱したためにこうした特徴が生じたと推定される。一方で、第Ⅰ遺跡出土のMT石器には、こうした特徴と一致する自然面を有するものは存在しない。遺跡からの近さだけでなく、こうした自然面の特徴からも第Ⅰ遺跡出土のMTと判別された石器の原石は、鷹山ではなく東餅屋を原産地とする可能性が高いと判断される。

上述したように、中村（2018）は黒曜石原石の自然面の特徴にもとづいて和田川河床採集礫を段階Ⅰ～Ⅴに分類し、和田川～依田川流域のどの範囲にⅠ～Ⅴのどの段階の原石が分布するかを示すことに成功した。元素組成分析だけでなく、こうしたデータも合わせることで黒曜石原石の採集地点をより細かく絞り込むことが可能になる。そこで、第Ⅰ遺跡では出土黒曜石製石器691点のうち401点を

図V-5　鷹山川（長和町）の黒曜石原石の礫面状態
中村由克氏による採集。橋詰（2018）より引用した。

V 中部高地でヒトは何をしていたのか──黒曜石原産地分析の活躍──

表V-2 広原第Ⅰ遺跡出土黒曜石製石器の原産地分析結果と石器の礫面分類
橋詰（2018）より作成した。

元素組成グループ	C-Ⅰ（段階Ⅰ）	C-Ⅱ（段階Ⅱ）	C-Ⅲ（段階Ⅲ）	C-Ⅳ（段階Ⅳ）	C-Ⅴ（段階Ⅴ）	計
MT	7 1.7%	90 22.4%	38 9.5%	47 11.7%	28 7.0%	210 52.4%
W	5 1.2%	5 1.2%	2 0.5%	4 1.0%	1 0.2%	17 4.2%
HH	7 1.7%				1 0.2%	8 2.0%
K	3 0.7%	3 0.7%	1 0.2%		1 0.2%	8 2.0%
W/MT		2 0.5%				2 0.5%
B	2 0.5%					2 0.5%
BH/T	1 0.2%					1 0.2%
FS			1 0.2%			1 0.2%
BH				1 0.2%		1 0.2%
O			1 0.2%			1 0.2%
判別不能	19 4.7%	53 13.2%	37 9.2%	31 7.7%	10 2.5%	150 37.4%
計	44 11.0%	153 38.2%	81 20.2%	82 20.4%	41 10.2%	401 100.0%

上述したC-Ⅰ～C-Ⅴの礫面分類の基準にしたがって分類した（表V-2）。

　MTと判別された石器のうち自然面の分類が可能であったのは210点である。分類の結果、C-Ⅱ（段階Ⅱ）のものがMT石器では最も多い（90点）が、C-Ⅰ（段階Ⅰ）のものからC-Ⅴ（段階Ⅴ）のものまで全て含まれている。これらの石器に残された自然面は角礫から亜円礫までさまざまな円磨度のものがあり、黒曜石が生成された場の近傍だけでなく、そこから分布を広げていった河床に分布する原石も用いられていたと推定できる。図V-4を参照すると、最も広くとらえた場合、東餅屋の原産地直下の原石に加えて遺跡近傍の和田川河床（東餅屋直下～男女倉川との合流点～依田川・大門川の合流点の付近）に分布する原石が採集されていたと推定される。とくに、第Ⅰ遺跡で最も多く認められたC-Ⅱ（段

階Ⅱ）の黒曜石原石の分布範囲は、和田川流域のなかでも最も遺跡に近い範囲と一致している。こうしたことから、第Ⅰ遺跡出土の黒曜石製石器の原石は、主に遺跡近傍の和田川河床を中心としたより上流部で獲得され、これに加えて下流部からも獲得されていたと推定できる。

(3) 黒曜石獲得をめぐる行動系

　第Ⅰ遺跡に残された黒曜石製石器の原石は、MT（東餅屋・鷹山）原産地と判別されたグループのものが大部分を占め、石器の礫面の特徴からは、主に東餅屋の原産地直下の原石ならびに遺跡近傍の和田川～依田川流域の河床に分布する原石が採集されていたとした。ところで図V-4からは、和田川と男女倉川の合流点よりも下流部には、男女倉谷からの原石が河床礫となっている可能性が指摘できる。しかし現状では、男女倉川に実際に男女倉谷一帯のどの元素組成グループの原石が供給されているのか、そして和田川との合流点よりも下流の依田川にまで供給されているのかどうか不明である。この場合、採集した原石サンプルの形態を問題にするだけではなく、原産地分析で原石の判別を行う必要もある。

　今回の原産地分析では、男女倉川に原石を供給していた可能性のある男女倉谷一帯のB（ブドウ沢）、H（本沢上流）、BH（ブドウ沢・本沢尾根）、T（ツチヤ沢）原産地の判別はMTに比較して極めて僅かであった（表V-1）。もし和田川・男女倉川合流点より下流に男女倉谷由来の原石がMT原石と同様に供給されていたとしても、C-V礫面をもつMT石器の存在から、MT原石の段階Vが分布する依田川まで獲得領域は広がっていたと想定できるだろう。ただし、男女倉川から依田川にかけての原産地分析を組み込んだ原石分布調査による今後の検証が必要である。

　いずれにせよ、こうした黒曜石の利用状況は、2層～6層の間で出土層位を違えても大きな差異は認められない。第Ⅰ遺跡での黒曜石獲得にかかわる人

V 中部高地でヒトは何をしていたのか―黒曜石原産地分析の活躍―

間行動は、後期旧石器時代前半期（EUP：6層）、後期旧石器時代後半期後葉（1-LUP：3～4層で主となる石器）から、縄文時代早期および中期初頭（2層に多く含まれている石器）にかけて大きく変化していないようである。第Ⅰ遺跡は、Ⅳ章で述べたように石器の接合資料が得られないことから考えて、利用されたとしても短い時間で占地された場であったと考えられる。そのような場の用い方が、時期と時代を違えても共通していたことが要因となって、原石獲得行動の大きな変化としては現れていないのだろう。ということになると、そもそも1-LUPの尖頭器をはじめから製作した痕跡が石器群にほとんど残されていなかったことが気になる。つまり、第Ⅰ遺跡に廃棄された1-LUPの尖頭器はどこでつくられたのだろうか、ということである。第Ⅰ遺跡の石器群の形成が、少なくともMT黒曜石を中心とした獲得行動に由来していたとするこれまでの議論からは、遺跡からそう遠くない場所にMT黒曜石を使った尖頭器ワークショップ（製作工房）が存在していることが示唆される。第Ⅰ遺跡にかかわる原産地行動系は、いまのところ全体像は不明ながらも、より広域に1-LUPの中部高地を土地利用する遺跡ネットワークを形成していた可能性が高いといえるだろう。

このように、第Ⅰ遺跡出土の黒曜石製石器の原産地分析を遺物の出土状況や遺跡の性格と照らしあわせ、原石分布インデックスと比較検討することによって、中部高地という黒曜石原産地密集地に立地する遺跡から出土した黒曜石原石がどこから持ち込まれたのか、現状で望みうる最も詳細な範囲で獲得領域の広がりを絞り込むことができた。中部高地の黒曜石原産地近傍においては、第Ⅰ遺跡と以下に述べる第Ⅱ遺跡とをあわせて、広原遺跡群が統合的な石器分析をはじめて実施した事例となる。複数の黒曜石原産地が存在する中部高地において、ローカルな視野で黒曜石獲得集団が具体的にどのように原産地を利用しながら行動していたのかを復元する新たな道を拓いたといえる。

4. 広原第Ⅱ遺跡と黒曜石獲得の行動系

(1) 原産地分析結果と4層石器群

　広原第Ⅱ遺跡から得られた原産地分析データの塊を出土状況によって分類すると、4層石器群と縄文石器群そして分布が重なってどちらにも分離できなかった一群に含まれる黒曜石製石器に別れる。表Ⅴ-3に示したように、WDXRFの定量分析とEDXRFの定性分析を合わせて、合計2,816点の石器が分析された。これとは別に、同表に「接合」とあるのは、接合資料の石器1点を分析して、その結果を接合資料のほかの石器全てに適用した点数である。そのほかに、何らかの理由で測定していない資料（未測定）も示してある。
　ここでは以下、Ⅳ章で紹介した後期旧石器時代前半期前葉（e-EUP）の4層

表Ⅴ-3　広原第Ⅱ遺跡出土黒曜石製石器の原産地分析結果の出土状況による分類
点線はメジャーな一群、マイナーな一群、複数の判別にまたがる一群を区別している。出土状況による区分の詳細は島田ほか（2016）を参照。島田（2018）より引用した。

	4層石器群						縄文石器群				旧石器・縄文認定不可		
判別グループ	定性	接合	定量	合計	%（全体）	%（小計）	定性	定量	Total	%（全体）	定性	Total	%（全体）
MT	928	37	13	978	40.7%	58.5%	174	1	175	36.5%	21	21	35.0%
W	274	25	1	300	12.5%	18.0%	31		31	6.5%	7	7	11.7%
HH	262	11	5	278	11.6%	16.6%	32		32	6.7%	3	3	5.0%
K	32	2	1	35	1.5%	2.1%	14		14	2.9%			
M	4			4	0.2%	0.2%	6		6	1.3%			
BH	8			8	0.3%	0.5%	1		1	0.2%			
T	6			6	0.2%	0.4%	2		2	0.4%	1	1	1.7%
B	17	8	1	26	1.1%	1.6%	4		4	0.8%	1	1	1.7%
H	5			5	0.2%	0.3%	4		4	0.8%			
FS	4			4	0.2%	0.2%	9		9	1.9%			
Ms	2			2	0.1%	0.1%							
B/H	2	2		4	0.2%	0.2%							
BH/T	6	1		7	0.3%	0.4%	4		4	0.8%			
BHU/M							1		1	0.2%			
H/FS	1			1	0.0%	0.1%							
H/K	2			2	0.1%	0.1%	4		4	0.8%			
W/MT	11			11	0.5%	0.7%	4		4	0.8%			
小計	1564	86	21	1671	69.6%	100.0%	290	1	291	60.8%	33	33	55.0%
判別不能	692	25	4	721	30.0%		187		187	39.0%	24	24	40.0%
未測定	9			9	0.4%		1		1	0.2%	3	3	5.0%
合計	2265	111	25	2401	100.0%		478	1	479	100.0%	60	60	100.0%

V　中部高地でヒトは何をしていたのか―黒曜石原産地分析の活躍―

石器群の原産地分析結果とその考古学的解析に焦点を絞ることにする。4層石器群に限れば、判別された石器、判別不可の石器、接合で判別した石器、未測定の石器を含めて合計2,401点についての分析データということになる。そのうち、原産地（元素組成グループ）が判別できた石器は、全体の69.6％で残り約3割は判別不可ないしは未測定である。

　判別された元素グループのうち、判別不能・未測定を除く（以下同）全体の93％を占めるMT（東餅屋・鷹山：58.5％）、W（和田峠：18.0％）、HH（星ヶ塔・星ヶ台：16.6％）の石器群をメジャーな一群と呼ぶことができる。一方、2.1％～0.1％の比率で判別されたK（小深沢）、M（高松沢）、BH（ブドウ沢・本沢尾根）、T（ツチヤ沢）、B（ブドウ沢）、H（本沢上流）、FS（古峠・三ノ又沢）、Ms（麦草峠・冷山）の石器群はマイナーな一群と呼ぼう。最後のMs原産地は、実は図V-2のマップには収まらず、Ⅳ章の図Ⅳ-1に示した北八ヶ岳の麦草峠・冷山の原産地を指している。そのほか、複数の元素グループにまたがって判別される曖昧な一群が1.5％ある（表V-3のB/Hなど）。これらは判別不可と同じく考古学的分析からは除外する。

　4層石器群に石器となって最も多量に残された黒曜石は、明らかにMT（東餅屋・鷹山）原産地に由来する。ただし、繰り返しになるが、MTとされる元素組成グループは、男女倉の深い谷を挟んで直線距離で約5km離れた東餅屋と鷹山（星糞峠）の原産地で同じ元素組成グループを構成している。この現象は、それぞれの地点に分布している黒曜石が、同じ噴火により広範囲に広がった火砕流を起源としているためと考えられる（高橋, 2015）。地質学的には、ダイナミックで興味深い現象ではあるが、人間の行動をあつかう考古学にとってはやっかいだ。ただ、4層石器群のT（ツチヤ沢）、H（本沢）、B（ブドウ沢）、BH（ブドウ沢・本沢尾根）、M（高松沢）は、東餅屋原産地と広原遺跡群そして鷹山原産地との間に位置する深い男女倉谷一帯に分布する黒曜石であり、合わせて

も全体の3％未満である。こうした状況のなかで、なにか特別の理由があって鷹山の黒曜石が獲得され、男女倉谷を越えて第Ⅱ遺跡に大量に搬入されたと積極的に考える根拠はみあたらない。そこで、同じMTに判別される鷹山の黒曜石がたとえ第Ⅱ遺跡に持ち込まれていたとしても、男女倉谷の黒曜石と同程度かあるいはそれ以下の量であり、考古学的な考察に大きな影響は与えない程度の僅かな比率である考えられるので、今回のケース・スタディーでは鷹山（MT）黒曜石の搬入と利用については基本的に考慮しないことにする。

表V-4では、4層石器群の石器組成と原産地分析結果を対照した。MT、W、HHのメジャーな原産地の一群は石器組成に満遍なく出現している。当然の結果ではあるが、石器群の形成にかかわった主要な黒曜石である。一方マイナーな一群は、主に剝片として遺跡に残されている。そのなかでも唯一B（ブドウ沢）

表V-4　広原第Ⅱ遺跡4層石器群の石器群組成と産地分析の対照
点線はメジャーな一群、マイナーな一群、複数の判別にまたがる一群を区別している。石器群組成についてはⅣ章を参照。島田（2018）より引用した。

判別グループ	剝片I	剝片II	剝片III	剝片IV	石刃	その他剝片	単設打面石核	両設打面石核	求心状剝離石核	横形石核	石核片・分割素材	原石	台形様石器	ナイフ形石器	ノッチ	削器	二次加工剝片	彫器?
MT	114	125	69	34	30	518	22	11	2	1	10	3	3		6	2	27	1
W	24	36	18	4	10	195	3	2			1				1		5	
HH	23	47	12	8	2	158	7	1			6	2	2	2	2		8	
K	7	6	6	1		13					1						1	
M						3						1						
BH	3	3				2												
T		1	1			4												
B	6	6	4			9	1											
H						4											1	
FS						4												
Ms	1					1												
B/H	3					1												
BH/T	1	2		1		3												
BHU/M																		
H/FS						1												
H/K						2												
W/MT	1	2				8												
小計	183	228	110	48	42	926	33	14	2	1	17	7	5	2	8	3	42	1
判別不能	78	75	42	20	8	447	15	6		4	1	4	1	1		16		
未測定	1					7											1	
合計	262	303	152	68	50	1380	48	20	2	5	18	11	6	4	9	3	59	1

V 中部高地でヒトは何をしていたのか―黒曜石原産地分析の活躍―

石器群は、相互に接合して一個体の接合資料となって残されているが、ほかのマイナー原産地の石器は接合しない。ところで、判別不可の石器は、先に述べたように4層石器群の全分析点数の約30％を占めていたが、その内訳（組成）をみる限りでは62.2％がそのほかの剝片（小片や折れた剝片）である。こうしたことから、判別不可となった石器は、今回の考古学的な分析と解釈に大きな影響を与えるものではないと判断する。

（2）黒曜石の獲得領域

ここで、4層石器群の形成にかかわった黒曜石の獲得領域を復元してみよう。それには、4層石器群の原産地分析結果に加えて、第Ⅰ遺跡と同様に和田川流域の原石分布インデックスと石器礫面の分類結果の比較を利用する。以下の議論の内容は、図V-6にまとめた。

4層石器群においてメジャーな原産地の利用比率には、広原第Ⅱ遺跡との地理的な傾向が現れている。つまり、遺跡からもっとも近いMT（東餅屋）が最も多量に石器群に残され、相対的により遠いW（和田峠）、HH（星ヶ塔・星ヶ台）がそれぞれほぼ同率で判別されている。MTは、和田川の源流付近に位置し、露頭は遺跡から1km圏内である。この露頭近くの中央分水界を超えると一連のW原産地に到達する。今回分析に用いた複数のW原産地は比較的密集している。一方、HH原産地は、元素組成グループとしては帯状に広く分布する一連の原産地となり、相互の区別ができない。さて、男女倉谷一帯の原産地は、HHなどに比較すると距離的には近いのだが、先にも述べたように4層石器群での利用は低調（全体で2.7％）である。尾根上にある広原遺跡群からみると、深い谷となる男女倉一帯の原産地の地理的な影響があるのだろうか。

もっとも困惑するのは、北八ヶ岳に位置するMs（冷山・麦草峠）である。直線距離ではあるが、広原湿原からは南東方向に約21km離れている（図Ⅳ-1参照）。Msとしては剝片が2点だけ判別されていて、これらは特徴的な石質であり、

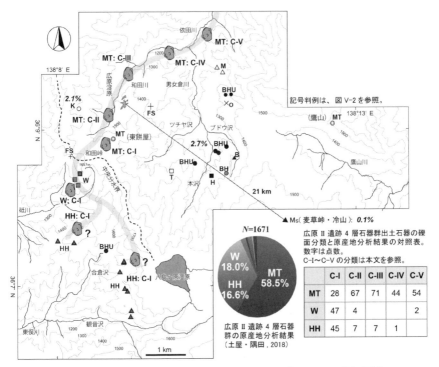

図Ⅴ-6　広原第Ⅱ遺跡4層石器群を残した黒曜石獲得集団の原石獲得領域
原産地は原地性原産地のみ示した（Kを除く）。黒曜石アイコンは、原石獲得地点のイメージ。
図Ⅴ-4も参照。島田（2018）より作成した。

ほかの原産地と裸眼でも区別できる。つまり、この2点の剝片だけが4層石器群に残されていることになる。同じ中部高地とはいえ、八ヶ岳に由来する黒曜石はMT、W、HH原産地からみると別次元のエキゾチックともいえる原産地に由来する黒曜石である。なぜ、あるいはどのようにして、このような黒曜石が広原遺跡群にもたらされたのだろうか。

　ここまでは、あくまで現代において原産地分析用のサンプルとして原石を採取した場所をもとに話しをしている。

　一方、和田川～依田川流域の黒曜石原石インデックス（図Ⅴ-4）は、MT原

V 中部高地でヒトは何をしていたのか―黒曜石原産地分析の活躍―

石が露頭（分析用原石のサンプル地点）だけではなく、和田川にそってより広範囲に分布していることを示していた。そこで、4層石器群のうち、合計696点の礫面を残している剝片と石器（ツール）の礫面を先に述べたC-IからC-Vまでの分類基準で分類し、集計した。図V-6の表には、原産地が判別された礫面を残す501点の石器のうち、MT石器、W石器、HH石器の結果のみを示した。MT石器にはC-IからC-Vまで幅広く認められた。これに対してW石器とHH石器では、ほぼC-Iに偏る強い傾向が認められた。以上の結果は、まずW原石やHH原石は、もちろん和田川流域には分布せず、それぞれの露頭から直接に、ないしその近辺で獲得されていたことを強く示唆する。つまりこのことは、4層石器群の黒曜石獲得集団は、WやHHの原産地が原石を供給している砥川と観音沢・東俣川の流域を獲得領域として利用していなかったことを示唆している。一方、MT原石の獲得領域は、MT露頭とその周辺（C-I）だけではなく、上流からみて和田川の全流域（C-II～C-IV）、男女倉川との合流点から依田川にかけて（C-V）広範囲に展開していたことを示している。

MT、W、HHの原石獲得領域に関する以上の議論からは、黒曜石獲得集団が原産地に残した足跡の軌跡を読みとることができる（図IV-6）。4層石器群を残した黒曜石獲得集団が描く行動の軌跡は、少なくとも和田川と男女倉川の合流点付近から和田川の全流域、さらにMTの露頭まで広がる原石獲得領域に最も濃密に残されている。これに加えて、彼らの原石獲得領域は和田峠（中央分水界）を超えて、W原産地、HH原産地にいたる線状に伸びる獲得ルートを形成していたと評価できる。ただし、第I遺跡で指摘したように、男女倉川流域～依田川への男女倉谷からの原石供給の実態が不明であるため、C-V石器（段階V原石）の獲得領域の依田川への広がりは、今後の検証が必要である。

なお、和田川・男女倉川が合流する依田川は、中央分水界の北側に流下していて、日本海側の水系である千曲川・信濃川に合流する。一方、砥川、観音

沢、東俣沢は太平洋側の水系につながるが、ここまで彼らの行動がおよんでいた痕跡は非常に希薄である。Ⅳ章で言及したように、4層石器群から出土した黒曜石以外の石材で製作された石器の原産地は主に日本海側地域にあると推定された。おそらく今回復元した原石獲得ルートは、HH原産地の一帯で折り返しとなっており、4層石器群を残した黒曜石獲得集団は、最終的には日本海側地域へと帰還するというマクロな行動も読みとれる。

(3) 4層石器群を原産地分析から読み解く

これまでの議論により、4層石器群を残した黒曜石獲得集団が主に足跡を残していた黒曜石の獲得ルートについて明らかになってきた。しかし、この獲得ルート上では、単純に原石を集めるというだけでなくもう少し複雑な行動系が成り立っていた可能性が高い。というのも、Ⅳ章で議論したように、4層石器群は第Ⅱ遺跡という特定の場所で完結している遺跡ではなく、原石や使い古しの石核といった黒曜石原料の持ち込みと持ち出しによって、明らかにほかの遺跡とつながっているからである。この獲得ルート沿いで彼らが具体的に何をしていたのかを検討するために、ここでもうすこし4層石器群の分析の度合いを深め、手がかりを得ることにする。

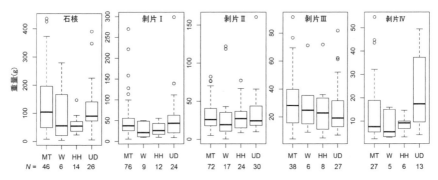

図V-7　広原第Ⅱ遺跡4層石器群の石核・剥片の原産地別の重量分布
Nは点数。UDは原産地判別不可の石器群。島田 (2018) より引用した。

V 中部高地でヒトは何をしていたのか―黒曜石原産地分析の活躍―

　最初に、原産地に応じて石器に何らかの違いが現れているかどうか知るために、4層石器群のメジャーな一群であるMT、W、HHの石核と剝片の重量がどのような構成になっているかを調べよう。その結果を図V-7に示した。その概要を述べると、まず石核重量の中央値ではMT石核がW石核・HH石核に対して重い傾向を示している。そのうち、100g以上の重量石核に着目すると、ほぼMT石核とW石核にのみ認められ、HH石核には含まれない。石核重量分布のレンジを比較すると、明らかにMT石核とW石核がHH石核のレンジより広く、一方HH石核のレンジは（○印で示した異常値を除けば）100g以下に位置している。

　まとめると、MT石核は小形から大形の重量石核まで含み、4層石器群の主たる石核を代表している。W石核はMT石核に似た石核構成を示しながらも、MT石核よりも全体的に軽量の傾向がある。HH石核は、4層石器群のほぼ小形で軽量の石核で構成されていることになる。

　次に同じ図V-7で剝片の重量分布を観察しよう。剝片IからIVの分類は前章で述べたように、石刃の生産にいたる全体的な黒曜石加工の手順を反映している。したがって、重さの目盛りをみればわかるように、剝片Iから剝片IVへ重量分布のレンジは応分に減少している。確かに、剝片Iや剝片IIのMTとWに100gを超える大形剝片（最大1,963.7g：図IV-9参照、異常値のためプロットしていない）が認められるといえる。しかし不思議なことに、MT剝片、W剝片、HH剝片といった原産地の違いは、剝片IからIVにかけて重量の違いとなって顕著には現れているとはいえず、むしろこれらの間での中央値や四分位範囲数（IQR）、分布のレンジは格差があるというよりも、相互に近いと評価できる。

　石核の原産地別重量の格差が破片のそれに反映しないのは、最終生産物である石刃に原産地の違い（搬入された各種原料のサイズ）による格差が生じないよう、剝片剝離の過程がうまく制御されていたことを示している。

　ところで、前章で第II遺跡での黒曜石加工の具体的な作業の内容を類型的に

整理した。最後に、この石器づくりの作業類型と原産地との関係を観察してみよう。繰り返しになるが、その作業類型の概要を記す。

類型1：原石あるいはすでにラフに打ち割られた石片を第Ⅱ遺跡に持ち込んで、さらに打割を加えるなどして石核の素材を生産する。それら石核素材の多くは第Ⅱ遺跡から持ち出されており、その場合それらは遺跡には残らない。

類型2：原石や石核素材をもとに第Ⅱ遺跡で剝片剝離作業を行い、石刃を生産する。この時、まだ使える石核は遺跡から持ち出されて石器群には残らない。石核を最後まで使い切って、遺跡にそのまま廃棄する場合もある。

類型3：第Ⅱ遺跡とは別の場所であらかじめ石刃生産に用いられていた、使い古しの石核を第Ⅱ遺跡へ持ち込み、遺跡で石刃の生産を行い、石核はそのまま石器群に廃棄する。この時に生産された石刃の多くは、第Ⅱ遺跡から持ち出され石器群には残らない。

表V-5　広原第Ⅱ遺跡4層石器群における石器づくりの作業類型
UDは原産地判別不可、続く（　）は石質からの推定。そのほか表中の（　）は加工されるか持ち出されるかして、4層石器群には残されていない石器。島田ほか（2016）より作成した。

	広原作業類型	接合・遺物番号	元素組成グループ	搬入状態	作業	廃棄状態	搬出品
黒曜石集石1	類型2	接合1	W	(原石)	剝離作業	石核, 剝片	(石刃ほか)
	類型2	接合40	UD	(原石)	剝離作業	石核, 剝片	(石刃ほか)
	類型2	接合73	MT	(原石)	剝離作業	石核, 剝片	(石刃ほか)
	類型2	接合24	UD(MT)	(原石)	剝離作業	剝片	(石核)
	類型2	接合16+39+77	B	(原石)	剝離作業	剝片	(石核)
	類型3	接合54	UD(HH)	(石核)	剝離作業	剝片	(石核＋石刃ほか)
	類型3	接合64	MT	(石核)	剝離作業	石核, 剝片	(石刃ほか)

	広原作業類型	接合・遺物番号	元素組成グループ	搬入状態	作業内容	廃棄状態	搬出品
黒曜石集石2	類型1	接合43+42	MT	(原石)	分割等	石核片	(石核素材)
	類型1	接合45	UD(MT)	(原石)	分割等	剝片	(石核素材)
	類型2	接合47	MT	(原石)	剝離作業	剝片	(石核)
	類型3	接合62	MT	(石核)	剝離作業	石核, 剝片	(石刃)
	類型4	石核(2044)	MT	(石核)	なし	石核	なし
	類型4	石刃(2258)	HH	(石刃)	なし	石刃	なし

V 中部高地でヒトは何をしていたのか—黒曜石原産地分析の活躍—

類型4：単体の石核や石刃、剝片を第Ⅱ遺跡に持ち込み、とくに打ち欠きなど加えることなく、そのまま石器群に廃棄する。

表V-5には、接合資料などをもとに4層石器群で繰り広げられた作業類型を一覧にした。これら接合資料ほかは一部を除き図Ⅳ-8にも掲載している。表に作業内容を要約し、元素組成グループを照合した結果を示した。判別不能については、可能なものについては共通する石質の特徴から原産地を推定した。4層石器群に対する接合復元は十分ではなく、分析のための資料が限られるのではあるが、表V-5は原石（石核素材）の搬入、石核の搬入、石器の搬入からはじまる広原Ⅱ作業内容の全体的なパターンを示していると考えられる。

まず、類型1と類型2である新品の原石あるいは石核素材の搬入はMT石器群、W石器群、B（ブドウ沢）石器群で確実にみられる。石核素材の分割・打割作業による石核素材の持ち出しや剝離作業による石核・石刃の持ち出しが行われている。ちなみにB石器群は接合資料1個体からなる。HH石器群へ新品の原石や石核素材が搬入されたかどうかは表V-5からは分析しきれないが、別に行ったHH石器群の観察からは、その可能性は低いと判断している。

次に、類型3である使い古しの石核は、MT石器群とHH石器群として残されており、第Ⅱ遺跡での石刃剝離と石核の廃棄が行われた。表V-5ではわからないが、W石器群にも同様の類型3の作業がある。

最後に、類型4である石器（剝片やツール）の搬入については、MT石器群とHH石器群の石核と石刃として持ち込まれているが、これらが第Ⅱ遺跡で廃棄されるにいたった具体的な背景は不明である。ところで、前出のBを除くマイナーな判別グループM、BH、T、H、FS、Msの石器群（表V-4参照）は接合しないことから、類型4の石器搬入のパターンに準ずると判断できる。

(4) 黒曜石獲得集団の行動系

最後にこれまでの議論をまとめ、4層石器群の原産地分析・考古統合データ

にもとづくe-EUP（後期旧石器時代前半期前葉）における中部高地原産地行動系の一端を復元しよう。4層石器群を残したe-EUPの黒曜石獲得集団の行動の軌跡は、北方からみて依田川から男女倉川・和田川の合流点をへて、和田川の全流域をまたぎ、MT（東餅屋）原産地を含む和田川源流部に近い和田峠から中央分水界も越えて、W（和田峠）原産地と鷲ヶ峰南西斜面一帯に分布するHH（星ヶ塔・星ヶ台）原産地にいたる線状のルートに最も濃密に残されている（図V-6）。そこから先へと獲得ルートが太平洋側の水系へと伸びている証拠は、今回は得られていない。

　原産地分析の結果、4層石器群では、MT石器群が最も多量に残され、MTより低い比率でW石器群とHH石器群がほぼ同量残されていることがわかった。それぞれの石器群の内容をみると、MT石核とW石核は重量石核を含む特徴があり、多様な大きさの石核が残されている一方で、HH石核は小形の石核に収束して廃棄されていた。この傾向は、原産地の違いに応じた作業類型のあり方とも整合的であり、遺跡からの距離に応じて、HHの黒曜石がより消耗した原料の状態で搬入されたことを示唆する。

　4層石器群に石器づくりの作業類型1から類型4がそろって認められるのは、石器原料の持ち込みと持ち出しをとおして第Ⅱ遺跡がe-EUPのほかの地点と遺跡連鎖していることを示している。原産地別の作業類型でみると、MT石器群とW石器群では、類型1、類型2、類型3の作業が行われた一方、HH石器群では、類型1と2の作業は希薄で、主に類型3による作業が行われている。つまり4層石器群のHH石器群については、もうすでにどこかの場所で石刃生産にかかわっていたHH原料が、第Ⅱ遺跡に引き継がれて持ち込まれていたということだ。この傾向は、HH＞W＞Mの順で強くなる。

　以上の証拠からは、まず、4層石器群の原産地分析で復元された黒曜石獲得ルートに沿って、4層石器群に類似し、石器づくりの作業類型によって4層石

器群とつながる複数のe-EUPの石刃ワークショップ（製作工房）が分散して分布している可能性が高いことが示される。4層石器群の状況からすると、原石獲得領域の各地でかなりの重量に達する原石を獲得したと考えられるので、それぞれの先史原石獲得地の付近に石刃ワークショップを適宜設けて、原石を石核や石刃に加工して持ち運んだのだろう。黒曜石の獲得とともに、原石の余分な部分をそぎ落として運搬物の重量軽減を目的とした合理的な行動系だといえる。4層石器群で最大で人頭大になると推定された原石をそのまま持ち歩くわけにはいかない。おそらく、こうした行動系のもとでは、HH原産地により近く立地すると予想されるe-EUP石刃ワークショップが仮に発掘でみつかったとすると、4層石器群で復元した原産地の構成や石器重量の構成および石器づくの作業類型の組み合わせが、HHに重みがかかる方向で4層石器群とは逆転すると予測できる。今後の調査の進展に期待したい。

　では最後に、判別グループのマイナーな一群である。これらの剝片を中心とした組成のあり方は、石器群形成にどのように関与していたのか、また、今回2点判別されたMs（麦草峠・冷山）の剝片が4層石器群に組成することは何を意味するのだろうか。そしてこれらは、原産地の域内での黒曜石獲得集団のどのような行動を反映しているのだろうか。決まった原石獲得領域に濃密に足跡を残しながらも、その領域から外れる原産地の黒曜石が少数の石器としてなぜ搬入されるのか。とくに、今回のMs石器の搬入は、解釈が難しい。あえて推測すると、4層石器群に関与した集団の原石獲得領域とは別の獲得領域が、八ヶ岳を含む中部高地に複数配置されていた可能性がある。異なる黒曜石の獲得領域を周回する別の黒曜石獲得集団との接触でこれらは入手されたのかもしれない。こうした原石獲得領域の複合的な空間配置を知るためには、4層石器群と同程度かそれ以上の解像度をもった中部高地石器群の原産地分析・考古統合データの今後の蓄積と相互の比較研究が必要である。

気候変動のインパクトと
人間適応のダイナミクス

1.「有効環境領域」の創出

　これまでの本書での議論の流れをおさらいしよう。Ⅱ章では、考古学的なデータと黒曜石原産地分析のデータをなるべく量的に集成して取りまとめるための時間軸を与え、中部・関東地方における黒曜石利用の時間的な移り変わりを五つの時期に分けることでそのダイナミクスを観察した。後期旧石器時代の中部・関東地方という空間的な広がりが、中部高地、箱根、天城柏峠、神津島、高原山の五大黒曜石原産地の黒曜石が獲得・運搬され石器石材として消費された最大の空間であることを確認した。そして、Ⅲ章からⅤ章にかけてはぐっと視野を絞って、中部高地原産地に焦点をあてた。Ⅲ章では、標高1,400 mの広原湿原の古環境データから過去3万年間の景観変遷史を明らかにした。高木の年間花粉堆積量（PARt）の変動にもとづく森林限界の推移を復元できたことは、今後の原産地研究にも大いに活用できる独自の成果である。Ⅳ章とⅤ章で検討した広原第Ⅰ遺跡と第Ⅱ遺跡出土石器の原産地分析と考古学的な解析によって復元された原産地行動系は、中部高地ではじめてのケース・スタディーであり、中部・関東地方の黒曜石利用のダイナミクスや過去3万年間の景観変遷史のかなでは、まだほんの一瞬の断片を表しているに過ぎなかった。原産地行動系が時系列でどう変化するかを理解するためには、同様の研究成果の蓄積が必要である。

　このⅥ章では、こうした共同研究「ヒト―資源環境系の人類誌」の研究成果をまとめる。これまで展開してきた議論の結果を統合することになるが、人

VI 気候変動のインパクトと人間適応のダイナミクス

間—環境相互作用の観点から黒曜石獲得をめぐる人間行動を最終氷期の気候変動、景観変遷に関係づけて考察することになる。そして、段階的に変化する原産地をめぐる人間—環境相互作用の性格をより詳しく理解するために、黒曜石が実際にどのように利用されていたのか、旧石器居住地の側での状況を分析することにする。

ところで、環境変化と人間行動の変化を結びつけるとは、いうは易しではあるが、具体的にはどういうことだろうか。例えば、図II-5にあるように、グリーンランド氷床コア（NGRIP）の酸素同位体比（$\delta^{18}O$）の変動と後期旧石器時代の標式石器の変化を対比したとしよう。しかし結論からいえば、そこに直接に意味のある相関を見出すことはできない。なぜ意味がないかというと、これは、I章で定式化した人間と環境の三階層モデル（図I-4）のうち領域I（気候変動）と領域III（石器形態）を何も考えることなく直接比較しているからである（小野, 2011a, b）。台形様石器と局部磨製石斧からナイフ形石器を主体とする道具立てへの変化が、ダンスガード＝オシュガー・サイクルとハインリッヒ・イベントによる亜氷期／亜間氷期サイクルのスパイクに直接相関していると考える考古学者はおそらくいないだろう。また、年代は整合しているとしても、同じ北半球ではあるが、大陸性気候である高緯度地帯の古環境データと海洋性気候にある中緯度地帯の人類遺物を何の前提もなく直接対比しているという問題もある。つまり、両者にはデータとしての結びつきの脈絡がほとんどないのである。

I章で述べたように、環境変化と人間行動の結びつきは、領域IIとした「有効環境領域」で見出すことができる。ただし、有効環境領域は、発掘された遺跡と遺物のように考古学者に所与の素材として存在しているわけではない。つまり、人間に作用する環境要因（気候、景観、資源など）とそれらへの人間の働きかけ（遺跡・遺物から復元可能な活動）の脈絡をもった結びつきがみえるよ

うに研究をデザインし、考古学と古環境ほか関連分野の研究者が協力してデータを集めて組み合わせ、有効環境領域を創出する必要がある。

　その一つの例として、I章ではオーストリア、北チロルのウラーフェルゼン遺跡 (1,869m) を紹介している。アルプス北麓における氷河の後退によって無氷空間が広がり、森林限界も上昇していく。こうした環境変動に対する早期中石器遺跡の進出と遺跡立地の標高移動という形での人間の働きかけがあった。これは、広域移動をともなう石材獲得に支えられており、その働きかけの背景にアイベックスの狩猟活動という資源開発があったと考えられている。そのほかにも、最終氷期の旧石器時代を視野に入れた考古・古環境データの統合にもとづく人間—環境相互作用研究としては、INTIMATE (INTegrating Ice core, MArine and TErrestrial records) のワーキング・グループによって、フランス・スイス国境にあたる4.0万年前～8,000年前のジュラ山脈一帯において、氷河発達史と考古学、花粉、動物相からなる多数のデータの統合を試み、予備的な結論ながら居住域の拡大、遺跡の増減と立地の垂直移動の様子が復元されている (Cupillard, et al., 2015)。有効環境領域は、データのあつかい方によっては広大な地域に設定することもできる。例えば、最終氷期の気候変動と人類適応を大局的にモデル化する試みとして、Stage Three Project (van Andel. et al., 2003) が主導して、ヨーロッパ全域の中部旧石器時代から約3.0万年前までの上部旧石器時代前半期の遺跡分布パターンを海洋酸素同位体ステージ (MIS) 3の気候、景観、そして資源としての動植物相にみられる変動に位置づけることで、ホモ・サピエンスのヨーロッパ進出とネアンデルタールの絶滅という劇的な人間集団の交代をシミュレーションしている。

　相互作用によって有効環境領域として姿を現わすのではないかと期待して、今回の共同研究で構築したデータは三種類ある。(1) 広原湿原の植生景観の変遷。多数ある中部高地の各原産地は、約1,200～2,000mにかけて分布するので

Ⅵ 気候変動のインパクトと人間適応のダイナミクス

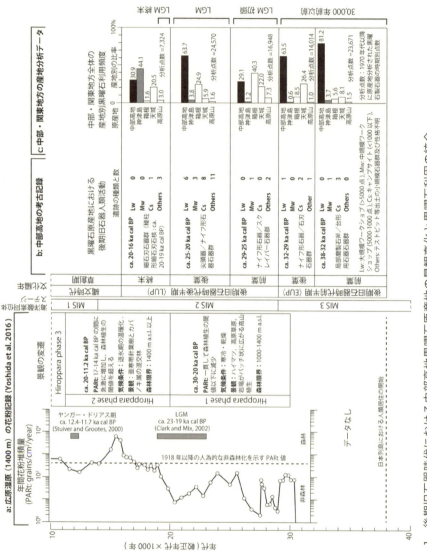

図Ⅵ-1 後期旧石器時代における中部高地黒曜石原産地の景観変化と黒曜石利用の統合
Shimada et al. (2017) より作成した。

(図Ⅳ-1を参照)、1,400mで構築された広原景観変遷史は中部高地原産地の該当する範囲をほぼ代表していると考えてよい。ただし、3.0万年前よりも以前の花粉データは得られなかった。(2) 中部高地の後期旧石器時代編年。広原第Ⅰ遺跡と第Ⅱ遺跡の考古・原産地分析統合データもここに位置づけられるが、原石獲得領域の復元にもとづく原産地行動系のデータは十分に集まっておらず、有効環境領域におけるほかのデータとの関係づけは限定的になるだろう。そこでここでは、中部高地の後期旧石器時代編年の時系列にそって、遺跡の規模で分類した遺跡数の増減をパラメータとしてあつかう。(3) 中部・関東地方における黒曜石利用の時期的な変化。中部・関東全域での利用状況と居住地ごとの利用状況の両方を使う。時間的な変化をともなう資源利用と古環境からなる有効環境領域を「創出した」としても、たいていの場合、その時点で足りない何がしかのピースが残ることは覚悟しなければいけない。いまここに足りないピースは、ないものとしてきちんと提示し、継続的にデータの解像度を高める努力をすることが重要である。

　図Ⅵ-1に考古・古環境データを統合したデータセットを示した。図Ⅵ-1aには、Ⅲ章で解説した広原湿原の古環境変遷のうち3.0万年前から1.0万年前の高木の年間花粉堆積量（PARt）の変化と植生の変化を示した。詳細はⅢ章に述べられているが、森林環境と非森林環境の閾値とPARt値のスパイクとの関係は、3.0万年前より約1.7万年前までは原産地に高山帯の景観が広がっていたことを示している。また、図Ⅵ-1aには最終氷期最寒冷期（LGM）と晩氷期の一時的な再寒冷化イベントであるヤンガー・ドリアス期を重ねて示した。PARt値のスパイクもLGMやヤンガー・ドリアスの寒冷化とよく一致して低下しており、PARt値の変動は、中部高地原産地の寒冷化と温暖化の相対的な変動も表していると考えられる。図Ⅵ-1bとcには、中部高地原産地の考古記録と原産地分析データの変化を示した。いずれもⅡ章で示した後期旧石器時代

Ⅵ　気候変動のインパクトと人間適応のダイナミクス

編年とその放射性炭素年代にもとづいて時間的な序列を与え、広原花粉記録の年代／深度モデル（図Ⅲ-2）と対比している。図Ⅵ-1bには、Ⅱ章で紹介した中部高地の考古編年案にもとづいて遺跡数の増減を示した。また、遺跡は規模に応じて分類してある。5,000点以上の遺物が出土する大規模石器ワークショップ、1,000点以上の遺物が出土する中規模石器ワークショップ、1,000点以下のキャンプサイトに分け、試掘坑などによって遺跡は確認されているが石器群規模が不明なものは、そのほかの遺跡としてある。図Ⅵ-1cの原産地別黒曜石の利用頻度は、図Ⅱ-8に示した中部・関東地方全域で取りまとめた原産地分析データを表している。以下の観察は、図Ⅵ-1に示した「3.0万年前以前」「LGM初頭」「LGM」「LGM終末」に分けて段階的に行う。

2. 3.0万年前以前

（1）中部高地原産地の利用

　3万年前より以前の時期は、海洋酸素同位体ステージでいうMIS3にあたる（図Ⅵ-1）。広原湿原では、繰り返しになるが3.0万年前より以前の花粉データは得られなかった。公文ほか（2013）の研究によると、北緯36度付近、中部高地原産地よりも少し低い標高800～900m前後の中部山岳部を対象としたMIS3の植生復元では、寒冷気候とはいえ3.0万年前以降のMIS2に比較するとMIS3は温暖傾向で、亜寒帯針葉樹と冷温帯落葉広葉樹の混交林が広がっていたとされる。また亜氷期／亜間氷期サイクルの影響で亜氷期には針葉樹林が、亜間氷期には混交林がそれぞれ卓越するという。これより標高の高い中部高地原産地では、相対的に温暖な亜間氷期には亜寒帯針葉樹林の森林限界があるいは到達していたかもしれない。

　中部高地産黒曜石は後期旧石器時代前半期前葉（e-EUP）から同後葉（l-EUP）にかけて全体的にほかの時期に比べて利用頻度が高い。中部高地のe-EUP

遺跡としては、大規模ワークショップはこれまでに発見されていないが、本書で紹介してきた広原第Ⅱ遺跡4層石器群や追分遺跡第5文化層（図Ⅱ-6）が存在する。V章で検討したように、中部高地には、複数の黒曜石獲得集団が入り込み、一定の獲得領域のなかで原石の獲得と加工を行っていた。また、中部高地のl-EUP遺跡では、遺跡発見数はこれまでに少ないが、大規模石器ワークショップの形成が認められている。こうした事実は、3.0万年前よりも以前のMIS3の中部高地は、黒曜石獲得集団が比較的立ち入りやすい気候条件と景観だったことを示唆しているかもしれない。この点については、少なくとも標高1,000m以上の中部高地で3.0万年前より以前の古環境データを新たに蓄積していくことで、明らかにしていかなくてはならない課題である。

ところで、黒曜石利用の観点から注目されるのは、日本列島における人類居住が明確になるe-EUP初頭の時期に、中部高地だけでなく、神津島を含めた五大原産地の全てがすでに発見されていることである。e-EUP集団による黒曜石原産地の発見と利用は、おそらく現生人類が日本列島へ定着していく過程のローカルな一つのエピソードを示していると思われる。以下に、環状ブロック群（コラム4）というこの時期に特有の遺跡を観察しながら、この点を検討してみよう。

(2) 黒曜石利用のはじまり

中部高地や神津島の黒曜石原産地は、約3.6～3.2万年前の後期旧石器時代前半期前葉（e-EUP）において、中部・関東地方全域に遺跡を残した集団によって発見され、石器の原材料として弥生時代まで続く黒曜石の利用がはじまる。この様子は、おおむね三つの段階に整理して考えることができる。

まず第1段階は、黒曜石原産地が発見されていない段階である。e-EUP初頭には、遺跡数が少なくまだ不明な部分も多いが、長野県竹佐中原遺跡（大竹, 2005；鶴田・大竹, 2010）など黒曜石を利用することを知らない集団が残したと

VI 気候変動のインパクトと人間適応のダイナミクス

考えられる遺跡が中部日本に分布している。

その後第2段階にいたり、初源的といえる黒曜石利用がはじまる。旧石器居住地のうち関東西部(以下居住地の位置関係については、図Ⅱ-4を参照)では、出土するロームの層名から「X層段階」と呼ばれる。この石器群の黒曜石利用の特徴は、遺跡の近くで獲得できる在地の石器石材がもっぱら利用されているが、そのなかにわずかながら黒曜石製の石器が含まれることにある。遺跡では黒曜石をまとまって加工した痕跡がほとんどない。しかしながら、原産地分析データは、この第2段階に霧ヶ峰・八ヶ岳からなる中部高地、神津島、高原山といった各地の黒曜石原産地がすでに発見されていることを示している。静岡県の愛鷹・箱根地域では太平洋上にある神津島産黒曜石がこの段階に持ち込まれている点でとくに注目される。

第3段階は黒曜石の組織的な利用が確立した段階といえる。関東西部では「Ⅸ層段階」と大きく区分される石器群では、各居住地で黒曜石の利用が一般的になり、先の愛鷹地域や長野県の野尻湖遺跡群などの居住地では、黒曜石が石器原料にとくに好まれる。そうした地域では、「環状ブロック群」というムラ跡が顕著に分布し、原産地での黒曜石獲得行動と居住地における環状ブロック群の形成が密接にかかわりあっていたことを強く示唆している。また、黒曜石をもつ集団の動きも複雑になり、例えば、栃木県上林遺跡の環状ブロック群(出居, 2004)では、一つのムラから五大原産地の全てに由来する黒曜石製石器がみつかっている。Ⅴ章で紹介した広原第Ⅱ遺跡から復元したe-EUPの原産地行動系は、この時期の野尻湖遺跡群の形成と結びついた原産地開発の一例である可能性が高い。これらの事実は、黒曜石の獲得と分配をつかさどる組織的な体制や多方面の原産地から由来する黒曜石が広く消費されるネットワークの出現を物語っている。こうしたことは全てe-EUPの時代、少なくとも約4,000年の間に継起していたことになる。

黒曜石利用のはじまりと確立は、約3.6万年前より以降に明確になる日本列島へのヒト集団の進出にともなって、新天地の新しい景観を拓き、さまざまな資源環境へ適応していく過程の一側面を反映していると考えられる。この原産地の開発と黒曜石利用の歴史的展開には、「遠隔地石材の開発と調達」「発達した社会的ネットワーク」など、いわゆる現代人的行動のいくつかの特徴が含まれており、e-EUPをとおして中部・関東地方に定着した集団は間違いなく現生人類（ホモ・サピエンス）であったと考えることができる。
　すると、素朴な疑問も生じてくる。元々その存在を知りようのない奥深い山岳部や海洋にある黒曜原産地を最初に発見した集団は、どのようにして黒曜石のありかを探し出したのだろうか。黒曜石原産地は、普通ならば居住には適さない場所ばかりにあるのだ。次に、この疑問への説明も試みながら、現生人類の列島定着過程の一側面について環状ブロック群の分析をとおして資源開発と人口動態の観点から考えてみよう（島田, 2011）。

（3）環状ブロック群とは

　環状ブロック群は、1986年に群馬県下触牛伏遺跡で最初に注目された旧石器時代のムラ跡の一種である（コラム4）。なぜ注目されたのか。旧石器時代のムラ跡の具体的な成り立ちをはじめて問題提起したのは、1960年代末から1970年代初頭に行われた埼玉県砂川遺跡と東京都野川遺跡の研究（戸沢, 1968; 小林ほか, 1971）である。旧石器時代の遺跡は通常、ブロックと呼ばれる径数メートルの石器集中部が2～4基ほど寄り集まった景観をしている。場合によるとそうしたブロックのまとまりが、いくつか残されることもある。ブロックは、作業（狩猟・解体・物品の加工）に使われた道具としての石器とこれらツールをつくる際に生じた石核や剥片類（石器製作残滓）で構成されている。ブロックは当時のさまざまな活動を反映していると考えられる。平均的な規模のブロックは、おそらく当時のイエ跡と関連していたと考えられるが、多数の

Ⅵ 気候変動のインパクトと人間適応のダイナミクス

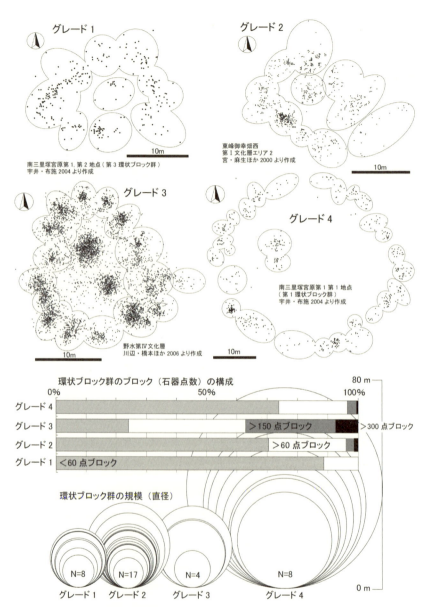

図Ⅵ-2 後期旧石器時代前半期前葉（e-EUP）の環状ブロック群
島田（2011, 2012）より作成した。

石器製作残滓が残されブロックが大規模になるような例は、何か特殊な作業が行われた作業場であったり、石器（ツール）を集中的に製作したワークショップである。ブロックの分布の仕方は、遺跡と遺跡を比較してもその規則性や法則を抽出することは一般に困難である。ところが図Ⅵ-2に示したように、環状ブロック群はその名が示すとおり、径数メートルの複数のブロックが、径十数メートル以上の輪の形（環状）に分布していることに特色がある。下触牛伏遺跡で最初に注意された環状ブロック群は、その後も発見が相次ぎ、現在の集計で100基以上が確認されている。環状ブロック群の分布は、主に中部・関東地方そして東北地方にかけて認められている。

　環状ブロック群の特徴を四つにまとめてみよう。第一の特徴は、先に述べたように環状に配置されたブロックの分布、すなわちムラ跡の景観にある。環状部の内側は、広場のように石器の分布が空白になっているか、あるいは1～2基のブロックが分布することもある。環状部の外側にも、これに接していくつかのブロックが残されている場合もある。

　第二の特徴は、ブロックとブロックの間で石器の接合関係が頻繁に認められることである。このことは、ブロック相互で石器がやり取りされていたり、石材が共有されていたことを示し、環状に並ぶブロックがある程度同時に存在していたことを示している。仮にブロックがイエ跡を反映する遺構だとすれば、複数のイエが円環状に建ち並んでいたムラの景観を想定できる。

　第三の特徴は、環状ブロック群の発生と消滅が明確だということ。環状ブロック群は、e-EUPのはじまりと同時に現れたわけではなく、関東西部でいうと立川ローム層のうちⅩ層の上半部を含みながら第2黒色帯（Ⅸ層～Ⅶ層）にかけて発見され、一部を除き、次の後期旧石器時代前半期後葉（l-EUP）からは基本的に発見されない。このことは、何らかの理由があって環状ブロック群が発生し、そして消滅したことを示唆している。

第四の特徴は、局部磨製石斧をともなう点にある。局部磨製石斧は、IV章の広原第II遺跡の4層石器群で紹介したように、両面が打ち欠きで整形された手のひら大の斧形の石器で、主に斧の刃に当たる部分が砥石で鋭利に研磨されている。局部磨製石斧を含む石斧は、環状ブロック群よりも古く発生しているが、環状ブロック群が登場してからは、原則的にその石器組成の一員になる。そして、環状ブロック群の消滅とほぼ同時に局部磨製石斧も消滅し、その後の後期旧石器時代をとおして復活することはなかった。局部磨製石斧は、環状ブロックにおける生業活動と密接に関係していた石器だったと考えられる。

(4) 環状ブロック群の分類

 環状ブロック群は、比較的規則的なブロックの配置で特徴づけられるので、環状ブロック群そのものを分類することができる。分類するためには、共通するいくつかの属性を選んで、その属性の質・量的な違いとその組み合わせに応じて対象を区分する必要がある。

 そこで、分類結果が個々の遺跡の個性に還元されない程度を勘案し、以下の主要な五つの属性について検討を加えてみよう。(1) 環状部の東西径と南北径の平均（東西／南北平均径：測定にはある程度の曖昧さが伴い、また一部では推定を含む）。(2) ブロックの配置に関する諸特徴。(3) 石器群組成数。(4) 個別の環状ブロック群におけるブロック数（環状部のみ）。なお、ブロックの規模（石器点数）は、便宜的に1〜59点（＜60ブロック）、60〜149点（＞60ブロック）、150〜299点（＞150ブロック）、300点以上（＞300ブロック）の4つに区分する。(5) 主要石器の組成および技術的特徴。これら五つの属性を相互に比較することで、環状ブロック群は概ね四つの主要な範疇（グレード）に区分することができる（図VI-2）。分類した環状ブロック群は神奈川、東京、埼玉、群馬、栃木、千葉の各都県に分布する37ヶ所の石器群である。

 図VI-2に示したように、グレード1とグレード2の環状ブロック群の違い

は、主に複数の＜60ブロックによって環状部が形づくられながら、＞60ブロック数が増減するという変動によって表すことができる。グレード1では大抵1基の＞60ブロックが残されるのに対して、グレード2では2～4基程度の＞60ブロックが残されている。両者における＞60ブロックは、遺跡における中核的な石器製作場所であり、これらの増減をどう評価するかが、両者の関係を考えるうえで重要である。なお、両者は標本数の68％（N＝25/37）を占めているので、最も一般的な環状ブロック群を代表しているといえる。

　グレード3の環状ブロック群は、基本的なブロック群の配置と規模においてグレード2の環状ブロック群を踏襲しているが、石器群組成数がグレード2と比較して非線形的に増大していることに特徴がある（図Ⅵ-2）。高密度なグレード3の遺物分布は、明らかに＞150ブロックおよび＞300ブロックが存在すること、すなわち相対的に累積度の高い石器製作残滓の廃棄によって生じたと理解できる。また、黒曜石消費に特化している埼玉県清河寺前原遺跡（黒曜石1,293点／1,472点中）（西井, 2009）、普通は多くても数点程度にとどまる石斧の組成が例外的に豊富な東京都野水遺跡（川辺ほか, 2006）や神奈川県津久井城跡馬込地区（畠中, 2010）など、グレード3は環状ブロック群全体のなかでも質・量双方の側面でより集中的に石器製作への労力が投下されているということができる。

　グレード4の環状ブロック群の特徴は、環状ブロック群のなかでも最大のブロック群配置規模に代表される（図Ⅵ-2）。大きいもので長径が80m近い例がある。ところが、グレード4の環状ブロック群を構成している各ブロックは、＞60および＜60ブロックを主体としており、この意味ではグレード1や2の環状ブロック群と共通している。グレード4の大規模なムラ跡景観および複雑で独特なブロック群の円弧状の配置は、グレード1・2と個々のブロック規模では同等でありながら、一方で非線形的なブロック数の純増によって引き起

Ⅵ 気候変動のインパクトと人間適応のダイナミクス

こされている。

　なお、環状ブロック群の四つのグレードの変遷については、関東西部の立川ローム層中の出土層位や石器の技術的な特徴にもとづいた石器群の編年研究から、環状ブロック群存続期間の前半期（立川ローム層Ⅹ層の上半部からⅨ層に相当）にはグレード1と2および3が共存し、その後半期（同じくⅦ層下半部に相当）にはグレード4にグレード1と2が継続してこれに共存するという変化をとらえることができる。

(5) 遊動生活と環状ブロック群の形成モデル

　後期旧石器時代の集団は、それぞれの居住地と利用する黒曜石原産地とを結ぶ広大な領域を遊動する生活を営んでいた。遊動生活は、狩猟採集社会では一般的で、食糧資源を効率的に獲得すると同時にそれらの再生を促すために採用された生活様式の一形態である。したがって、後期旧石器時代のどの遺跡も定住集落ではない。いいかえると、どのムラ跡も遊動生活をとおして何らかの形で別のムラと繋がっているのである。このことは、全く別の遺跡同士で石器が接合することによって実証されてはいるが（栗原ほか, 2002）、遺跡間接合の検出作業は困難を極めかつ煩雑であり、貴重な実例はいくつかあるが、いまだ事例は少ない。こうした遺跡相互の原則的な関係に着目して、先に分類した環状ブロック群相互の関係を考えてみよう。

　グレード1とグレード2が最も一般的な環状ブロック群であることを考慮すると、単独の＞60ブロックに複数の＜60ブロックがともなうグレード1の環状ブロック群は、単位的でかつ最小の遊動集団の規模を反映していると考えられる。この評価から出発すると、複数の＞60ブロックが増設され＜60ブロックがともなうグレード2の環状ブロック群では、中核的な石器製作場所が増設されていることになる。つまり、グレード1とグレード2は、単位的な遊動集団が結合したり分散したりする離合集散の痕跡を反映していると考えられる。

グレード3の環状ブロック群では、質・量ともに突出した石器製作が認められるが、遺跡の絶対数の少なさを考慮すると（N＝4/37）、それぞれの環状ブロック群の立地に直結した生業活動—例えば、石斧製作が観察される場合、木質資源の獲得もしくは狩猟獣の解体—が実施されていたことが示唆される。しかしながら、グレード3の環状ブロック群の形成過程は、相対的に高い労働力の投下をともなう短期間の生業によって高密度な遺物分布が形成されたのか、あるいは回帰的かつ長期間繰り返された生業によって累積的に遺物分布が形成されたのか、必ずしも判然とせず、おそらく一様の要因によるものではなかったと考えられる。いずれにせよ、グレード1と2による日常的な集団の離合集散とは異なり、グレード3の環状ブロック群は、集中的あるいは累積的な石器製作が必要とされる特別な生業活動が行われた場所であると考えられる。

　グレード4の環状ブロック群は、グレード1・2・3に後続して成立したムラの景観である。グレード1・2の環状ブロック群における単位的な遊動集団の結合・分散のモデルから考えると、グレード4の大規模なムラの景観は、グレード1・2における遊動集団の結合よりも、さらに拡張された規模で集団が結合したことにより生起していたと考えられる。つまり、何らかの理由を契機にして、グレード1・2・3の環状ブロック群にかかわった集団よりも格段に多くの集団が特定の場所に集まり募った結果であると考えられる。

　なぜ環状ブロック群が発生したのか、つまり環状に住まうという習慣はなぜはじまったのだろうか。なぜ環状ブロック群は、その存続期間の後半期にかけて大形化したのか。以上述べてきた環状ブロック群の構造と歴史的変遷に、先の黒曜石利用のはじまりと確立の変遷をからめながら、日本列島への現生人類の拡散と定着の過程に関する仮説を述べてみたい。

(6) 現生人類の定着と黒曜石

　以下に、後期旧石器時代前半期前葉（e-EUP）に展開した日本列島における

VI　気候変動のインパクトと人間適応のダイナミクス

　現生人類の拡散と定着に関するローカルな一側面を黒曜石利用のはじまりと確立、および環状ブロック群の発生と消滅の過程から考察する。ただし、現生人類がどのようなルートをたどって日本列島に進入してきたのかは、いまのところ確証はない。朝鮮半島から九州地方への進入ルートや琉球列島を経由する海洋ルートなど諸説ある。

　最も早い時期に少なくとも中部・関東地方まで到達した集団は、おそらく当初は、散漫な人口分布と低い人口密度を示していたと考えられる。そして、彼らが最初に取り組まなければならなかったのは、不案内な新天地において効率的に資源探索を推進することだったと考えられる。石材の獲得と石器製作は、それ自体が目的なのではなく、石器を使うさまざまな場面（狩猟・加工作業）と密接に連動していたと考えられる。そのため、旧石器時代人の基本的な遊動は、居住地の選定を核に、その近辺での石器石材の獲得―石器製作―食糧獲得―移動先の選定―移動というサイクルで動いていると思われる。そのためには、遊動生活を営む広い範囲で（例えば関東平野やそれ以上の広域）石材・動植物資源・居住適地などがどのように分布し季節的にどう変化するのか、網羅的に知っておくことが必須条件である。もうそうしなかった場合は、あっというまに子孫途絶の危機に見舞われる。そうはならないよう、おそらく最初の資源探索は、何世代にもわたって網羅的にかつ広範囲にわたって続けられたのだろう。これは、上述した黒曜石利用の第1段階に相当する。

　その資源探索は、次第に山岳部や海洋そのものにまで到達したに違いない。最初の黒曜石原産地の発見は、いくつもの世代にまたがる網羅的な資源探索の副産物としてもたらされたと考えられる。当然のことながら、神津島に黒曜石が存在することを予め知ることはできず、到達したらあったのだ。つまり、到達するためには、その手段と動機が必要だということである。以上の推測が正しければ、当時の黒曜石獲得集団は舟を用いた海洋渡航の手段を保有していた

こと（池谷ほか, 2005）、および海産資源の獲得という動機があったことが示唆される。以上は間接的な証拠による議論ではあるが、海洋渡航の存在としてはオーストラリア大陸への現生人類の渡航などに次いで古い。もちろん舟のような遺物はみつかっていないし、当時の海浜付近に残された遺跡は、縄文海進（約7,000～8,000年前に最盛期）によって全て海中に没している。局部磨製石斧が木材加工に使われ、舟の製作に関与していたとする説もある。ともあれこれは、上述した黒曜石利用の第2段階に相当し、居住地で主要な石器原料として黒曜石が打ち割られる状況が希薄であったことを説明する。つまり、当時の黒曜石は「こういったものがあった」という資源環境に関する情報として居住地にもたらされていたのだと考えられるのである。この時点では、まだ環状ブロック群は登場していない。

　その後、集団は網羅的な資源探索をより安定した形で進めるために、遊動集団の構成を再編成していったと考えられる。つまり、いろいろな情報を携えた集団が集い、情報を交換しそして別れていくイメージである。こうした情報の共有と労働力の確保は次第に、黒曜石を含めて効率的にさまざまな生活資源を獲得するために欠かせない条件となったのだろう。

　こうした動きが環状ブロック群の登場に繋がり、環状に住まうという伝統が発生したと考えられる。その根拠は、網羅的な資源開発の副産物として開始された、多方面に散在する黒曜石原産地の開発と利用の仕組みが、上述した黒曜石利用の第3段階において確立していることが跡づけられるからである。そして、それは主に環状ブロック群の前半期を舞台とした営みである。こうした文脈においては、グレード1とグレード2の環状ブロック群における離合集散をともなう日常的な遊動生活に連動して、グレード3における集約的ないしは回帰的な生業活動が断続的に実施されたというモデルが支持される。おそらく、V章で議論した中部高地原産地での黒曜石獲得をめぐるe-EUPの行動系は、

こうした環状ブロック群の文脈の中に位置づけられるだろう。

　環状ブロック群の成立にともなって、集団は前段階よりも相対的に効率的に行われるようになった生活資源の獲得を背景に、次第に人口を増加させたと推測される。環状ブロック群の後半期には、相対的に温暖な海洋酸素同位体ステージ（MIS）3からMIS2へと向かう気候の寒冷化と人口増加が、一時的に食糧資源に対する局地的な人口圧の増大をもたらした可能性を考慮することができる。つまり、限られた食糧資源が許容する人口を超えて、遊動集団どうしの住みにくさが増大したと考えられるのである。環状ブロック群の存続期間の前半期から後半期にかけて、より多くの単位的な遊動集団が集合したと考えられるグレード4の大形環状ブロック群への移行が認められるのは、グレード1と2による生活を基調としながらも集団間のストレスが増大した場合、一時的に大規模に集住することによって社会的な緊張の緩和をはかり、ならびに同盟関係と相互扶助の強化に資する場が必要とされたことを反映していると考えられる。

3. 最終氷期最寒冷期（LGM）初頭（e-LUP：約2.9〜2.5万年前）

（1）中部高地原産地の利用

　LGMの初頭にあたる後期旧石器時代後半期前葉（e-LUP）の黒曜石利用は、中部高地原産地の利用が低下することに特徴がある。しかしながら、利用頻度が全くなくなるわけではなく、中部高地産黒曜石が低下した分を箱根、天城柏峠、高原山を原産地とする黒曜石の利用がおぎなう構図になっている。図Ⅱ-9にも示したように、この時期（e-LUP）には、各居住地の黒曜石利用がそれぞれ最も近い原産地に依存している傾向があることがわかる。図Ⅵ-1のPARt値のスパイクは大きく上下に変動しており、主に2.8〜2.7万年前のe-LUPの早い段階にはPARt値が低い。高山帯景観の中部高地で気候の寒冷化が進み、

一時的に中部高地原産地の利用が阻害されていた可能性がある。こうした状況を反映してか、同図に示した中部高地原産地の遺跡は相対的に減少する傾向にある。したがって、おそらく3.0万年前より以降のMIS2の寒冷化傾向は、全般的にe-LUP集団の原産地利用に関する行動を制限し、中部高地原産地の利用頻度低下の主要な要因である可能性が高いと思われる。

一方で、e-LUPの終わり頃、2.6〜2.5万年前には、一時的にPARt値が上昇していて森林限界の閾値に近づいている。相対的な温暖化により中部高地原産地の利用も回復していた可能性がある。しかし、図VI-1の時間解像度では考古学の側での詳しいことがわからないので、以下に関東西部の武蔵野台地の黒曜石利用の動向から検討してみる。

(2) 武蔵野台地Ⅱa期の黒曜石利用

武蔵野台地のe-LUPには、武蔵野編年（小田, 1980a）でいうⅡa期あるいはⅣ下〜Ⅴ層段階と呼ばれる石器群が位置づけられる。Ⅱa期は前半と後半に区分されるが（国武, 2003; 伊藤, 2018ほか）、そう明確には編年にあてはめられない石器群も多いため、黒曜石利用のデータはⅡa期としてまとめて集める。少しデータは古いが、石器文化研究会編（1996）をもとに、100点以上の石器が出土した62の石器群から次のように黒曜石利用のデータを集めてみよう。武蔵野台地のⅡa期（e-LUP）石器群では多くの場合、居住地周辺で採取できる黒曜石以外のいわゆる在地の石材では、チャートがほかの石材をしたがえながら最も組成数が高くなる場合が多いので、利用石材の種別としては黒曜石、チャートとそのほかの石材に分ける。ただし、報告書の記載にもとづく限り、チャートと認定された石材には別種類の在地の石材も含まれている可能性があるが、量的にデータを取りあつかうことからここでは考慮しない。図VI-3に、黒曜石とチャート、そのほかの石材のⅡa期全体の組成の割合を示した。次に、武蔵野台地の遺跡から出土したⅡa期の石器群を規模に応じて、便宜的

Ⅵ　気候変動のインパクトと人間適応のダイナミクス

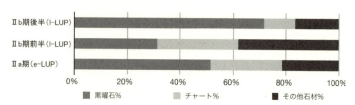

図Ⅵ-3　武蔵野台地の後期旧石器時代後半期（LUP）石器群の石材構成

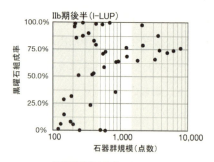

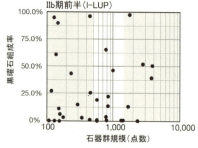

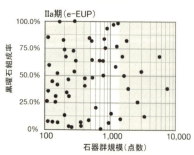

図Ⅵ-4　武蔵野台地の後期旧石器時代後半期（LUP）石器群の規模と黒曜石製石器の組成率

に<500点、501〜1500点、>1501点の石器群に区分して、これら石器群の規模と黒曜石の組成比率（石器群の石器総数に対する黒曜石製石器数の比率）の相関を散布図に表した（図Ⅵ-4）。また、黒曜石については、芹澤ほか（2011）にもとづき、原産地分析データを集計し（図Ⅵ-5）、原産地比率を観察する。

　図Ⅵ-3からは、Ⅱa期では黒曜石製石器が全体の約50％を占め、チャート・そのほかの石材の石器と概ね比率では拮抗している。図Ⅵ-5は、こうした黒曜石製石器の原産地分析結果（黒曜石製石器総数の8.6％）を示している。次に、図Ⅵ-4を観察すると、<500点石器群では、黒曜石製石器の組成率は75％〜25％の間に集中し、100％近い高比率の石器群から25％以下の低比率の石器群まで満遍なく現れる傾向がある。次に、501〜1500点石器群でも黒曜石製石器は同様

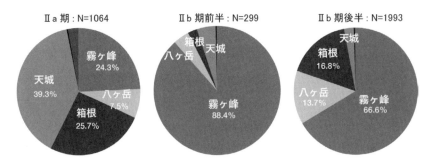

図VI-5 武蔵野台地の後期旧石器時代後半期（LUP）石器群の黒曜石原産地分析結果
芹澤ほか（2011）より作成した。

に高比率から低比率まで存在しており、50％以上の石器群が多い。そして、>1501点石器群では、黒曜石石器の組成率は75％〜25％に集中し、比較的に高比率での出現が目立つ。

(3) 寒冷化のインパクトと中部高地利用の一時回復

こうした分析結果が何を意味するかというと、まず、武蔵野台地Ⅱa期の黒曜石製石器の比率と石器群規模の相関からは、<500点石器群でよくわかるように、全般的に黒曜石は高比率から低比率の石器群へと連続的に出現している。黒曜石が補給されて石器石材となり、遺跡と遺跡をわたり歩くなかで次第に消耗し、これにつれてチャートなど在地石材の利用が増えていく、その移り変わる様子が非常にスムーズだという点に特徴がある。つまり石器石材としての黒曜石は、遺跡での一度の消耗の度合いが低く抑えられ、その結果、原石あたりの携行性が相対的に長期にまたがる、つまりもったいなく使われる石材だったと評価できる。

相対的に長持ちするよう、もったいなく使われるⅡa期の黒曜石であるが、図VI-5の黒曜石原産地分析データは、Ⅱa期の原産地利用が多様であることを示している。箱根原産地、天城柏峠原産地が合わせて全体の約60％と利用頻度が高く、中部高地原産地は全体の30％前後となっており低頻度である。

VI 気候変動のインパクトと人間適応のダイナミクス

このことは、図VI-1に示した中部・関東地方全域でのe-LUPの黒曜石利用動向とよく一致している。前段階の後期旧石器時代後半後葉（l-EUP）での中部高地原産地利用に偏る傾向から、多方面の原産地利用へと移る理由は、やはり2.7～2.8万年前のPARt値の低下が示唆するMIS2初頭の寒冷化が、高標高地である中部高地原産地の利用を制限するようインパクトを与えた可能性が高い。もったいなく使う石器石材として原産地から遠く離れた平野部で利用されたのは、獲得できる機会が少なくなったからだろう。

　では、Ⅱa期の遅い時期、2.6～2.5万年前にみられた一時的なPARt値の上昇が、中部高地原産地利用の回復を促したことを示すような、なにか考古学の側の状況はあるだろうか。Ⅱa期の狩猟具のヤリ先と考えられる石器は、ナイフ形石器と角錐状石器である（コラム5）。ナイフ形石器と角錐状石器の利用石材は、基本的に石器群の石材組成に同調する。つまり、黒曜石・チャートその他からなる石器群の石材組成の割合イコール狩猟具の利用石材の割合となる場合が多い。しかしながら、伊藤（2018）が明らかにしたように、Ⅱa期のうち後半段階には黒曜石製を主体とする有樋（ゆうひ）尖頭器や有肩（ゆうけん）尖頭器と呼ばれる、これまでにない新型のヤリ先が武蔵野台地を含む各居住地に登場する（コラム5）。片側の肩が張った形を特徴とする尖頭器である。しかも、ナイフ形石器や角錐状石器とは別に、これら新型ヤリ先の形状を整えたりつくり直したりする作業を行った黒曜石の石器ワークショップがナイフ形石器や角錐状石器の遺跡とは別に居住地に形成されることにも特徴がある。現状では限られた原産地分析データからではあるが、石材は中部高地産黒曜石に偏っていると推定される。もし、Ⅱa期のなかでも遅い後半期における、この新型ヤリ先の登場が、中部高地産黒曜石と大いに関係しているのであれば、先のPARt値の上昇と中部高地原産地の一時的な利用回復に因果関係を認めることができるかもしれない。武蔵野Ⅱa期の尖頭器石器群に対する原産地分析の

進展を待ちたい。

4. 最終氷期最寒冷期 (LGM) (l-LUP：約2.5〜2.0万年前)

(1) 中部高地原産地の利用

　LGMにあたる後期旧石器時代後半期後葉 (l-LUP) では、先に述べた2.6〜2.5万年前に一時的に上昇したPARt値が、約2.0万年前にかけて今度は継続的に低下している (図VI-1)。中部高地はある意味安定した寒冷化に直面したものと推測される。前の考古段階であるe-LUPの状況から類推すれば、中部高地原産地への立ち入りはより一層の自然的制約を受け、利用頻度が低下すると予測もできる。しかしながらこの予測は逆で、図VI-1が示すように、中部高地産黒曜石の利用頻度は再び上昇することを示している。図II-9にも示したように、このl-LUPの時期には居住地の各地で、ほかの原産地を圧倒して中部高地原産地の利用頻度が最も高い。中部高地に目を転じると、遺跡数も明らかに増加し、とくに大規模石器ワークショップの形成が目立つ。こうした事実からは、非森林域である寒冷な高山帯での生存技術が向上したこと、つまり現地での文化的適応の増大が認められると考えてよいのでなないか。

　l-LUPには、それより以前の考古段階の中部高地では発見されていない礫群が発掘されている。礫群とは加熱により焼けて赤化し、多くが砕けた礫の集まりで、一般に調理施設と考えられている。また、この礫群が複数発見された中部高地の典型的なl-LUPの大規模石器ワークショップである鷹山遺跡群第I遺跡S地点 (図V-1) では、耐久性のある上家構造をもった構築物の存在も示唆されている (安蒜, 2000)。樹木が希少な高山帯で効率的に火を制御することを含め、LGMの寒冷気候下の中部高地原産地において、長期間の滞在をこれまでになく可能とするような文化的適応が、黒曜石獲得集団により積極的に発揮された可能性がある。このように興味深いl-LUPの中部高地原産地利用

Ⅵ　気候変動のインパクトと人間適応のダイナミクス

の変化について、もう少し時間の解像度を上げて武蔵野台地の黒曜石利用のデータを分析することで、以下に検討してみたい。

(2) 武蔵野台地Ⅱb期の黒曜石利用

関東西部の武蔵野台地における l-LUP は「Ⅱb期」と呼ばれている（小田, 1980a）。Ⅱb期は、Ⅱb期前半と後半の時期に細分できる。武蔵野台地Ⅱb期の石材利用のデータは、石器文化研究会編（2000, 2005）にもとづき、100点以上の石器が出土した 77 の石器群から先のⅡa期と同様にデータを集める。ただ、伊藤（2018）が指摘するように、武蔵野台地の一部のⅡb期後半の石器群とⅡa期後半の石器群の編年は交錯している可能性があるが、編年的位置づけは基本的に前述のデータソースに依拠する。77 のサンプルうちⅡb期前半が 34 石器群、Ⅱb期後半は 43 石器群である。

先にみたように図Ⅵ-1 では、l-LUP には全体として中部高地産黒曜石の利用が再び上昇する様子が示されているが、時間の解像度を上げると、実は少し違う様子がみえてくる。図Ⅵ-3 に示したように、約 2.5 万年前より新しいⅡb期前半の黒曜石製石器の比率は、チャートやそのほかの在地石材の石器に対してⅡa期に比較するとほぼ半減し、実際は 30 ％前後にまで減少している。図Ⅵ-5 にこれら黒曜石製石器に行われた原産地分析結果（黒曜石製石器総数の 12.9 ％）を示した。そして、黒曜石製石器の比率が高まるのは、実際にはⅡb期後半の時期であり、黒曜石製石器がⅡb期後半石器群全体の約 70 ％を占めていることがわかる（図Ⅵ-3）。図Ⅵ-5 にⅡb期後半の黒曜石製石器の原産地分析結果（黒曜石製石器総数の 13.2 ％）を示した。

図Ⅵ-4 に示したように、Ⅱb期の前半と後半では、黒曜石製石器の組成比率と石器群規模の相関は対照的である。

Ⅱb期前半の＜500 点石器群では、黒曜石は 100 ％に近い高比率を示す石器群がある一方で、25 ％以下に最も集中している。次いで、501～1500 点石器群

では黒曜石には50％前後の石器群も存在するが、やはり25％以下に集中する傾向がある。そして、＞1501点石器群でも低比率の石器群が出現しており、加えて黒曜石製石器が100％近い高比率を示す石器群と50％前後の比率を維持している石器群の出現も特徴である。

一方、Ⅱb期後半における＜500点石器群では、黒曜石製石器が100％近い高比率を含んだ石器群に分布が集中する傾向が強い。ただこの石器群規模のレベルでは、低比率の石器群も存在している。次に、501～1500点石器群では黒曜石は50％以上の高比率に偏って出現する傾向を示している。そして、＞1501点石器群でもこの傾向は続き、黒曜石製石器が75％前後の比率を維持している石器群でほぼ占められている。

(3) 寒冷化のインパクト：Ⅱb期前半

Ⅱb期前半の黒曜石製石器の組成比率と石器群規模の関係を一言でいうと、前のⅡa期とは異なり、高比率の石器群から低比率の石器群へと散布図がスムーズには繋がらないということになる。

Ⅱb期前半石器群の多くは、図Ⅵ-3の石材構成に表れているように、チャートとそのほかの石材が利用石材の中心となっている。そうしたなかで黒曜石は、特定の遺跡でまずは集中的に石器石材として利用されて、多数の黒曜石製の石器製作残滓が残される。散布図で高い組成率を示す石器群がそれである。黒曜石製のツールなどが、そうした遺跡から運び出されて、ほかの遺跡で在地の石材と一緒に廃棄される。まとめて黒曜石が加工される遺跡よりも、圧倒的に後者の遺跡の方が多い。そのため組成率が低い遺跡へと一足跳びに黒曜石は消耗してしまうのである。居住地への黒曜石の補給は、いつも安定してあるというのではなく、おそらく断続的にまとめて補給される性格だったと思われる。このように、手に入るとまとめて石器づくりに使われる黒曜石であるが、図Ⅵ-5に示したように、Ⅱb期前半の原産地分析データからは、90％以上の

黒曜石製石器が中部高地産黒曜石である。

　Ⅱb期前半のナイフ形石器は、すらりとした柳葉形状ナイフ形石器に代表され、形状や大きさの規格性が高い（コラム5）。そのうち黒曜石によるナイフ形石器は、チャートほか在地石材製のナイフ形石器に比較して著しく小形である。これら黒曜石製の小形ナイフ形石器は普通、高い黒曜石製石器の組成率を示す石器群で製作される。黒曜石は、中部高地産ないしは天城柏峠産や箱根産が中心となる。図Ⅵ-5のⅡb期前半の原産地分析データには、おそらく、原産地分析サンプルの不足からくる中部高地系へのバイアスがかかっている。

　ところで、前のⅡa期の終わりに現れた片側の肩が張った有樋尖頭器ほかの新型ヤリ先であるが、Ⅱb期前半の武蔵野台地の石器群にはまれにしか出土していないので、神奈川県の相模野台地の石器群を参照すると、Ⅱb期前半のナイフ形石器に似て、左右対称のすらっとした形に変化した有樋尖頭器が出土している（コラム5）。これらはほとんどが黒曜石製であり、Ⅱa期の時とは違い、たいていの場合は居住地でつくられた痕跡がなく、出来上がった製品として搬入される特異な出土状況が知られている。

　まとめると、図Ⅵ-1が示すPARt値の2.5〜2.4万年前以降にみられる低下は、このⅡb期前半に、再び中部高地原産地利用の行動を制約する寒冷化のインパクトを一時的に与えた可能性が高い。しかしながら、断続的ながらもまとめて黒曜石が居住地に補給され、完成した有樋尖頭器がまれに居住地から出土する状況がある。ここで、図Ⅱ-7の中部高地編年に立ち戻ると、このⅡb期前半にあたる中部高地Ⅳ期前半には、有樋尖頭器製作の大規模石器ワークショップも認められる。Ⅱa期とは異なり、寒冷化傾向にある高山帯での文化的適応が発揮されはじめ、居住地への黒曜石原石や尖頭器の製品を供給する役割をになう原産地利用集団の発生を反映していると考えられる。

(4) 黒曜石獲得の共同利用施設：Ⅱb期後半

　Ⅱb期後半の黒曜石の組成比率と石器群規模の相関は、図Ⅵ-1の2.1～2.0万年前のPARt値の低下が底打ちする最も寒冷な時期に重なって、後期旧石器時代後半期（LUP）で最も恒常的に黒曜石が利用されていたという、なかなかに説明しづらい状況を表している。事実、図Ⅵ-4に示されるように、チャートなどの在地石材が主体的に利用されるのは、＜500点石器群にほぼ限定され、石器群の大小にかかわらない一貫して安定した黒曜石利用がみられる。そして、Ⅱb期後半の黒曜石は、たいていが徹底的に使い尽くされる。最初は比較的大きめの剥片が得られるが、次第に小形の剥片しか得られなくなり、いずれも消耗しつくした感のあるサイコロ状の石核が残される。

　Ⅱb期後半の石器群では、狩猟具の主要なヤリ先はナイフ形石器と尖頭器である（コラム5）。ナイフ形石器は黒曜石の徹底的な消費を反映して、相対的に大形・中形（2.5～8㎝）の涙滴形状から幾何形状と呼ばれる小形ナイフ形石器（1～3㎝）まで多様な大きさで現れる。尖頭器は、きちんと両面調整された有樋尖頭器は姿を消し、剥片製の片面加工や半両面加工の尖頭器が主体である。尖頭器の面的調整技術が、大形・中形ナイフ形石器に採用されることもあり、両者の技術と形態の垣根が低くなって同じ黒曜石の消耗過程で剥片製尖頭器の製作が組み込まれる例もある。このように恒常的に補給される性格の強い黒曜石の産地であるが、図Ⅵ-5に示したように中部高地産が80％と高い利用頻度を示している。中部高地でもとくに八ヶ岳産の増加が顕著であるが、八ヶ岳の産地（麦草峠・冷山）は霧ヶ峰の原産地よりも高い、標高2,000m付近に位置している（図Ⅳ-1を参照）。

　LGMの寒冷気候下にある標高2,000m付近を含む、高山帯の中部高地原産地利用に発揮された文化的適応について、いくつかの示唆を与えてくれるのは、武蔵野台地ではないが、神奈川県相模原市の田名向原住居状遺構である（田名

Ⅵ　気候変動のインパクトと人間適応のダイナミクス

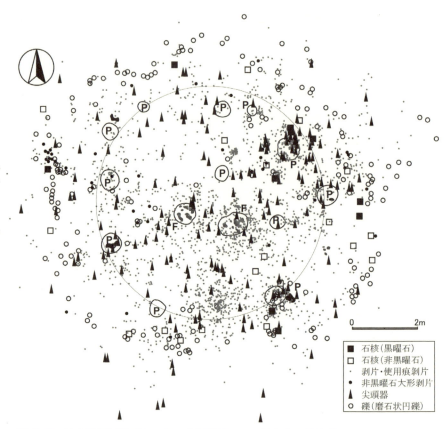

図Ⅵ-6　神奈川県相模原市・田名向原遺跡 No.4 地点住居状遺構
P：柱穴、F：炉跡。相模原教育委員会・田名向原遺跡研究会（2004）より作成した。

塩田遺跡群発掘調査団, 2003; 相模原市教育委員会・田名向原遺跡研究会, 2004）。田名向原住居状遺構の概要を解説し、その性格を少し検討してみよう。

　図Ⅵ-6に田名向原住居状遺構の分布図を示した。10基の主要な柱穴が径約7mの円形に並び、内側には2つの柱穴と2つの炉跡が残されている。柱穴の外側には磨石など礫器を含む礫が帯状に分布している。石器群の分布は、柱穴の外側にも広がるが、とくに内側に密集している。上家構造の存在と施設内

162

での石器製作を強く示唆する。住居状遺構は、相模川に接する低位段丘に立地し、現在の河原にも近い。土層の観察からは、離水後に陸化してそれほど間をおかずに遺跡が残されたと考えられる。施設内に残された石器群を観察すると、剝片を素材とした簡便なつくりの片面加工、半両面加工の尖頭器（コラム5）が多数分布し、それらの多くが折れて破損している。しかし、施設内では尖頭器の素材づくりは行われていない。素材剝片を持ち込んで尖頭器を整形した際に生じた細かな石片が多数密集している。住居状遺構の石器群では、黒曜石製石器が2,357点、在地石材製石器624点発見されているが、保存のため全て発掘されず遺物包含層のほぼ下側半分が地中に残されている（現在は史跡公園として公開されている）。石器群の全容は不明ではあるが、もし全て発掘されれば、少なくとも単一のブロックとしてはⅡb期後半の居住地で最大規模の石器群であると評価できる。出土した黒曜石製石器の原産地分析の結果、中部高地（霧ヶ峰122点と八ヶ岳958点）、伊豆・箱根（288点）、そして栃木県の高原山（39点）が判別されている。五大原産地のうち神津島以外の原産地から集合的に黒曜石製の石器素材が持ち込まれている。Ⅱb期後半の石器群では普通、こうした集合的な原産地構成はみられず、中部高地（とくに霧ヶ峰）ないし伊豆・箱根に偏ることが多い。

　以上の事実にもとづいて、Ⅱb期後半の田名向原住居状遺構の性格を考えてみよう。住居状遺構の立地や破損した尖頭器を補充する石器製作の特色からは、魚骨化石など直接的な証拠は得られていないが、尖頭器を使った河川での内水面漁撈を中心とした生業活動が営まれていた場所であった可能性を指摘できる。例外的な規模の石器群や集合的な黒曜石原産地の様相は、おそらくさまざまな遊動の履歴を持つ集団が繰り返し住居状遺構を利用した結果だろう。したがって、長期にわたって利用できる上家構造が構築されたとすれば、それは複数の集団によって繰り返し共同利用される生業施設であったためと理解する

ことができる。

　この田名向原住居状遺構に示されるように、特定の生業活動を行う空間として共同利用施設が設置されるⅡb期後半の伝統は、標高2,000m付近を含むLGMの原産地での黒曜石獲得における文化的適応にも応用されたのだろう。柱穴など直接の証拠にはまだ不足しているが、上述した鷹山第Ⅰ遺跡S地点で安蒜（2000）が指摘するように、上家構造や礫群をともなう長期利用できる施設に中部高地原産地の大規模石器ワークショップが形成されたとするならば、黒曜石の獲得と居住地への安定した供給を可能とする活動拠点＝共同利用施設であったと思われる。ただし、Ⅱb期後半の黒曜石獲得集団については、黒曜石の獲得と供給をある意味で生業とする原産地側の集団が存在したのか、それとも従来どおり居住地側の集団が直接に原産産地を利用していたのかという点には、まだ議論の余地が残されている。

5. 最終氷期最寒冷期（LGM）終末（f-LUP：2.0〜1.9万年前）

（1）中部高地原産地の利用

　後期旧石器時代後半期終末（f-LUP）の初頭にあたる約2.0〜1.9万年前の稜柱系細石刃石器群（コラム5）は、LGMの終わりに相当する。図Ⅵ-1によると、PARt値のスパイクは、2.0万年前より以降は明らかに上昇傾向を示している。その結果、森林限界は1.7万年前までには広原湿原のある1,400mを超える。したがって稜柱系細石刃石器群は、中部高地がこれまでのLGM環境から相対的に温暖化する時期にあたるといえる。これまでの所見からすると、中部高地原産地の利用頻度は上昇するように思われる。しかしながら、同図が示すように、中部高地の遺跡数は明らかに減少している。稜柱系細石刃石器群の大規模・中規模石器ワークショップは発見されておらず、少数の小規模なキャンプサイトが残されている程度である。加えて、同図の黒曜石利用をみると、中部

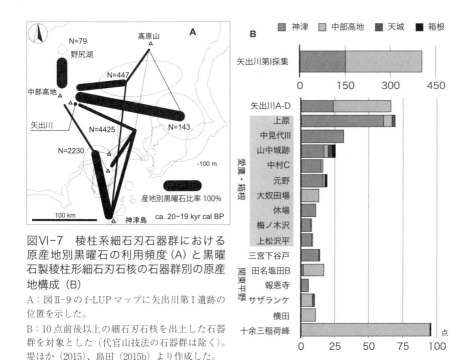

図VI-7 稜柱系細石刃石器群における原産地別黒曜石の利用頻度（A）と黒曜石製稜柱形細石刃石核の石器群別の原産地構成（B）
A：図II-9のf-LUPマップに矢出川第I遺跡の位置を示した。
B：10点前後以上の細石刃石核を出土した石器群を対象とした（代官山技法の石器群は除く）。
堤ほか（2015）、島田（2015b）より作成した。

高地産黒曜石が再び低下していることが明らかに示されている。そして、II章でも述べたように、これまで一貫して低かった神津島原産地の利用頻度が急上昇し、中部高地産黒曜石と同等に多用された原産地と黒曜石へと台頭している。この時、神津島産と中部高地産の黒曜石製石器の分布は、図VI-7に示したように巨視的には中部・関東地方をおおよそ南北に二分するような空間的な広がりをみせている。気候の相対的な温暖化傾向があるにもかかわらず、中部高地原産地の利用頻度が低下し、なぜか神津島原産地の利用頻度が高まる。こうした原産地利用の二極化は、これまでのような気候変動と人間の適応を直接に関連づける見方では、うまく説明できない。何か別の要因を考える必要があるのだろう。この点について、八ヶ岳の東麓に位置する長野県矢出川

第Ⅰ遺跡の稜柱系細石刃石器群の性格と黒曜石利用を検討することで考えてみたい。

(2) 長野県矢出川第Ⅰ遺跡の特異性

f-LUP の初頭にあたる稜柱系細石刃石器群の中部高地原産地の利用をめぐって、気候変動と人間の適応の観点からだけでは説明できない状況があった。この点を少し掘り下げて考えるにあたって、稜柱系細石刃石器群の遺跡として著名な長野県矢出川第Ⅰ遺跡の黒曜石利用、遺跡規模、立地からみた特異性と周辺地域の状況を比較してみたい。矢出川第Ⅰ遺跡（A～D地点：戸沢, 1964）は八ヶ岳東麓の野辺山高原に位置し、1953 年、後期旧石器時代の細石器文化の発見地として著名である。また、1979～1981 年には、先駆的な最終氷期の考古・古環境の学際研究も実施されている（明治大学考古学研究室編, 1981, 1982）。矢出川遺跡A～D地点出土の細石刃石核は、野岳・休場型（鈴木, 1971）あるいは稜柱形細石刃石核（安蒜, 1979）の模式遺跡でもある。

図Ⅵ-7-A には、矢出川第Ⅰ遺跡のおおよその位置を印した上で、図Ⅱ-9 の f-LUP の中部・関東地方の原産地利用マップを改めて示した。中部・関東地方における広域の黒曜石利用には、神津島産黒曜石が愛鷹・箱根地域と関東西部に偏り、中部高地産黒曜石が野尻湖、関東北部、関東東部に偏るという地理的な偏在が観察される。繰り返しになるが、神津島産黒曜石が中部高地産に対して高い利用頻度を示すのは、後期旧石器時代全体で稜柱系細石刃石器群の時期に限定されている。

矢出川第Ⅰ遺跡の特異性の一つは、遺物の出土量である。稜柱系細石刃石器群の遺跡では数点の細石刃石核が出土するのが通常である。居住地で 10 点以上の細石刃石核が出土する遺跡は、全てではないが図Ⅵ-7-B に代表される程度である。これに対して、発掘と表面採集を合わせて矢出川第Ⅰ遺跡では、743 点の細石刃石核が報告されており（堤・八ヶ岳旧石器研究グループ, 2015）、

図Ⅵ-7-Bも示すように、採集資料も含めれば矢出川第Ⅰ遺跡に、あるいは野辺山高原にといってもよいが、居住地における細石刃石核数の総量に匹敵する細石刃石核の出土が極めて限られた範囲に集中している状況がある。その一方、愛鷹・箱根地域の上原遺跡（函南町教育委員会, 2001）や関東東部地域の（千葉県文化財センター, 2004）のように、それぞれの居住地で高利用頻度の黒曜石を用いて相対的に多数の細石刃石核を保有する大規模地点があることも指摘できる。

　次に、近年までに何度かの原産地分析が実施された結果、矢出川第Ⅰ遺跡の石器群には中部高地産と神津島産の黒曜石が並存している状況が明らかにされている（堤・八ヶ岳旧石器研究グループ, 2015）。この両者の黒曜石が一つの遺跡から出土することはあっても、ほぼ同等に多数の共存が認められるのは特異である。図Ⅵ-7-Bが示す各遺跡の細石刃石核の原産地構成は、愛鷹・箱根地域では神津島産黒曜石が、関東西部では神津島産と中部高地産黒曜石が、関東東部の十余三稲荷峰では中部高地産が高頻度で利用されており、愛鷹・箱根と関東西部では、完全にではないが神津島と中部高地の両者の利用が石器群の間で強い排他的関係にあることを示している。ただし、大奴田場遺跡（函南町教育委員会, 1989）、三ノ宮・下谷戸遺跡（かながわ考古学財団, 1999）、報恩寺遺跡（鈴木・矢島, 1979）の各石器群のように各地域の主要な利用原産地とは異なる原産地を主体とする石器群が存在する点は注意される。こうした地域的な黒曜石利用の動態の中で、矢出川第Ⅰ遺跡における中部高地産黒曜石と神津島産黒曜石の局地的な共存と利用からは、矢出川第Ⅰ遺跡の形成には、中部・関東地方における稜柱系細石刃石器群の分布の形成にも連動している黒曜石原産地の巡回そして集団の遊動にかかわる行動系が強く関与していたことが示唆される。

　最後の第三の特異性としては、矢出川第Ⅰ遺跡が標高約1,350mに位置する

現在の高原環境に立地する大規模な細石刃遺跡だという点にある。広原花粉記録にみられたように LGM 気候からの温暖化傾向にあるとはいえ、高標高地にあるこの種の遺跡は中部・関東地方ではほかに例をみない。地域的な行動系の観点からは、図VI-7-A に示した矢出川第Ⅰ遺跡の地理的位置は重要である。確かに矢出川Ⅰ遺跡の立地の特異性は、高原に立地するという点に還元することもできるが、重ねて注目されるのは、矢出川第Ⅰ遺跡が日本海側と太平洋側地域から大形河川流域をたどることで双方から到達できる中央分水界に位置することである。矢出川第Ⅰ遺跡を含む野辺山高原は、中央分水界に位置する中部・関東地方のほぼ唯一の稜柱系細石刃石器群の密集地である。

（3）原産地利用が二極化した背景

　図VI-1 が示している中部高地の稜柱系細石刃石器群の遺跡数の減少について堤（2002）は、稜柱形細石刃石核という数cm角の小形原石を原材料とする石器製作技術の条件により、原産地に石器ワークショップなどを必要としない、つまり原石の採取に特化し、遺跡が残されない簡便な土地利用への変化を反映していると説明している。これに加えて、神津島産黒曜石の利用が上昇したことにより、中部高地への実際の立ち入り自体も相対的に低下したのだろう。一方で、稜柱系細石刃石器群における中部高地産と神津島産黒曜石の利用の偏りについて、須藤（2009, 2012）は前者から後者への編年差であるとし、時系列上の変化を強調している。また、利用原産地と細石刃石核の技術形態との関係（堤, 2011 ほか）や黒曜石運用の地域的な展開（夏木, 2013）について詳細な議論があり、石器群の形成に対して両者の利用による有意な変異が生じているのは確かである。ここでは、提示しているデータの時間の解像度と地域のスケールにもとづく両者の空間的な分布の偏りを強調したい。こうした観点から、f-LUP の稜柱系細石刃石器群では、中部高地と神津島それぞれの原産地を巡回する黒曜石獲得・消費領域が、中部・関東地方を南北に区分するように成立し

ていたと考える。

　以上の議論をもとにして、矢出川第Ⅰ遺跡の形成と黒曜石利用の中部高地／神津島の対立的な空間分布の形成については、二つの仮説を考えることができる。

　一つは、これらの獲得・消費領域が関東・中部地方の北部集団と南部集団の成立を代表しているとする仮説である。一方で、関東西部、愛鷹・箱根では、地域的に高頻度で利用される原産地とは異なる黒曜石石器群が嵌入する石器群の分布パターンも示していた。南北に分けられる獲得・消費領域は、上記したように地理的に対峙して生業領域を確保していた集団を反映しているのではなく、同じ地域集団が中部・関東地方を南北方向で周期的に移住を繰り返していた結果を反映している、というもう一つの仮説も提示できる。

　いずれにしても、少なくとも矢出川第Ⅰ遺跡の原産地構成および中央分水界という立地条件から支持されることは、矢出川第Ⅰ遺跡は、南北の獲得・消費領域の相互が地理的に重複することがほぼ唯一可能な地点であったことである。大規模な稜柱系細石刃石器群の遺跡である矢出川第Ⅰ遺跡の形成要因は、南北集団仮説からは長期にわたって情報・物資・ヒトの交換の場として利用された結果であり、また移住仮説からは移住経路上の回帰的な土地利用の結果であると考察することができる。

　このように考えてくると、f-LUPの中部高地における気候の回復傾向が、単純に中部高地原産地の利用頻度の増加に結びつかない理由もみえてくる。この場合はもはや人間―環境相互作用の範疇を超えて、後期旧石器集団の領域や地域的な行動系の再編成、さらには石器技術の変化といった社会的な要因が複合して影響していると考えられるのである。

Column 5

石器研究法

1. 石器の技術形態学

後期旧石器時代の石器の多くは、石器が形つくられる際の技術的な特徴と形状にもとづいて形態が定義される。こうした形態にもとづく石器の分類や分析を技術形態学という（山中, 1979）。技術形態による石器の分類は、主に石器素材の形状と石器を整形する細部加工の種類と部位および石器が仕上がった状態の三者の関係で記述されるため比較的客観的であり、研究者間の共通言語として役に立つ。石器を正確に採寸し、形状と剝離面の切り合い関係で石器の技術形態を表現した石器の図が実測図である（図1・2）。石器素材（剝片）を石核から生産する技術が剝片剝離技術（石核技術）であり、石核と打ち剝がされた剝片の形態や接合資料から復元する。石器の技術形態学は、石器形態と剝片剝離技術ほか関係する属性（例えば利用石材）の技術的な相互の結びつきを明らかにし、その総体を石器技術と呼ぶ。ある特色をもった石器形態や石器技術が、一定の時間存続し地域的な分布が特定できる、つまり編年のある時間断面を代表する場合、その形態や技術に型式あるいはこれに関係する概念を与え、比較の単位とすることがある。こうして得られた石器技術にもとづいて文化伝統の系統や影響関係、集団の遊動領域などを検討することができる。したがって、石器の技術形態学は旧石器時代研究の基礎であるといえる。

2. 主要な石器の変遷

図1と図2にはⅥ章の内容と関連するように関東西部地域を中心とした後期旧石器時代後半期の前葉（e-LUP）から後葉（l-LUP）そして終末（f-LUP）初頭の主要な石器を示した。武蔵野台地の時期区分を用いて、石器の定義と変遷を概観しよう。

ナイフ形石器（1〜17）：剝片を素材とし、背潰し加工という連続した細部加工により、素材剝片の形状を平面的に切り取るように調整し、剝片本来の縁辺と加工された背部により先端部を作り出した石器。1・2は切出形石器とも呼称される。武蔵野Ⅱa期（e-LUP）。3〜6は砂川型と型式名を冠することもあるナイフ形石器。武蔵野Ⅱb期前半（l-LUP）を代表する標式石器である。そして7〜17のナイフ形石器は武蔵野Ⅱb期後半（l-LUP）の涙滴形ナイフ形石器（7〜12）、幾何形ナイフ形石器（13〜17）と呼ばれる。なお、1〜12のナイフ形石器は、いずれも器体の相対する二側縁に調整加工が施されていることから、二側縁加工ナイフ形石器と総称されるこ

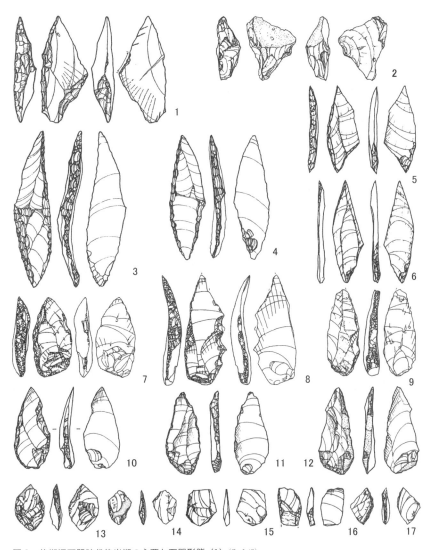

図1 後期旧石器時代後半期の主要な石器形態（1）（S=1/2）
1～17：ナイフ形石器。1：東京都自由学園南、2：神奈川県上草柳第2地点、3・4：埼玉県砂川、5・6：神奈川県深見諏訪山、7～9：神奈川県田名塩田A地区、10～12：東京都多聞寺前、13～17：神奈川県下鶴間長堀。

石器研究法

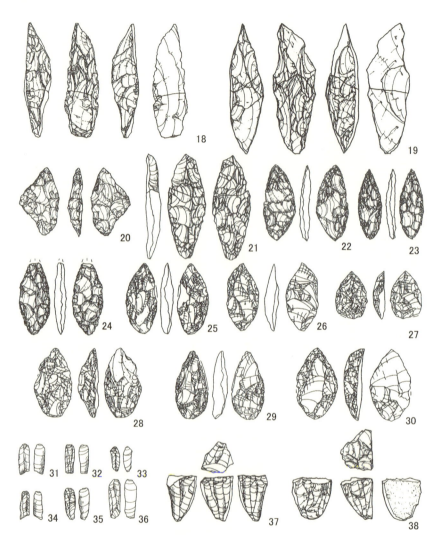

図2 後期旧石器時代後半期の主要な石器形態（2）（S=1/2）
18・19：角錐状石器、20〜30：尖頭器、31〜36：細石刃、37・38：稜柱形細石刃石核。18：神奈川県上草柳第2地点、19：東京都自由学園南、20：東京都葛原B地点、21：神奈川県深見諏訪山、22〜24・28：埼玉県横田、25〜27・29・30：神奈川県田名向原住居状遺構、31〜38：長野県矢出川第Ⅰ。

ともある。この分類レベルでは、ほかに一側縁加工、基部加工、部分加工ナイフ形石器がある。

　角錐状石器（18・19）：厚手の剥片を素材とし、素材剥片の平面形状を急斜な鋸歯縁加工と呼ばれる連続した細部加工で削り取るように調整しながら、器体と先端部を作り出した石器。武蔵野Ⅱa期にのみ認められる。

　尖頭器（20～30）：剥片や板状の礫など多様な形状の石片を素材とし、面的に施される細部加工で素材形状の厚みと幅を立体的に調整し、器体と先端部を作り出した石器。槍先形尖頭器ともいう。20はⅡa期後半の左右非対称の有肩（ゆうけん）尖頭器。21はⅡb期前半の器体先端に樋状の剥離痕を残す有樋（ゆうひ）尖頭器。22～30は主にⅡb期後半にみられる両面加工尖頭器（22～25）と半両面加工尖頭器（26～29）そして周辺加工尖頭器（30）。

　以上の石器は、その完成した形状から基本的にはヤリ先に装着する狩猟具としての使用法が推定される。

　細石刃（31～36）：細石刃石核（37・38）から剥離された長さ1～2cm程度で両側縁が平行する小形の剥片。細石刃への細部加工はほとんど施されないが、多くの場合、上下のどちらか、あるいはその両方が折り取られている。37・38は武蔵野Ⅲ期（f-LUP）初頭の稜柱形細石刃石核。細石刃は、シベリアから東アジアに展開した細石刃細石器文化の標式石器。海外の事例から、日本列島の細石刃も骨角製ヤリの側刃として複数が埋め込まれて使用されたと推定される。しかし、日本列島ではこれまでに、細石刃が埋め込まれた状態のままの植刃器が出土した例はない。

　なお、より根本的な石器の分類としては、礫石器と剥片石器の二分法がよく使われる。上述した石器は剥片石器であり、後期旧石器時代の石器では、ほかに石斧、削器、掻器、彫器、揉錐器などが含まれる。礫石器には、両刃・片刃礫器、敲石、磨石、台石、砥石などが含まれる。いずれも技術形態学的に定義、分類される。

3. 石器の機能形態学

　石器の技術形態学では、石器の使用対象や使用法は形状や出土状況からの類推にとどまる。一方、石器の機能形態学（山中, 1979）は、科学的な手続きにより、これらの解明を目的とする。対象物への繰り返しの働きかけにより生じた使用痕など石器に残されたミクロな痕跡や、衝撃剥離痕や欠損などマクロな痕跡を観察し、現代の石器の製作・使用実験などのデータと比較対照することで当時の使用法や使用対象、剥離に用いられた手法などを復元する（梶原・阿子島, 1981；御堂島, 1986・1991・2005ほか）。ヤリ先と推定される石器の先端部の断面積を統計的に比較して投射方法を推定する研究法もある（橋詰, 2015bほか、Ⅶ章も参照）。このような研究法によっ

て、ヤリ先だけではない、より多様な使用法がナイフ形石器や尖頭器に見出せるかもしれない。

なお、黒曜石製石器には水和層年代測定が知られているが、考古学に用いられる理化学的な年代測定法（長友, 1999）は、基本的に石器そのものを年代測定できない。石器の年代は、石器との共伴が明確な炭化物試料の放射性炭素年代、火山灰編年、考古層位編年や石器型式などから総合的に判断される。

晩氷期の温暖化と縄文文化への胎動

　晩氷期（1.5〜1.17万年前）から後氷期（現在の温暖期、地質時代で完新世という）への気候システムの変化は、世界規模で人間を取り巻く環境を大きく変化させた。海水面が上昇し、気候帯は北方へと遷移しながら各地の年間平均気温や降水量を変え、新たに生じた地域的な気候の乾燥化や湿潤化により各地の景観は多様に変貌する。地域的な植生や動物相の移り変わりは、世界各地の先史狩猟採集社会に大きなインパクトを与えて生業や生活様式の変化を余儀なくさせ、農耕の発生からその後の国家社会の形成にまでつながる重大なインパクトを人類社会に与えた（Mithen, 2006）。晩氷期から後氷期への環境変動は、III章で解説したように、広原湿原の花粉記録にも森林限界の上昇と植生の変化としてはっきりと現れていた。

　これまで本書では、とくに3.0万年前以降を対象として最終氷期最寒冷期（LGM）へと向かう一貫した寒冷気候下における中部高地黒曜石原産地を取り上げ、後期旧石器時代の黒曜石利用を人間行動の変化の指標として観察しながら、古環境と人間との相互関係を考察してきた。最後に本書が取り上げるテーマとして、後期旧石器時代から縄文時代への歴史的変化という大きな問題にも関係づけながら、広く黒曜石獲得を含む資源開発行動の変化を紹介し、LGM以降、晩氷期から後氷期への古環境変動と人間活動との相互関係について考えてみたい。まずは、晩氷期へと近づく後期旧石器時代の終末における中部高地黒曜石原産地の利用について、広原古環境データとの相関を検討してみよう。

Ⅶ　晩氷期の温暖化と縄文文化への胎動

1. 北方系細石刃石器群と中部高地原産地

　前章でみたように、後期旧石器時代後半期終末（f-LUP）の初頭に展開した稜柱系細石刃石器群では、中部高地原産地とその黒曜石の利用頻度の低下が観察できた。これは、2.0万年前より以降の森林限界の上昇に示される温暖化傾向とは直接には関係せず、むしろ新出の石器技術の登場や利用原産地の二極化など社会的側面での人間側の変化を要因としていた可能性が高い。この稜柱系細石刃石器群以降の約1.9万年前から晩氷期のはじまりの直前にあたり土器出現期（コラム6）でもある約1.6万年前までのf-LUPでは、中部高地原産地での人間の活動痕跡は驚くほど少なく、3.0万年前より以前そしてLGMの時期を中心としたかつての賑わいは完全に失われる。

　稜柱系細石刃石器群に続いては、こまかな地域的な石器群の展開はありながらも、中部・関東地方における石器技術の伝統は、北方系細石刃石器群へ変化する。中部高地原産地では、図Ⅱ-6に示した北方系細石刃石器群の可能性のある追分遺跡ⅠE区第1文化層（大竹ほか, 2001）が発見されている。いまのところ追分遺跡以外には、中部高地原産地に稜柱系細石刃石器群以降の細石刃遺跡は発見されていない。

　この時期には、中部・関東地方の石器群は広く東日本に展開した、荒屋系、ホロカ系など細石刃石核技術で区別される北方系細石刃石器群の一部となる。東北地方などに産出する硬質頁岩の利用を中心としながら、関東平野部に在地化した集団では各居住地の在地石材を利用することに特色がある（図Ⅶ-1）。原産地ではないが、八ヶ岳東麓の矢出川遺跡群に近く位置する中ッ原第5遺跡B地点・第1遺跡G地点の荒屋系細石刃石器群（図Ⅶ-1-6〜9）（八ヶ岳旧石器研究グループ, 1991, 1995, 1996）では、地元のチャートに加えて霧ヶ峰産と八ヶ岳産の黒曜石が獲得されている。しかし中ッ原遺跡群には、Ⅵ章で検討し

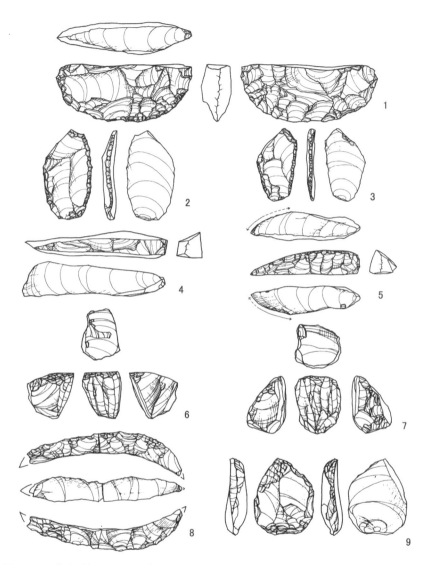

図Ⅶ-1　荒屋系細石刃石器群 (S=1/2)

1〜5：埼玉県白草遺跡（川口，1993）、6〜9：長野県中ッ原第5遺跡B地点（八ヶ岳旧石器研究グループ，1991）、1・6・7：細石刃石核、2・3・9：荒屋型彫器、4・5・8：削片、1〜5：硬質頁岩、6〜8：黒曜石、9：チャート

た矢出川第Ⅰ遺跡を特徴づける神津島産黒曜石の利用は全くみられない（堤・望月, 2013）。キャンプサイト的な性格の遺跡であり、またその周辺にも集団の回帰的な利用による大規模化した細石刃遺跡はない。中部高地産黒曜石はその周辺地のローカルな範囲で利用される性格の石材、つまり在地石材に変質し、中部高地と対等に利用されていた神津島原産地の利用頻度も確実に低下したと考えられる。

　稜柱系細石刃石器群と中部高地原産地の関係は、中部高地、神津島の原産地を含むあくまで中部・関東地方という地理的範囲で議論できる社会的側面の変化ではあった。しかし、北方系細石刃石器群における中部高地原産地利用の一層の頻度低下は、利用石材の獲得・消費と集団の遊動に関わる領域の観点からは、より広域にわたる社会的側面の変動が生じた結果であると考えられる。まず、北方系細石刃石器群を形成した集団の遊動領域は、本来的に本州東部の硬質頁岩地帯を取り込む北方面へ広域に展開していた（佐野, 2002 ほか）。こうした変動が何に起因するのかは、ここで詳しく論じることはできないが、もし晩氷期へ向かう温暖化傾向による標高1,000m以上の中部山岳部の景観変化と狩猟対象獣の地理的分布の変動が関係するようなことが仮にあったとすると、中部高地原産地はこうした遊動領域の外縁のさらに外側に位置したために領域には積極的に組み込まれなかったこともあり得る。いうなれば、中部高地をわざわざ巡回していると獲物が獲れないという状況が発生したならば、中部高地の利用頻度の低下は全般的な黒曜石利用からの「戦略的撤退」であり、生業システムにおける黒曜石自体の石材利用のアドバンテージが低下したことを反映しているのかもしれない。

2. 神子柴系大形尖頭器と中部高地原産地

　その後、細石刃そのものが尖頭器と石斧という道具立てに取って代わられ、

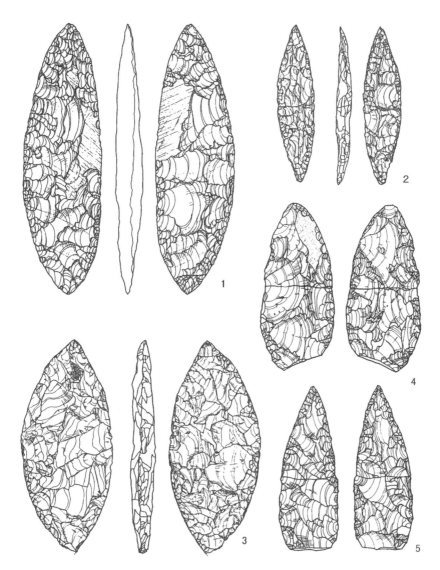

図VII-2 神子柴系石器群の黒曜石製尖頭器 (S=1/2)
1:長野県神子柴遺跡(林ほか, 2008)、2・3:長野県浪人塚下遺跡(会田・高見, 1983)、
4・5:長野県大反り遺跡(八千穂村池の平遺跡発掘調査団, 1986)

Ⅶ　晩氷期の温暖化と縄文文化への胎動

土器出現期にも一部重なる広い意味での神子柴系石器群が、中部・関東地方の各地に分布するようになる。これに関係する石器群は、中部高地でも発見されている。図Ⅱ-7の中部高地Ⅴ期（尖頭器）に示した、和田峠に近い浪人塚下遺跡（会田・高見, 1983）や八ヶ岳麦草峠原産地に近い塩くれ場遺跡と大反り遺跡（八千穂村池の平遺跡発掘調査団, 1986）で、大形尖頭器の大規模石器ワークショップが発見されている（図Ⅶ-2）。

浪人塚下遺跡では90点以上の黒曜石製尖頭器と4,000点近い石器製作残滓が出土し、60例以上の接合資料も得られている。破損品や未完成品も多く含まれ、星ヶ塔・星ヶ台原産地につながる砥川流域に立地する。石器群の詳細は不明ながら、和田峠～星ヶ塔・星ヶ台一帯での黒曜石獲と直結した石器ワークショップだと考えられる。塩くれ場遺跡と大反り遺跡でも尖頭器とともに多量の石器製作残滓が発見され、麦草峠原産地（大石川源流部）での黒曜石獲得と直結した石器ワークショップだろう。ただし、一部に中部高地Ⅳ期に位置づけられる古い時期の尖頭器も下層から出土しているようであり、層位的な分離は難しい。なお、中部高地では、これまでに神子柴系の磨製を含む石斧（図Ⅶ-6-1～3）は発見されていない。黒曜石は石斧の石材には不向きなため、中部高地原産地の利用は尖頭器用の石材確保と製作に特化しているのだろう。神子柴系石器群の標式遺跡の一つである長野県伊那市神子柴遺跡（林・上伊那考古学会, 2008）からは、遺跡では製作されていないほぼ完成した優美な黒曜石製大形尖頭器が複数発見されている（図Ⅶ-2-1）。黒曜石原産地分析の結果は、星ヶ台から和田峠一帯の黒曜石を利用していることが判明しており（望月, 2008）、おそらく浪人塚下遺跡のように、霧ヶ峰の原産地に近く、未発見の尖頭器ワークショップがほかにもいくつか存在するのだろう。

原産地分析にもとづいて詳しく解析された後期旧石器時代終末期の中部高地の原産地石器群がこれまでにないことから、亜高山帯性針葉樹林による森林限

界の上昇（図Ⅳ-10、Ⅵ-1）に特徴づけられる1.7万年前前後の晩氷期における原産地行動系の実態解明は今後の課題であるが、搬出を目的とした黒曜石製の神子柴系尖頭器を集中的に製作する石器ワークショップとしての土地利用があったことは確かである。いずれにしても、こうしたf-LUPの中部高地産黒曜石による大形尖頭器は、原産地とこれに近い周辺地に分布がほぼ限定され、発見遺跡も少数である。Ⅲ章で述べたように、晩氷期における中部高地の林森限界上昇を特徴づける亜高山帯性針葉樹林では、落葉広葉樹の低木が密集することで、林内での視界と移動が妨げられていたと考えられる。原石の視認と獲得に不向きな景観への移行が、神子柴系大形尖頭器の黒曜石利用に制約を与えていたと同時に、希少な黒曜石による石器という価値を与えていた可能性がある。このように、e-EUPから稜柱系細石刃石器群への約17,000年間のように、中部高地産黒曜石が中部・関東地方全域において在地石材の利用に組み込まれながら、石器石材として存在感を発揮している状況（図Ⅱ-9）を示す痕跡はもはやない。中部高地産黒曜石は、北方系細石刃石器群に比較すると原産地利用は一時的に復活していたといえるが、原産地の周辺地でもっぱら利用されるローカルな在地石材であるという性格は継続している。

　この時期には、中部高地だけでなく栃木県高原山黒曜石原産地（図Ⅱ-4参照）の剣ヶ峰地区（小野ほか, 2009）やガラス質黒色安山岩の原産地である長野県八風山に位置する八風山Ⅵ遺跡（須藤, 1999）、八風山に近い下茂内遺跡第Ⅰ文化層（長野県埋蔵文化財センター, 1992）などにも同様に大形尖頭器の大規模石器ワークショップが形成されている。これら各種石材の原産地で製作された大形尖頭器は、中部高地産黒曜石と同様に、ただし分布の実態についてはまだ不明な部分も多いが、近在の居住地を超えて広域に分布するのではなく、よりローカルに限られた分布を示すと推定される。このことは、黒曜石利用とあわせて考えると、各居住地集団の遊動領域が縮小し、居住地の区割りが進んだとみる

Ⅶ　晩氷期の温暖化と縄文文化への胎動

ことができる。

　このように、稜柱系細石刃石器群での黒曜石の獲得・消費の領域が再編成されたことによる中部高地原産地の利用頻度の低下から晩氷期のはじまりにかけて、後期旧石器時代後半期終末（f-LUP）の中部・関東地方における黒曜石原産地と黒曜石の利用は、北方系細石刃石器群における文化伝統と遊動領域の大掛かりな変動による黒曜石原産地からの撤退、そして神子柴系石器群での遊動領域の区割り化の進行による黒曜石の在地石材化といった主に人間社会の側の変動によって縮小、変質していった可能性を指摘できる。また、視認性と移動性を妨げる原産地景観への変化も間接的に影響を与えていたと考えられる。したがって、図Ⅵ-1における 2.0〜1.7 万年前の PARt 値が示す森林限界の上昇をともなう晩氷期の気候回復傾向によって中部高地原産地利用の頻度が高まる、という単純な黒曜石利用をめぐる人間行動と環境変動との因果関係は、北方系細石刃石器群から神子柴系石器群（土器出現期）にかけては認められないと結論できる。

3. 晩氷期前後の環境と人類活動の変化

　最後に、後期旧石器時代から縄文時代への移行と古環境変動とのかかわりについて、黒曜石利用そして中部高地という観点から視野を広げて、もう少し全般的な人間行動の変化をとりまとめ、本書の締めくくりとしよう。

　縄文時代の開始年代については、早期はじめの土器が氷河期に堆積したと考えられてきたローム層に食い込む状況で出土したことや、土器の出現に先行する旧石器時代石器群がローム層中から出土することから、1960 年代ごろまでは更新世と完新世の画期（約 1.0 万年前）以降に位置づけられてきた。そして、完新世（後氷期）の温暖な環境への適応が、土器や弓矢や石斧などを生み出したと説明されてきた（近藤, 1965 ほか）。その後、土器の出現を更新世末期

の晩氷期（約1.5～1.17万年前）前半の温暖化と関連づけた研究も発表されている（安田，1974ほか）。このように日本列島における土器の出現や縄文時代の開始については、古環境変動への適応といった観点から論じられることが多い。こうした研究史については工藤（2013）で詳細に論じられている。そして、グリーンランド氷床コアに代表される近年の高解像度の古環境データの増加によって、晩氷期を境に寒冷で不安定な氷期（更新世）から安定した間氷期（完新世）に向けて環境が急激かつ大規模に変動したことが明らかになっている（Stuiver et al., 1995ほか）。さらに、より微量の炭化試料を対象に測定ができ高精度化した年代測定法と、測定値をより実年代に近い値へ較正する較正曲線の整備が進んだことにより、土器付着物などより幅広い遺跡出土試料から得られた年代値と古環境情報との対応関係の統合が進んでいる（工藤，2012ほか）。ここでは、こうした近年の成果をまとめた橋詰（2014，2015a）の内容に、その後の研究成果も加えながら当時の古環境変動と行動の変化をさぐっていく。

(1) 最終氷期末の環境変動

近年、氷床、海底堆積物、湖沼堆積物、鍾乳石や石筍（せきじゅん）など多種の試料から得られた高解像度の環境データによって、より詳細な古環境復元が行われている。例えば湖沼堆積物の場合、ボーリングマシンが採取した直径10cm強ほどの筒状のコアを分析することによって、そこに含まれる花粉や植物遺体、そのほかの堆積物などから周囲の過去の環境を復元できる。海底堆積物の場合にはコア中の有孔虫（主に石灰質の殻と網状仮足を持つアメーバ様原生生物。海洋に生息することが多い）化石に含まれる酸素や炭素の同位体比が、氷床や鍾乳石や石筍などの場合には採取された試料中の酸素同位体の比が、古環境変動を詳細に示す指標となる。とくに、福井県水月湖から採取されたコアは、1年ごとに積み重なった堆積物が明瞭な縞模様をなしており、1年単位で過去の環境を分析できる試料が15万年分にもおよぶ長期間に渡って得られて

Ⅶ　晩氷期の温暖化と縄文文化への胎動

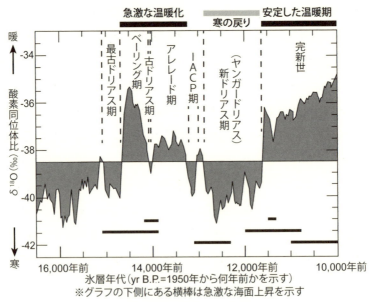

図Ⅶ-3　グリーンランド氷床コアの分析による1.65〜1.0万年前の古環境変動
Stuiver et al.（1995）を再トレースし一部加筆した。

いる（中川, 2017）。

　グリーンランドの氷床コアの場合では、例えば欧州の国々が採掘したGISP2（Greenland Ice Sheet Project 2）では、総延長が3kmをこえるコアが得られている。掘削が行われたこの氷床は、降り積もった雪が自らの重みで氷になっていったのだが、積もった雪が1年ごとに1つの層となって氷になったため、1年ごとの非常に細かい単位で氷の分析が可能となり、約11万年におよぶ古環境が復元されている。グリーンランドの氷床コアから、氷河期末に関わる1.65万年前〜1.0万年前の気候復元を行った研究によると、この時期の気候変動は以下のようにまとめることができる（Stuiver et al., 1995）（図Ⅶ-3）。①最終氷期（後期更新世、約12.5万年前〜1.17万年前）の中で最も寒い時期（最終氷期最寒冷期：LGM）が終わり、ゆっくりと温暖化が進む⇒②約1.5万年前になる

と、それまで比較的ゆっくり進んでいた温暖化が急激に進行する（北欧の花粉による気候区分のベーリング／アレレード期に相当）⇒③急激な温暖化を断ち切るように、約1.29万年前に急激な再寒冷化イベント（寒の戻り）が起こる（北欧の気候区分のヤンガー・ドリアス期に相当）⇒④約1.17万年前になると、再び急激な温暖化が始まり以後は現在まで続く温暖で安定した気候となる（氷河期の終焉と完新世の開始）。とくに上記の「ヤンガー・ドリアス期」にグリーンランドでは、10℃ほど（山頂部などでは15℃以上）気温が下がる急激な再寒冷化イベントがあり、さらにその終末には10年ほどで8℃以上も気温が急上昇する劇的な温暖化が生じている（アレイ, 2004）。こうした変化と比べると、われわれが時に経験し多大な被害を受けることもある「歴史的」といわれる気候の変化や異常ですら比較的小規模の変化と感じてしまう。

(2) 考古資料と古環境の対応関係

近年、とくに後期旧石器時代から縄文時代にかけての考古遺跡、遺物と古環境の年代的な対応関係の整理が進んでいる。工藤（2012）ほかによると、縄文時代草創期に相当する時期で、青森県大平山元Ⅰ遺跡や神奈川県北原遺跡などの無文土器（文様を持たない土器）や大形尖頭器を出土する遺跡では、顕著な温暖化の時期よりも古い、約1.5万年前を遡る年代値が得られている。そして、隆起線文土器（表面に細長い粘土ひもを貼りつけるなどして文様が施された土器）をともなう遺跡では、顕著な温暖化を迎える約1.5〜1.3万年前に位置づけられる年代値が得られている。そして、温暖化が停滞、もしくは再寒冷化イベントを迎える約1.3〜1.1万年前に位置づけられる年代値が、爪形文（爪を押しつけたような文様を持つ土器）・多縄文系土器（縄を押しつける、転がすことで文様がつけられた土器）を出土する遺跡で得られている。このように500年から1,000年単位でみた場合、考古遺物の変化と古環境変動との間にはゆるやかな対応関係が認められるといえる。

Ⅶ 晩氷期の温暖化と縄文文化への胎動

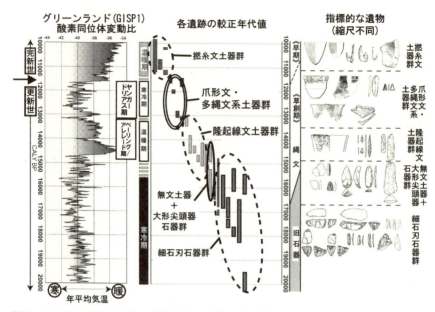

図Ⅶ-4　日本列島における考古資料の変化と古環境
工藤（2007）を一部改編し加筆して作成した。

（3）本州東部における石器と古環境との関係

ここでは本州東部での石器の変遷と古環境との関係を整理しよう。その際、便宜的に約1.5万年前を遡る時期をⅠ期、約1.5～1.3万年前をⅡ期、約1.3万年前から完新世の開始直前の約1.17万年前までをⅢ期と呼ぶ。

図Ⅶ-4に本州東部の石器などの変遷と古環境との関係を示した。顕著な温暖化が生じる以前のⅠ期には既に土器が出現しているほか、幅広の木葉形や細身（細形）の大形尖頭器（図Ⅶ-5-1・2）や、「神子柴型」と称される局部磨製を含む大形の石斧（図Ⅶ-6-1・2）などの特徴的な石器がこの時期には存在する。そしてⅡ期には、Ⅰ期の尖頭器に比べると小形である有茎（ゆうけい）尖頭器や、石鏃が出現している。このほかにもⅡ期には、ドングリなどの植物質資源の加工に用いられたと推定される磨石や石皿、伐採具と考えられる石斧などの

出土数が増加する。Ⅲ期になると狩猟具はほぼ石鏃のみとなり、石斧の形も素材の礫に直接研磨を施しただけの礫斧などへ大きく変化する。

こうした変化について時期ごとに詳細をみていくと（図Ⅶ-4・5・6）、狩猟具の可能性のある石器の形態は、細身や木葉形の大形尖頭器（Ⅰ期）⇒有茎尖頭器や石鏃（Ⅱ期）⇒石鏃（Ⅲ期）へと変化する。伐採具と推定される石斧は、非常に大形のものを含む「神子柴型」（Ⅰ期）⇒中形を主体とする「神子柴型」（Ⅱ期）⇒「神子柴型」が消え、中〜小形の礫斧を含む磨製石斧（Ⅲ期）へと変化する。磨石や石皿などの礫器はⅠ期ではまれだが、Ⅱ期以降には比較的安定して存在する。そして、剥片を素材とするさまざまな石器ツール（剥片石器）は両面加工石器の製作過程で生じた剥片や、石刃などの規格的な素材から製作される（Ⅰ期）⇒剥片石器への規格的な素材供給に変化が発生する（Ⅱ期）⇒剥片石器への規格的な素材供給が崩壊する（Ⅲ期）、といった変化をたどる。ただし、こうした変化には地域差が存在する。関東ではⅡ期には既に剥片石器への両面加工石器からの素材供給はなくなり、石刃も用いられない。一方、本州中央部ではⅡ期まで、東北の一部ではⅢ期まで両面加工石器からの素材供給が継続する。こうした変化と歩調を合わせるように、急激な温暖化より以前のⅠ期には少量だった土器出土量が、顕著な温暖化が想定されるⅡ期には増加し、再寒冷化イベントが想定されるⅢ期には減少、そして安定した温暖期に突入する完新世には再び急増する（谷口, 2011）。さらに遺跡数は、再寒冷化イベントに相当するⅢ期に減少する（Nakazawa et al., 2011）。

(4) 古環境変動と人間行動の関係をさぐる

本州東部では、大まかな環境変化の単位に対応した石器やそのほかの考古遺物、遺跡の変化が確認できる。そして、石器の変化の背景には何らかの人間行動の変化が存在することが強く示唆される。こうした人間行動の変化を復元することにより、環境変動に対する人間の適応行動の一端について検討が可能

Ⅶ 晩氷期の温暖化と縄文文化への胎動

になると考えられる。その際、ある地形や植生のなかで、どこにどんな動物が存在したのかを示すデータと、それをどのように利用していたのかを示す考古データの両者が揃っていれば、古環境と人間行動の双方を同時に検討することができ、理想的である。そのためには、動植物化石の出土、周辺の古地形や古植生、そして人間によって用いられた各種の道具や資源に関する情報が必要となる。しかしながら、Ⅰ章でも解説したように、温暖湿潤な気候で火山噴出物を基質とする酸性土壌が広がっていることの多い日本列島では、有機質の資試料は容易に分解されて無くなってしまう。そのため、動植物質の資試料にもとづいた研究を実行すること自体が困難なのである。

このような制約のある状況における有効な取り組みとして、石器に残された欠損痕跡からそれらの使用法に迫る研究がある（佐野・大場, 2014；橋詰, 2015bほか）。石器は有機質の資試料の保存に不利な条件の日本列島でも、普遍的かつ多数出土している資料であるとともに、動植物資源の利用に関係する道具も含んでいる。こうした道具の利用状況の変化を明らかにすることによって、狩猟具、伐採具利用の変化や、道具を介して利用された動植物資源利用の変化と

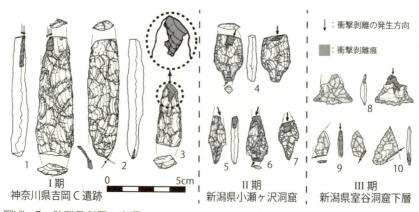

図Ⅶ-5　狩猟具利用の変遷
白石・笠井編（1999）, 小熊・前山（1993）, 橋詰（2010）より作成した。

古環境変動との相関などについても検討することが可能になる。

(5) 狩猟具からさぐる動物資源利用

尖頭器や石鏃など刺突具と推定される石器には、使用時に狩りの標的となった動物の骨などの硬い部位にぶつかることによって、彫器状剝離痕や縦溝状剝離痕などの「衝撃剝離痕」（御堂島, 1991 ほか）と称される特徴的な割れが生じることがある（図Ⅶ-5-3 など）。こうした割れから、狩猟具がどのくらいの勢いで刺突、あるいは発射されたのか、あるいはどのくらいの頻度や激しさで使われたのかなどが推定されている（佐野・大場, 2014 ほか）。図Ⅶ-5 にⅠ〜Ⅲ期の狩猟具を示した。Ⅰ期の刺突具のうち、細身の尖頭器（細形尖頭器）はいかにもヤリ先といった形態であり、さらに上述した「衝撃剝離痕」を高い頻度で有している。そして、狩猟具の形態はⅢ期になると石鏃に収斂する。Ⅱ期には、基部に柄への着柄に関係する明瞭な茎を有している有茎尖頭器（図Ⅶ-5-4〜7）のほか、石鏃も出現している。有茎尖頭器のなかには、小形で大きさの上では石鏃と区別がつかないものもある（図Ⅶ-5-5〜7）。このようにⅡ期は大形尖頭器中心のⅠ期と石鏃中心のⅢ期の中間的様相を示している。Ⅰ期の細形尖頭器に高頻度で生じている「衝撃剝離痕」のなかには大形の割れも存在しており、かなり大きな力を用いて発射されたと推定できる。こうした痕跡は獲物に向かって、手持ちの槍として突き刺したり、手で投げつけたりする程度では頻繁には発生しない。このような顕著な欠損痕跡の存在は、オーストラリアや北米の民族例にみられる、投槍器（とうそうき）のような補助器具を用いていたことを示唆している。しかし、こうした投槍を用いた狩猟法は、石鏃や小形の有茎尖頭器が出現するⅡ期以降、弓矢による狩猟に置き換わっていったと考えられる。また、Ⅱ期になると狩猟の場が平野部から谷頭周辺などへと変わっていくことが指摘されている（藤山, 2009）。こうした地形は、縄文時代早期以降には陥し穴猟に用いられるような地形であり、それまでの狩猟の場とは異なっ

Ⅶ 晩氷期の温暖化と縄文文化への胎動

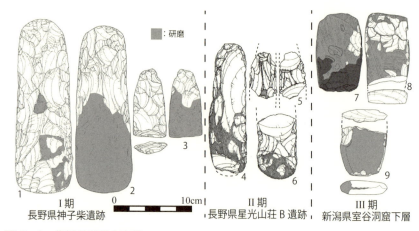

図Ⅶ-6　伐採具利用の変遷
林・上伊那考古学会編（2008），土屋・中島編（2000），橋詰（2010）より作成した。

ている。このように、狩猟の場や狩猟法はⅡ期に大きく変化した可能性が高い（橋詰，2015b）。

(6) 伐採具利用からさぐる植物資源利用

　伐採具としての機能を推定できる石斧は、ある程度の固さのある樹木が使用対象物となるため、使用にともなって刃こぼれや折れなどの欠損が生じていく。そうした痕跡に注目しながらⅠ期～Ⅲ期の石斧を観察していくと、時期ごとに異なる特徴が認められる（図Ⅶ-6）。まずⅠ期は神子柴型と呼ばれる大形で精緻なつくりの石斧が特徴的だが（図Ⅶ-6-1・2）、これらには使用痕跡が認められないことが多い。一方で、Ⅰ期の中～小形の石斧には折れた痕跡や、欠損に対する再加工の痕跡が認められる（図Ⅶ-6-3）。こうした欠損痕跡などから、Ⅰ期でも中～小形の石斧が実際に使用されていたことは間違いない。使用痕跡が乏しい大形で精緻な石斧は、実用品ではなく象徴的な意味を有するとも解釈されている（谷口，2011）。こうしたことから、Ⅰ期の石斧が有する社会的な意味は、サイズなどの違いによって異なっていた可能性がある。それに対

して、Ⅱ期の石斧形態はⅠ期の石斧を継承しているが、大形品がほとんどなくなり、より実用的なサイズといえる中〜小形のものが大部分を占めるようになる。さらに、Ⅱ期の石斧には折れや刃こぼれなど使用にともなって生じた可能性の高い欠損が顕著に認められるようになる（橋詰 2015c, 図Ⅶ-6-4〜6）。そしてⅢ期には、全面が研磨された石斧や素材となる礫の一部を研磨して製作される礫斧など、形態や製作技法が全く異なるものへ変化し、出土量が減少する。上記の変化を古環境変動と対応させてみると、Ⅱ期の温暖期に木質資源利用が顕著になり、Ⅲ期の寒冷期には石斧を用いた木質資源利用が停滞すると考えることも可能である。しかし、Ⅲ期は住居状遺構の検出例が増加する時期でもある（鈴木, 2014）。住居の構築には部材として木材が必要であることから、木質資源利用の減少と石斧出土量の減少を単純に結びつけて解釈することはできない。ただし、石斧形態、欠損痕跡、出土量の差などからは、各時期の間に石斧利用に何らかの変化が生じていたと考えられる。

(7) 晩氷期前後における資源利用行動の変化

図Ⅶ-7に本州東部における考古学的な変化と、グリーンランド氷床コア、長野県野尻湖と水月湖から採取された花粉試料、中国の石灰岩洞窟の石筍などから復元された古環境変動を統合して示した。考古遺物および遺物から復元された行動の変化と古環境変動の対応関係をみていくと、当該期の集団は急激な温暖化の時期を遡るⅠ期に既に土器を製作し使用していた。さらに、その後の急激な温暖化が生じたⅡ期に土器の保有量の増加、弓矢猟の発生や石斧の利用状況からうかがえる木質資源利用の増加など、完新世の縄文時代早期以降にも継続するような変化が認められる。その後、Ⅲ期には遺跡数の減少や石斧利用の低迷などが生じるが、石鏃を中心とした狩猟具や、礫斧などの石斧形態、礫石器の使用や住居状遺構の構築など複数の要素が、急激な温暖化とともにはじまる縄文時代早期以降に継続する。

Ⅶ　晩氷期の温暖化と縄文文化への胎動

			Ⅰ期	Ⅱ期	Ⅲ期	
考古学的な変化	刺突具	形態	木葉形	細形	有茎，石鏃出現	石鏃	⇒小形化していく傾向
		調整技術	打撃	打撃	押圧	押圧	⇒Ⅱ期に変化
		欠損痕跡	少	最も顕著	比較的顕著	比較的顕著．但し折れ面から生じる彫刻状剝離は少ない	⇒Ⅰ期の細形が最も顕著
		想定される機能	突き槍，ダート	ダート，突き槍	ダート，弓矢	弓矢	⇒Ⅱ期に弓矢猟への変化
		再加工	再加工例あり	再加工例あり	再加工例少	再加工例少	再加工例は減少していく傾向
	伐採具	形態	局部磨製，打製（神子柴型含む）		局部磨製，打製（神子柴型含む）	磨製石斧（礫斧など含む）	⇒Ⅲ期に変化
		サイズ	大形～中形		中形が中心	中形～小形	小形化の傾向
		出土量	一定量あり		増加（多量出土遺跡あり）	減少（出土遺跡少ない）	⇒Ⅱ期に増加
		欠損痕跡	少ない（中～小形には再加工ик）		欠損痕跡保有例増加	欠損痕跡保有例あり	⇒Ⅱ期より前には少ない
		石材	打製石器と共通		打製石器と共通	打製石器と異なる石材利用	⇒Ⅲ期に変化
	土器	文様等		無文など	隆起線文など	多縄文など	
		出土量		少	増加	減少	⇒Ⅱ期に増加
	礫石器			一定数あり			増加していく傾向
	打製石器の石材		遠隔地石材利用	近傍の石材が中心	近傍の石材が中心．ただし黒曜石など遠隔地石材も利用		⇒Ⅰ期には近傍の石材利用
	遺跡数		一定数あり	増加	減少		⇒Ⅱ期に増加
	剝片石器への素材供給		一部で石刃，両面加工石器から供給あり	東北：両面加工石器からの供給あり 中部：両面加工石器からの供給あり（新潟県久保寺南遺跡では石刃） 関東：両面加工石器からの供給なし	両面加工石器からの供給なし（東北には残存）		徐々に供給なくなる．地域差あり
	漁労		証拠なし		証拠なし	鳥浜，櫛引遺跡で石錘出土	⇒Ⅲ期に一部遺跡で見られるようになる
	遺構		掘りこみなどなく不明瞭なものが少数例		増加．ただし，掘りこみなど不明瞭なものが大半	掘りこみ有するもの増加	⇒増加していく傾向
			Ⅰ期	Ⅱ期 急激な温暖化	Ⅲ期 寒冷・乾燥化		

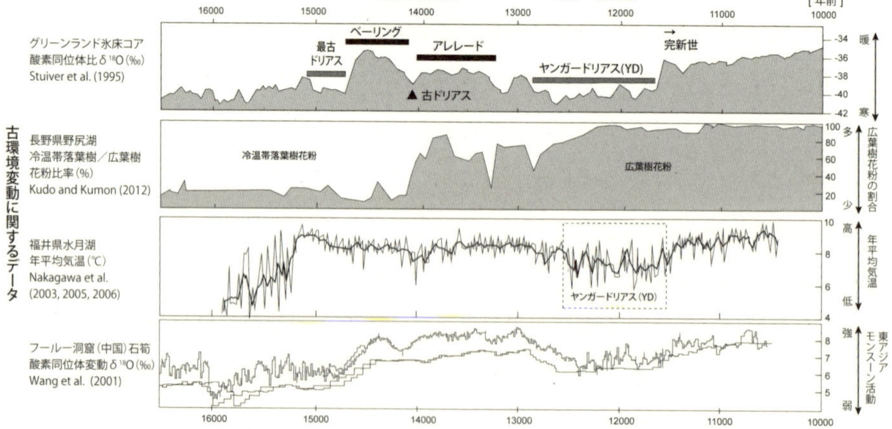

図Ⅶ-7　本州東部における変化の概要と古環境変動との対応関係
橋詰（2015a）を改変，加筆した．

Ⅲ期には、大規模な寒冷化がグリーンランドの氷床コアや中国の石筍の分析結果などから示されている。しかし、本州に位置する野尻湖や水月湖の花粉データでは大規模な変化は認められない。日本列島におけるその影響は、本州以南では当該期集団の行動をⅠ期以前に逆戻りさせるような変化は強くなかったようである。吉川（2018）による花粉分析結果の検討では、北海道・東北地方北部と中部地方の山岳地帯以外では、当該期の寒冷化の程度は低く、Ⅱ期に増加していた落葉広葉樹林を中心とする景観には大きな変化が生じなかった可能性が指摘されている。そのためⅢ期においても、石鏃による弓矢猟や石斧を用いた木質資源の利用などⅡ期から続く動植物資源利用は途絶えず、縄文時代早期以降まで継続したと推定される。しかし、Ⅲ期には石灰岩洞窟の石筍の分析（狩野, 2012）や、湖沼堆積物に含まれる花粉以外の試料を用いた分析（福沢ほか, 1999ほか）が示すように、一定の寒冷・乾燥化が生じていたことは確かである。こうしたことが、遺跡数や土器、石斧の出土量の減少などに影響を与えた可能性がある。また、Ⅲ期には掘り込みが明瞭な住居址などの検出例が増加する。この現象についても、①気候の悪化によって季節的にある一定の地点に逗留することが強いられる、あるいはその逆に②年間スケジュールの特定期間にのみ特定地域内で集中的な資源利用が可能であったため、期間限定で居所を固定する必要が生じた、などといったいくつかの解釈が可能である。その一方で、Ⅲ期に生じる打製石器などのサイズの小形化や軽量化、黒曜石を主とする遠隔地石材の利用の増加などからは、当該期における移動性の高まりを推定することも可能である。掘り込みを有する住居址の増加などの現象とあわせて考えると、Ⅲ期は季節的な一定地域での占地と、比較的長距離の移動という一見矛盾する両者をあわせた移動居住形態を有していた可能性も推定できる。このように、Ⅲ期の寒冷・乾燥化は、Ⅱ期までに生じていた資源利用行動を完全に断ち切るほどではなかったが、移動居住形態などに変化を強いるなどの本

Ⅶ 晩氷期の温暖化と縄文文化への胎動

州東部に特有の適応行動を生じさせていた可能性がある。

グリーンランドの氷床コアが示すような大規模変動の日本列島への影響の程度については、今後、より詳細でより多くの考古・古環境データを列島内から集め、両者を相互に検討しながら明らかにしていく必要がある。こうした研究の進展によって、日本列島における古環境変動に対する人類の適応行動について、地球規模の変動に同調した広域に共通する行動と、本州東部あるいはより細かな地域における個性的な行動の双方を復元することが可能になるものと期待される。

このように環境変動がいく度も繰り返されるなかで、晩氷期の集団は各種の道具や生活様式、行動などを変化させてきた。そして本州東部では、Ⅱ期の環境変動に適応して生じた行動をⅢ期に生じた寒冷・乾燥化に応じて変化させつつも多くの部分で継続し、完新世以降にまでつなげてきた。こうした日本列島の、とくに本州以南に特徴的な環境変動への適応行動によって、この地域では完新世の温暖で安定した環境に適応した、われわれが「縄文文化」といわれて頭に思い浮かべるような、定着的で持続的な資源利用にもとづく生活が生じ、安定していったものと考えることができる。

Column 6

土器の出現をめぐる最近の動向

1 更新世末期にさかのぼる土器の出現

1959年、神奈川県夏島貝塚の縄文早期遺物包含層（第一貝層：夏島Ⅱ文化層）から採取されたカキの貝殻と木炭から、放射性炭素年代測定によって9,000 ^{14}C BPを超える年代値が測定された（杉原, 1962）。これは寒冷で不安定な環境が続いた更新世末期と、温暖で安定した環境が現在まで続く完新世との境界年代（その当時約1.0万年前と考えられていた）に近い。当時、土器は新石器時代の西アジアで出現したと認識されており、その年代を上回る予想外に古い値であった。さらに、隆起線文土器と細石刃石器群が出土した長崎県福井洞穴遺跡第3層採取試料が、更新世末期までさかのぼる 12,700 ± 500 ^{14}C BPという測定値を示した（芹沢, 1967）。こうして、日本列島の出現期土器は周辺地域より突出して古い年代を示す状態が一時期続いた。1980年代以降、ロシア極東アムール川下流域のガーシャ遺跡（オクラードニコフ・メドヴェージェフ, 1990）の例など、更新世末期の年代測定値が東アジア各地の土器出現期の遺跡で蓄積されるようになった。こうして更新世末期までさかのぼる土器は、日本列島を含めた東アジアに広く認められる特徴的な考古学的現象として認識されるようになった。

2 東アジアにおける土器出現期

現在、更新世までさかのぼる土器の年代値は、中国の南部、北部、北東部、シベリア東部、アムール川中流と下流、日本列島で確認されている（図1）。このなかで中国南部は、仙人洞遺跡で20,000 cal BP（Wu et al., 2012）、玉蟾岩遺跡で18,000 cal BP（Boaretto et al., 2009）に達する値が得られている。これらの遺跡では土器付着炭化物など、土器そのものの年代により近い可能性がある試料を用いた測定値は得られていない。年代値の取り扱いや信頼性について慎重な検証が今後も必要だが、最終氷期最寒冷期までさかのぼる時期に、既に土器が出現していた可能性が示された。日本列島はこれに次ぐ古さの値を有し、青森県大平山元Ⅰ遺跡や神奈川県北原遺跡などで、16,000 cal BPに達する年代値が得られている（工藤, 2012）。晩氷期（約1.5～1.17万年前）前半の急激な温暖化よりも前に土器が出現していたと推定できる。アムール川下流では、出土状況などに問題も指摘されているが、15,000 cal BPより古い値が得られている（小畑, 2004）。アムール川中流では15,000 cal BP、シベリア東部では13,000 cal BPの年代値が得られており、両地域では晩氷期前半の急激な温暖化が進んだ時期に

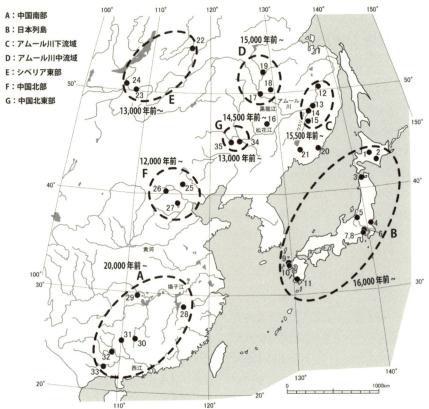

図1 東アジアにおける更新世にさかのぼる土器出現地域
橋詰（2016）にKunikita et al.（2017）、Yue et al.（2017）を加筆して作成した。

土器が出現した可能性がある。中国北部では晩氷期後半のヤンガードリアス期と呼ばれる再寒冷化イベントが生じた時期に土器が出現した、と推定されている（Cohen, 2013）。さらに近年、中国北東部でも晩氷期までさかのぼる事例が報告されている（Kunikita et al., 2017; Yue et al., 2017）。これら各地域の土器は、出現年代や土器自体の特徴の違いだけでなく、

共伴石器などにも差異がある。南中国では礫石器が、アムール川の中・下流では両面加工石器と細石刃石器群、東シベリアと中国北部は細石刃石器群、日本列島の縄文草創期前半には大形の石斧や尖頭器など両面加工石器がともなっており、差異が生じた背景に生業の差なども推定できる。

3　土器出現の背景の再検討

　これらの出現期土器は、南中国を最古とする年代値などから南から北、さらに西方へ伝わったとも推定されている（Cohen, 2013）。しかし、更新世末期にさかのぼる土器は、整然と年代の新旧を示しながら東アジア全域に分布しているわけではない。更新世にさかのぼる土器が存在する各地域の間には、土器が完新世以降になってはじめて出現する地域が存在している。現状の分布は、まるで更新世末期の土器がパッチ状に独立して存在しているかのようである。更新世末期の土器の起源地が1ヶ所で、そこから土器が各地へ伝播拡散していったというような仮説を積極的に支持できる証拠は現状では認められない。例えば、アムール川下流域と中国北部の間にある沿海州と朝鮮半島、アムール下流域と日本列島との間のサハリン、いずれの地域でも信頼性の高い最古の土器の年代は完新世以降の値を示す。今後の発見により上記の理解が変化する可能性はあるが、土器の起源を一地域に絞り込んで、そこからの伝播拡散によって東アジアにおける土器の出現を説明するのは難しい。また、土器出現の背景についても、とくに日本列島では、かつては完新世の温暖化への適応が、その後は晩氷期の温暖化がきっかけであったとされるなど、温暖な環境への適応が想定されることが多かった（工藤, 2013）。しかし、中国南部や日本列島などで晩氷期の温暖期をさらにさかのぼる可能性のある事例が確認されたことにより、温暖化以外の土器の出現背景についても検討が必要になっている。現段階では、各地域の土器出現期の信頼性の高い年代値や、石器組成などから推定される生業、動植物資源などを含む古環境変動などに関わるデータを蓄積し、土器出現の背景を個別地域ごとに解明していくことが必要である。その上で地域間の比較研究を進めることによって、更新世にさかのぼる土器の出現という特徴的な考古現象を通じて、東アジアにおける更新世末期の人類行動の多様性と個性への具体的言及が可能になると考える。

中部高地からユーラシアへ

　中部高地黒曜石原産地には、後期旧石器時代初頭から縄文時代をとおして、黒曜石をめぐる濃密な先史狩猟採集民の活動痕跡が残されている。明治大学黒耀石研究センター（長野県長和町）が2011〜2015年度にかけて主導した共同研究「ヒト―資源環境系の歴史的変遷に基づく先史時代人類誌の構築」は、まず広原遺跡群の発掘調査と遺跡研究を行い、原産地分析などを援用して、後期旧石器時代における人間と資源環境の関係すなわち、第Ⅰ遺跡と第Ⅱ遺跡を残した黒曜石獲得集団の原産地での行動軌跡を復元した。そして、広原湿原の堆積物から得られた過去3万年間の花粉化石などの記録から、広原湿原周辺における高解像度の景観変遷史を復元した。これにより、気候・植生などの環境変化と黒曜石資源に対する人間活動の相関関係を具体的に議論するための基礎的な方法と材料を提供することができた。このことは、先史時代の人間と環境の相互作用を研究する学際分野にとっては、大きな意義がある。

　終章となるこのⅧ章では、これまでに各章でそのつど触れてきてはいるが、今回の共同研究の成果に対する課題を改めて概観し、中部高地原産地研究の意義を述べ、最後に先史時代の人間と資源環境の関係の探究における広域比較の可能性について展望することにする。

1. 黒曜石原産地研究の課題と意義

　中部高地で1950年代から蓄積された多くの石器群では、文化層の確定や時期の区分、年代決定ないしは相対的な編年的位置づけが困難な場合が多い。それは、大規模化することの多い原産地遺跡の性質にもかかわらず、調査が石

VIII 中部高地からユーラシアへ

器群の部分的な発掘にとどまることが多く、また更新世の堆積物の堆積環境が不安定なことも影響している。したがって、II章で中部高地全域の後期旧石器時代編年の試案を提示したが、時系列の根拠や時期の年代確定にまだ多くの課題がある。とくに中部高地III期（武蔵野IIa期）から中部高地IV期前半（武蔵野IIb期前半）にかけての尖頭器石器群の時系列は、VI章で述べたように関東平野部で黒曜石利用とも関係する尖頭器石器群をめぐる複雑な状況が分かりはじめているため、必然的に調査・研究の進展に応じて改訂が必要である。

　本書で用いた中部・関東地方全域から集成された黒曜石製石器の原産地分析データも、必ずしも体系的に構築されているとはいえない。全点を目指して分析された石器群のデータも、分析が行われた時期や諸事情により、任意に抽出された石器が分析された石器群も今回は同列に扱っている。原産地分析データを量的に扱う際のバイアスの問題を念頭に置き、解決を検討する必要がある。また集成に使ったデータベース（冊子形態のみ）は、すでに構築から10年近くが経過しようとしており、原産地分析データの組織的な体制による継続的な集成・更新およびデジタルデータでの公開が求められる。

　広原遺跡群を含めた中部高地の考古記録は、3.0万年前より以前の時期（後期旧石器時代前半期）に遡ることは確実であるが、広原湿原で得られた古環境記録からは、3.0万年前より以前（MIS3）の植生景観を具体的に知ることはできなかった。標高1,400m付近の中部高地原産地に適用できる3.0万年前より以前の、少なくとも森林限界の高度を直接あるいは間接に示す何らかの古環境記録の探究が必要である。

　広原古環境変遷史に直接対比できる広原遺跡群の考古記録は、IV章で述べたように、現在のところ後期旧石器時代から縄文時代にかけてのほんの数コマの姿が断片的に検出されているのが現状といえる。古環境記録の年代的枠組みにマッチング可能な広原考古記録の時間的連続性の確保が大きな課題となって

いる。

　Ⅴ章に記載したとおり、広原第Ⅰ遺跡と第Ⅱ遺跡で試みた原産地行動系の復元は、原産地分析データと考古データの統合および河川流域で作成した原石分布地図の総合的な検討が、黒曜石獲得の領域と集団の行動および石器群の形成過程の復元に有効であることを示した。現状で、中部高地原産地における行動系の復元研究はほぼ皆無である。しかし、マクロ地域的に展開していた黒曜石利用の動態がなぜこのように変わるのかを理解するためには、原産地側での事例研究の蓄積は急務である。つまり、中部高地の考古記録は、古環境記録との比較統合のうえで、マッチングに必要な年代編成および石器群を単位とした行動のモデル化という点では、全般的に未だ脆弱である。こうした観点から、学史的な石器群を中心に、既存の中部高地石器群の原産地分析を悉皆的に実施し、あわせて中部・関東地方の石器群を再・追加分析することを計画してもよいだろう。このとき、ポータブル蛍光X線分析装置を利用した機動力のある原産地分析には高いポテンシャルがあると考えている。

　これまで中部高地原産地は、黒曜石の獲得を起点とするヒトとモノの動きという資源の流通の観点から主に研究されていたが、今回のわれわれの共同研究の方法とその成果は、原産地に対して先史時代の人間と資源を含む自然環境との相互作用研究の箱庭的フィールドとしての性格を新たに付与することができた。こうした、新たな研究の視点と射程にもとづく中部高地黒曜石原産地に対する研究の推進を提言したい。中部高地原産地は今後、考古記録の年代が確保され時系列の連続性が構築されれば、黒曜石資源に関わる活動という意味で後期旧石器時代から縄文時代の特色ある人間活動の変化を詳細にとらえることが可能な地域である。そして、考古・古環境記録の統合と相関関係の解明の難しさ（データの連続性、解像度、年代マッチングの確保）を解決するために、このように地理的に限定された箱庭的区域で両者の高解像度のデータを蓄積するこ

とができるとすれば、研究戦術上またとないフィールドであるといえる。結論として、中部高地黒曜石原産地は、極東中緯度地帯における最終氷期から後氷期初頭にかけての資源開発および人間—環境相互作用研究の好適地の一つである。よって、その学際的研究成果は広く国際発信され比較検討されることが望ましい。

2. 比較の可能性—広原遺跡群とウラーフェルゼン遺跡—

考古学では、発掘した遺跡の資料を近隣の遺跡や隣接地域で発見された遺構や遺物と比較することは、日常的に行われている。これがなければ発掘報告書も書けない。しかし、個々の遺物に現れた形態学的、型式学的な比較研究とは違って、遺跡の性格の違い、道具の素材となる原料の獲得、想定される当時の古環境と居住集団の関係などのパターンを広域にその異同をさぐることも必要になる。人間と資源環境の関係を究明の課題にする場合にはとくにこのことがあてはまる。いわゆる広域比較の問題であるが、この類いの比較は、考古学の方法論として、日本だけでなく世界的にみても未発達である。

だが、比較はある現象を深く知ろうとするとき、取りうる基本的な方法の一つであり、認識の方法としては、違いと類似を同時に理解することである。全く違うのでもなく、全く同じでもない、つまり似ているとは何か。突き詰めれば類比（analogy）の問題である。現生人類（ホモ・サピエンス）としての共通性と差異、認知構造、モダニティー、技術などは直接観察できないので、それが物的なものに反映されているとわれわれが判断した資料から逆にたどるのである。ユーラシアのどこかに具体的に残っている同時代の資料は、堆積条件などから日本列島に残っていない資料を推察することを可能にする。ユーラシア規模の地域との共通性と差異を理解することで、われわれの認識の新しい地平を広げることができる。それは人類の営みの無限の多様性を理解することにつな

がる。

　資源環境をめぐる人類の適応の比較の例として北チロルの早期中石器時代のウラーフェルゼン遺跡をみることでその一端を探ってみよう。これは生業を比較することによって、多少具体的にできるであろう。文化伝統のことなる遠隔地間の事例の比較はもちろん限定的な性格を背負っている。比較研究は、文化史的研究とも性格が異なる。

　文化史的な研究は、ある地域の文化的な伝統のなかにあって、その現象がどのように展開して起こったかを明らかにする、つまり時系列的な追究が不可欠である。時間がただ中立的に推移して行った結果を記すのではなく、時系列の中にその文化の発展や没落が、必ず価値評価をともなって叙述される。文化史的研究との関係でいえば、広域間の事例の比較は、異なる複数の文化伝統間の共通性と差異を比較の作用を介して明らかにするので、比較自体は類型的になることは否めない。

　I章で紹介したオーストリア、チロル地方のウラーフェルゼン遺跡では、炉に残っていた炭化材と花粉分析などの結果、森林限界と居住の場所の関係が明らかとなった。縄文早期初頭の広原第II遺跡では、居住域はすでに森林の中に取り込まれている。ウラーフェルゼン遺跡は森林が足下に迫っているが、まだ森林限界よりも上に位置していた。

　両遺跡とも動物骨の保存は悪く、動物骨を出土した近くの遺跡（Hohenstein et al., 2016；藤森, 2011；利渉, 2012）の状況を外挿して理解すると、ウラーフェルゼン遺跡では森林限界付近を生息域とするアルプス・アイベックスの狩猟のため、居住域が森林限界付近に集中し、時期が新しくなって森林限界が上昇するたびに、居住域もそれに連動してさらに高地に移る。広原遺跡群ではこうした現象はなく、森林のなかでニホンジカ、イノシシなどが狩猟されたようだ。

　狩猟具で残っている部分は道具の一部を担った石器である。石器だけを扱っ

ていると、道具としての全体を想定することが意識から外れてしまうことが時にある。だが、石器の製作技法や形態学的・型式学的研究は、石材の中で完結するので、有意の分析対象として世界の旧石器研究の中心をなしてきた。これは今後も変わらない。

　具体的にみよう。ウラーフェルゼン遺跡では三角鏃は無く、更新世末のアーレンスブルク文化からの細石器を引き継いでいる。ただ形態の全く異なるソーヴェテリアン（ソーヴェテル文化）とボイロニアン（ボイロン文化）の細石器が同一地点で発見されているので、異なる文化集団が短期間に同じ場所を使った結果と理解されている。投槍器を使った細身の投げ槍と弓矢による狩猟が組み合わされて狩猟活動が行われたと想定されるが、石器だけをみると、槍の先端に装着されたものと弓矢の矢柄の先端に装着されたものは形態学的に同じであるので、石器だけからは区分できない。広原遺跡群に限らず日本列島では縄文時代になると矢柄の先端には三角形の石鏃が装着されるので、細石器を嵌め込んだ投槍と弓矢を明瞭に区分できる。中部ヨーロッパで両面を丁寧に整形した三角石鏃が成立するのが、なぜ新石器時代にズレ込むのかはよく分からない。

　こうした比較により、地域を限定してみている場合には前提となっていることも、広域間の比較によって相対化される。あるいは普遍的であると考えられていた事が、実は特殊性のある一文化的事象だと理解されることもあるだろう。

　狩猟動物の好適な生息地が、後氷期の温暖化による森林の回復の垂直的上昇にともなって高地へと移り、それに規定されてキャンプ地（遺跡）の立地もプレボレアル期からボレアル期へと時期が新しくなるにつれて海抜2,000mを越えるアルプス山岳地へと移動する。これはアルプス・アイベックスを一つのプロキシー（代替指標）として遺跡の垂直移動を説明する好例である（Schäfer 2011）。気候変動→森林限界の上昇→動物生息域の上昇→遺跡立地の高所移動、これは自然環境の変貌に規定された適応のダイナミクスとして表現し得る。こ

うした環境変動への適応の連鎖が、この当時の先史人類のパターンであるとすることができれば、環境変動主導の適応モデルとして一般化できそうである。

　しかし、ボレアル期以降のアトランティック期になるとさらに温暖化して森林限界が上昇する。アルプス・アイベックスの生息と好適環境は変わりなく森林限界付近であるので、遺跡の立地もさらにこれに規定されて上昇するはずである。しかし、アトランティック期になると、北チロルからは遺跡が消えてなくなる。つまり人類のキャンプ地が無くなり、どこかに移動するらしい。その先は全く解明されていないが、今述べた環境変動主導の適応モデルでは説明できなくなる。このモデルの「破れ」である。または環境変動主導ではなく、人類集団の主導的な判断による環境選択的な自己運動がどこかで働いたと想定される。ただその内容は、移動先が不明であるので未解明である。

　広原遺跡群をはじめとする中部高地ではこうしたシャープな環境変動と人間集団の行動の非対称は、細石刃石器群以降の後期旧石器時代終末期に認められる可能性はあるが、中部高地内ではなく、さらに広域の広がりの枠を設定して今後比較検証してみることが課題であろう。

　こうして、文化史的には遠く離れた広域の事例の比較は、考古学の方法として未確立ではあるが、比較作用の可能性と効用のポテンシャルを充分にもっているといえるであろう。

Glossary

用語解説

■ **亜氷期／亜間氷期サイクル**
stadial/interstadial cycle

最終氷期にみられる短い周期で繰り返された急激な温暖化と相対的に緩やかな寒冷化のサイクル。10数年スパンの急激な温暖化に続いて寒冷化がはじまり、その過程で温暖化する小規模な変動をみせながら、最も寒冷化すると急激に温暖化に転ずるパターンを示す。発見者の名前からダンスガード＝オシュガー・サイクルとも呼ばれる。このサイクルで顕著に寒冷な時期はハインリッヒ・イベントと呼ばれる。

■ **姶良–Tn 火山灰**
Aira–Tn volcanic ash

約3万年前に南九州の姶良カルデラ（鹿児島湾奥）を噴出源として生じたテフラ。ATと略称されることが多い。日本列島各地に広く分布し、旧石器時代の編年の際に最も重要な年代指標となる広域テフラの一つである。広く中国山東半島、朝鮮半島全域、ロシア沿海地方にも分布し、東アジア規模でも重要な火山灰である。

■ **円磨度**
roundness

礫や砂などの砕屑物は、川や海の水流などによって運ばれる過程で礫同士の衝突や摩滅によって次第に角や稜がとれて円い礫や砂へと変形していく。そうした変形の程度を区分したもの。角（angular）、亜角（subangular）、亜円（subrounded）、円（rounded）などに区分される。

■ **蛍光X線分析**
X-ray fluorescence analysis

蛍光X線分析とは、測定試料にX線を当てることで放出される蛍光X線の強度を測定し、その測定結果から試料中に含まれる元素の種類や含有量を見積もることである。蛍光X線は元素ごとに波長が異なり、元素の含有量が高いほど強度が高くなる。そのため、波長に対する測定強度を連続的にチャート化することでどのような元素がどのくらい含まれているのかモニターすることができる。さらに標準試料の測定値との統計学的な比較を行うことで測定試料に含まれる特定の元素の含有量を見積もることができる。

■ **更新世**
Pleistocene

地質時代の第四紀中の区分の一つ。2009年にIUGS（国際地質科学連合）で258万8000年前から完新世が始まる1万1700年前までと決定された。地球全体で気候の寒冷化がおこり、南北両半球に大規模な氷床が形成されるようになるとともに、氷床の拡大・縮小が繰り返され氷期・間氷期の交代による古環境変動のサイクルが生じていたことで特徴づけられる。また、この時代の終焉は、グリーンランドの氷床コアにおける、ヤンガー・ドリアス期（最終氷期から現在の温暖期へ移行する間に生じた再寒冷化イベント）が終了し、温暖化が一気に進む時期によって境界が設定されている。

■ 閾値
threshold

「ある系に注目する反応をおこさせるとき必要な作用の大きさ・強度の最小値（広辞苑）」。しきい値ともいう。本書では、標高1,400 mを基準とした森林限界の上昇と下降という連続的に変化する事象の境目を決める値として、花粉分析で得られた高木の年間花粉堆積量（PARt）を用いている。

■ 石筍
stalagmite

洞窟や岩陰などの天井から滴り落ちた水滴に含まれる物質が床面に蓄積した洞窟生成物。洞窟の天井から垂れ下がるように成長していく鍾乳石に対し、タケノコのような形態で上方に成長していくことからこのような名称で呼ばれる。一般的な石筍は通常は石灰洞内で、地下水から沈殿する炭酸カルシウムなどの晶出によって生じることが多い。石筍の成長は降雨量などによる影響を受けるため、石筍の分析結果は古環境変動の代替指標（プロキシー）として用いられている。

■ 尖頭器
point

広義には先端部が尖っている石器の総称。日本列島の出土資料では、旧石器時代から縄文時代草創期の両側縁からの二次加工によって先端部が作り出された石器のことを指すことが多い。二次加工の特徴や施される部位によって、両面加工尖頭器（尖頭器の両面が加工されているもの）、片面加工尖頭器（表裏どちらかの一面のみが加工されたもの）、周辺加工尖頭器（加工が石器の中軸線まで達しない周辺部のみに施されているもの）、有樋尖頭器（先頭部方向から縁辺を取り込んだ樋状の剥離が施されたもの）などに細分される。

■ 台形様石器
trapezoid

貝殻状の剥片の鋭利な縁辺を一部残し、平坦加工ないしは背潰し加工で撥形状から台形状に整形された石器。九州地方を中心に後期旧石器時代後半期にも認められるが、とくに、後期旧石器時代前半期の日本列島に広く分布する石器を指すことが多い。

■ 代替指標（プロキシー）
proxy

直接には観察できない過去の気候環境は、堆積物に含まれる花粉、植物珪酸体、珪藻などの植物化石、有機窒素炭素含有量、炭素同位体、重水素、酸素同位体の微量元素比などを定量的に抽出、分析することによって知ることができる。これら古気候復元の鍵となるさまざまな指標を代替指標という。代理指標ともいう。

■ テフラ（火山灰）
tephra

爆発的な火山の噴火でガスとともに噴出した破片状の固体物質の総称。噴出時に破片状であることによって、流体状の噴出物である溶岩と区別される。火山灰、軽石（塊状で多孔質のもののうち白色のもの）、スコリア（塊状で多孔質のもののうち暗色のもの）、火砕流堆積物（火砕サージに比して固体成分の多いものからなる堆積物）、火砕

用語解説

サージ堆積物（火砕流に比してガス成分の多いものからなる堆積物）などの総称。年代を特定したテフラを用いた堆積物の年代編成をテフラ（火山灰）編年という。

■ **投槍器**
spear thrower

棒状もしくは板状の形態であることが多く、一端に指をかける握り部が、もう一方の端部にかぎ状の部位を作り出してある。槍の柄の末端をかぎ状の部位に引っかけて投射することによって、遠心力を使って飛距離および威力を増している。ヨーロッパでは後期旧石器時代末期のマドレーヌ期に考古学的な証拠が認められる。また、民族例としてオーストラリアのウーメラ（woomera）や北米のアトラトル（atlatl）などがある。

■ **ナイフ形石器**
backed point

素材となる剥片の鋭利な縁辺を一部残し、ほかの部分に腹面側から急角度の二次加工（背潰しとも呼ぶ）を施して、現在のナイフに似た形態に作出された石器。こうした形態の石器は海外では尖頭器に含まれることも多いが、日本列島では後期旧石器時代を代表する石器形態として区分されている。二次加工が施された部位によって、一側縁加工、二側縁加工、部分加工、基部加工などに細分される。

■ **晩氷期**
Late Glacial

最終氷期の極相期（the Last Glacial Maximam : LGM、最後の亜氷期）より後の、氷床後退期に相当する時期のことを示す。約15,000〜11,700年前までの期間を指し、相対的に温暖化が進んだベーリング期およびアレレード期（約15,000〜12,900年前）、一時的な寒冷・乾燥化が生じたヤンガー・ドリアス期（約12,900〜11,700年前）を含む。

■ **ヴュルム氷期**
Würm Glacial, Würmian

ヨーロッパ・アルプスにおける第四紀の最終氷期。約70,000〜11,700年前まで。こんにち最終氷期をヴュルム氷期と表記することは一般的でなく、海洋酸素同位体ステージMISで表現されている。ただ、ヨーロッパ・アルプス北麓の標式地のローカルな用語としては有効であり、使われている。

■ **氷河性海水準変動**
Glacial eustacy

第四紀の大規模な気候変動にともない氷河の消長が生ずる。この用語は氷河の消長に起因する海水準の変動にのみ適用される。海面の変動にはほかにも、堆積性海面変動、海洋地殻の変動、月や太陽の引力による潮の満ち引きに起因する変動、などがある。

■ **プレボレアル期**
Preboreal

ヨーロッパで、気候変化と植生変化との関連で設定された区分で、ヤンガー・ドリアス期に後続し、ボレアル期に先行する冷涼期である。約11,700〜10,5000年間。地質学上の完新世初頭に位置づけられ、後氷期に属する。考古学的な編年ではヨーロッパの中石器時代初頭に対比さ

Glossary

れる。

■ 放射性炭素年代測定法
　　radiocarbon dating

自然環境の下では放射性同位体である炭素14（^{14}C）の存在比率がほぼ一定であることにもとづく年代測定法。炭素14は動植物などの生物内部における存在比率が生存中変化することはないが、生命活動の停止後は新しい炭素の補給がストップし存在比率の減少が始まる。そして、炭素14の半減期は5,730年であることを利用して、生物の遺体などに残された炭素14の存在比率から年代の測定が行われる。放射性炭素年代は、1950年を起点としてBP（Before Present）で表記される。本書では、未較正年代を ^{14}C BP、較正年代を cal BP と表記する。

■ ローム
　　loam

土壌または堆積物の粒形組成の区分名で、砂（粒径2mm〜0.074mmの粒子）・シルト（粒径0.074〜0.005mm）・粘土（粒径0.005mm以下）がほぼ等量に混合したものを示す。ロームで構成される地層がローム層。日本では降下火山灰を主とする火砕物層である関東ローム層が広く知られているが、ローム本来の定義は、土壌中の粒径組成比率のみであり、火山起源物質であるかどうかは関係ない。

引用参考文献

＜日本語文献＞

会田　進・高見俊樹（1983）「浪人塚下遺跡」『長野県史』考古資料編1（3）：357-361，長野県史刊行会

阿部　敬（2015）「中部地方における後期旧石器時代の^{14}C年代と石器群編年」『旧石器研究』11：13-28

アレイ，R.B.（山崎淳訳）（2004）『氷に刻まれた地球11万年の記憶—温暖化は氷河期を招く—』ソニー・マガジンズ

安斎正人・佐藤宏之（編）（2006）『旧石器時代の地域編年的研究』同成社

安蒜政雄（1979）「日本の細石核」『駿台史学』47：152-183

安蒜政雄（1991）「黒耀石原産地の遺跡群の性格」戸沢充則・安蒜政雄（編）『鷹山遺跡群Ⅱ』：118-126，長野長門町教育委員会

安蒜政雄（1992）「砂川遺跡における遺跡の形成過程と石器製作の作業体系」『駿台史学』86：101-128

安蒜政雄（1997）「旧石器時代の集団—南関東の移動生業集団と石器製作者集団—」『駿台史学』100：147-172

安蒜政雄（2000）「旧石器時代のイエ」戸沢充則（編）『大塚初重先生頌寿記念考古学論集』：491-516，東京堂出版

安蒜政雄・萩谷千明・高倉　純・氏家敏之・島田和高・小菅将夫・矢島國雄・戸沢充則（1991）『鷹山遺跡群Ⅱ』長門町教育委員会

安蒜政雄・勝見　譲・門内政広・野口　淳・岩泉辰子（編）（1999）『鷹山遺跡群Ⅲ』長門町教育委員会

安蒜政雄・島田和高・勝見　譲・野口　淳・岩泉辰子・山科　哲（編）（2000）『鷹山遺跡群Ⅳ』長門町教育委員会

安蒜政雄・矢島國雄・島田和高・山科　哲・吉田　望・鈴木尚史・川本真由美・及川　穣（2003）「鷹山遺跡群星糞峠における旧石器時代遺跡の発掘調査（予報）」『黒耀石文化研究』2：47-77

池谷信之・渡辺圭太・鈴木正男（2005）「旧石器時代の神津島黒曜石と海上渡航」『考古学ジャーナル』525：12-14

出居　博（2004）『上林遺跡』佐野市教育委員会

伊藤　健（2018）「後期旧石器時代「武蔵野編年」の新地平―樋状剥離を有する尖頭器石器群をめぐって―」『東京都埋蔵文化財センター研究論集』XXXⅡ：27-55

稲田孝司（2004）「後期旧石器時代の狩猟と動物群」考古学研究会（編）『文化の多様性と比較考古学 2004』：1-10，考古学研究会

稲田孝司・佐藤宏之（編）（2010）『講座日本の考古学1　旧石器時代（上）』青木書店

今村啓爾（2004）「箱根南西山麓先土器時代陥穴の使用方法」藤本　強（編）『住の考古学』：18-33，同成社

岩崎允胤・宮原将平（1972）『現代自然科学と唯物弁証法』大月書店

岩崎泰一・小島敦子（編）（1986）『下触牛伏遺跡』群馬県埋蔵文化財調査事業団

宇井義典・布施　仁（2004）『南三里塚宮原第1遺跡・南三里塚宮原第2遺跡』印旛郡市文化財センター

大嶋秀明・徳永重元・下川浩一・水野清秀・山崎晴雄（1997）「長野県諏訪湖湖底堆積物の花粉化石群集とその対比」『第四紀研究』36（3）：165-182

大竹幸恵・勝見　譲・野口　淳・三木陽平・小林克次・米田　穣・中島　透（2001）『県道男女倉・長門線改良工事に伴う発掘調査報告書―鷹山遺跡群Ⅰ遺跡及び追分遺跡群発掘調査―』長門町教育委員会

大竹憲昭（2005）『長野県竹佐中原遺跡における旧石器時代の石器文化』長野県文化振興事業団長野県埋蔵文化財センター

オクラードニコフ，А.П.・メドヴェージェフ，В.Е.（1990）「アムール河下流、ガーシャ多層位集落遺跡の研究」『古代文化』42：280-285

小熊博史・前山精明（1993）「新潟県小瀬が沢洞窟遺跡出土遺物の再検討」『環日本海における土器出現期の様相』：53-145，日本考古学協会新潟大会実行委員会

小田静夫（1980a）「武蔵野台地に於ける先土器文化」『神奈川考古』8：11-27

小田静夫（1980b）「武蔵野台地の火山堆積物と遺跡」『月刊考古学ジャーナル』178：12-20

小田静夫・キーリー，C.T.（1973）『武蔵野公園遺跡Ⅰ』野川遺跡調査会

オダム，E.P.（1991）『基礎生態学』三島次郎（訳），培風館

小野　昭（1973）「遺物の原産地推定をめぐって」『考古学と自然科学』6：21-25

小野　昭（2001）『打製骨器論―旧石器時代の探求―』東京大学出版会

小野　昭（2009）「環境変動と道具の体系―反映関係・比較・仮説をふりかえる―」『考古学の方法とその広がり』予稿集：44-45，首都大学考古学研究室

引用参考文献

小野　昭（2010）「旧石器時代の動物骨・木の利用」稲田孝司・佐藤宏之（編）『日本の考古学1　旧石器時代（上）』：196-216，青木書店

小野　昭（2011a）「資源環境の中の黒曜石」『資源環境と人類』1：1-8

小野　昭（2011b）「旧石器時代の人類活動と自然環境」『第四紀研究』50（2）：85-94

小野　昭・中村洋一・鈴木毅彦・酒井豊三郎・井上　巌・田村　隆・布川嘉英・国武貞克・上野修一・石川　均（2009）『高原山黒曜石原産地遺跡群剣ヶ峰地区遺跡平成20年度調査概報』矢板市教育委員会

小野　昭・島田和高・橋詰　潤・吉田明弘・公文富士夫（編）（2016）『長野県中部高地における先史時代人類誌―広原遺跡群第1次～第3次調査報告書―』明治大学黒耀石研究センター資料・報告集1，明治大学黒耀石研究センター

小畑弘己（2004）「シベリア・極東地域の初期土器研究について」『考古学ジャーナル』519：15-20

男女倉遺跡群分布調査団（編）（1993）『長野県黒耀石原産地遺跡分布調査報告書（和田峠・男女倉谷）Ⅲ』和田村教育委員会

梶原　洋・阿子島香（1981）「岩製石器の実験使用痕研究―ポリッシュを中心とした機能推定の試み―」『考古学雑誌』67（1）：1-36

かながわ考古学財団（編）（1999）『三ノ宮・下谷戸遺跡（No.14）Ⅰ』かながわ考古学財団

兼岡一郎（1998）『年代測定概論』東京大学出版会

亀井節夫・那須孝悌（1982）「生物相の変化」新堀友行・柴崎達雄（編）『第四紀 第2版』：64-104，共立出版

狩野彰宏（2012）「石筍古気候学の原理と展開」『地質学雑誌』118（3）：157-171

河内俊英・桜谷保之（1996）『動物の生態と進化』共立出版

川口　潤（1993）『白草遺跡1・北篠場遺跡』埼玉県埋蔵文化財調査事業団

川辺賢一・橋本真紀夫・小池　聡（2006）『都立武蔵野の森公園埋蔵文化財調査―野水遺跡第1地点―報告書』調布市遺跡調査会

河村　愛・河村善也（2014）「帝釈馬渡岩陰遺跡から出土した骨試料の加速器質量分析法による放射性炭素年代とオオツノジカ類の新標本」『広島大学大学院文学研究科帝釈峡遺跡群発掘調査室年報』28：27-39

河村善也（2014）「日本とその周辺の東アジアにおける第四紀哺乳動物相の研究―これまでの研究を振り返って―」『第四紀研究』53（3）：119-142

函南町教育委員会（編）（1989）『函南スプリングゴルフ場用地内埋蔵文化財発掘

調査報告書（I）』函南町教育委員会

函南町教育委員会（編）（2001）『上原遺跡』函南町教育委員会

工藤雄一郎（2007）「旧石器時代から縄文時代へ、更新世から完新世へ―生態環境史という視点―」『歴博』143：6-10

工藤雄一郎（2012）『旧石器・縄文時代の環境文化史―高精度放射性炭素年代測定と考古学―』 新泉社

工藤雄一郎（2013）「土器出現の年代と古環境―研究史の整理から―」『国立歴史民俗博物館研究報告』178：1-55

工藤雄一郎（2016）「広原湿原および広原II遺跡における放射性炭素年代測定」小野　昭・島田和高・橋詰潤・吉田明弘・公文富士夫（編）『長野県中部高地における先史時代人類誌―広原遺跡群第1次～第3次調査報告書―』明治大学黒耀石研究センター資料・報告集1：245-252

工藤雄一郎（2018）「先史学と第四紀学」『第四紀研究』57（4）：99-108

国武貞克（2003）「両面調整石器の由来―関東地方V・IV層下部段階から砂川期にかけての石材消費戦略の連続性―」『考古学』I：52-77

国武貞克（2015）「黒曜石の獲得からみた関東・中部地方の移動領域」『旧石器研究』11：79-96

公文富士夫・河合小百合・木越智彦（2013）「中部山岳地域における第四紀後期の気候変動」『地学雑誌』122（4）：571-590

栗原伸好・新開基史・中田　英・葉山俊章・天野賢一（2002）『用田鳥居前遺跡』かながわ考古学財団

小西省吾・吉川周作（1999）「トウヨウゾウ・ナウマンゾウの日本列島への移入時期と陸橋形成」『地球科学』5：125-134

小林克次（2001）「追分遺跡群出土黒耀石の原産地推定―原産地遺跡群の一角としての追分遺跡群―」大竹幸恵・勝見　譲・野口　淳・三木陽平・小林克次・米田　稔・中島　透『県道男女倉・長門線改良工事に伴う発掘調査報告書―鷹山遺跡群第I遺跡及び追分遺跡群発掘調査―』：439-454，長門町教育委員会

小林達雄・小田静夫・羽鳥謙三・鈴木正男（1971）「野川先土器時代遺跡の研究」『第四紀研究』10（4）：231-252

小疇　尚（1988）「第四紀後半の日本の山地の地形形成環境」『第四紀研究』26（3）：255-263

近藤義郎（1965）「後氷期における技術的革新の評価について」『考古学研究』12

(1):10-15
酒井潤一・国信ゆかり（1993）「溶岩台地湿原の花粉化石」男女倉遺跡群分布調査団（編）『長野県黒耀石原産地遺跡分布調査報告書（和田峠・男女倉谷）Ⅲ』：30-34，和田村教育委員会
阪口　豊（1989）『尾瀬ヶ原の自然史』中央公論社
相模原市教育委員会・田名向原遺跡研究会（編）（2004）『田名向原遺跡Ⅱ』相模原市教育委員会
佐瀬　隆・細野　衛（2016）「長野県長和町、広原湿原と周辺陸域の植物珪酸体分析」小野　昭・島田和高・橋詰　潤・吉田明弘・公文富士夫（編）『長野県中部高地における先史時代人類誌―広原遺跡群第1次～第3次調査報告書―』明治大学黒耀石研究センター資料・報告集1：269-291
佐瀬　隆・細野　衛（2018）「長野県中部高地、広原湿原周辺域に分布する黒ボク土層の意味」『資源環境と人類』8：17-30
佐藤宏之（1992）『日本旧石器文化の構造と進化』柏書房
佐藤宏之（1996）「社会構造」石器文化研究会（編）『石器文化研究』5：329-340
佐藤宏之（2010）「陥し穴猟」稲田孝司・佐藤宏之（編）『講座日本の考古学1　旧石器時代（下）』：180-200，青木書店
佐野勝宏（2002）「北方系細石刃石器群を残した人類の行動形態」『考古学研究』49（1）：38-58
佐野勝宏・大場正善（2014）「狩猟法同定のための投射実験研究（2）」『旧石器研究』10：129-149
柴田　治（1994）「八ヶ岳の植生」『Urban Kubota』33：54-57
島田和高（2008）「黒耀石のふるまいと日本列島旧石器時代の住まい」『旧石器研究』4：61-82
島田和高（2009）「黒耀石利用のパイオニア期と日本列島人類文化の起源」『駿台史学』135：51-70
島田和高（2011）「後期旧石器時代前半期における環状ブロック群の多様性と現代人の拡散」『資源環境と人類』1：9-26。
島田和高（2012）『氷河時代のヒト・環境・文化―THE ICE AGE WORLD―』明治大学博物館
島田和高（2015a）「上部旧石器時代における中部高地黒曜石原産地の土地利用変化」『第四紀研究』54（5）：219-234

島田和高（2015b）「矢出川再訪―稜柱形細石刃石核と細石刃の形態分析―」堤隆・八ヶ岳旧石器研究グループ（編）『矢出川』：313-336，信毎書籍出版センター

島田和高（2018）「中部高地における後期旧石器時代前半期の黒曜石獲得をめぐる行動系―原産地分析の考古学的データ統合―」『資源環境と人類』8：67-82

島田和高・山科　哲・大竹幸恵・戸枝周平・杉原重夫・橘　英彰・関口千穂・鈴木正男・渡辺圭太・安蒜政雄（2003）『長野県小県郡長門町鷹山遺跡群Ⅵ―鷹山第Ⅻ遺跡黒耀石研究センター地点の発掘調査―』明治大学人文科学研究所

島田和高・橋詰　潤・会田　進・中村由克・早田　勉・隅田祥光・及川　穣・土屋美穂（2016）「広原遺跡群の発掘調査」小野　昭・島田和高・橋詰　潤・吉田明弘・公文富士夫（編）『長野県中部高地における先史時代人類誌―広原遺跡群第1次～第3次調査報告書―』：23-193

島田和高・橋詰　潤・小野　昭（2017）「長野県中部高地における先史時代人類誌：広原遺跡群第1次～第3次調査報告書―発掘・遺物写真編（デジタル版）―」『資源環境と人類』7：111-118

白石浩之・加藤千恵子（1997）『吉岡遺跡群Ⅳ　旧石器時代2　縄文時代1』かながわ考古学財団

白石浩之・笠井洋祐（1999）『吉岡遺跡群Ⅷ　縄文時代3』かながわ考古学財団

杉原荘介（1953）「日本における石器文化の階梯について」『考古学雑誌』39（2）：97-101

杉原荘介（1956）『群馬県岩宿発見の石器文化』明治大学文学部研究報告考古学第1冊，明治大学文学研究所

杉原荘介（1962）「神奈川県夏島貝塚出土遺物の放射性炭素による年代決定」『駿台史学』12：119-122

杉原荘介（編）（1965）『日本の考古学Ⅰ　先土器時代』河出書房

鈴木次郎・矢島國雄（1978）「先土器時代の石器群とその編年」大塚初重・戸沢充則・佐原　眞（編）『日本考古学を学ぶ（1）』：144-169，有斐閣

鈴木次郎・矢島國雄（1979）「神奈川県綾瀬市報恩寺遺跡の細石刃石器群」『神奈川考古』6：1-53

鈴木次郎・矢島國雄（1988）「先土器時代の石器群とその編年」大塚初重・戸沢充則・佐原　眞（編）『日本考古学を学ぶ（1）［新版］』：154-182，有斐閣

鈴木忠司（1971）「野岳遺跡の細石核と西南日本における細石刃文化」『古代文化』23（8）：175-192

鈴木忠司（1996）「岩宿時代の陥穴状土坑をめぐる二三の問題」『下原遺跡Ⅱ』：151-166，三島市教育委員会

鈴木敏中（編）（1999）『初音ヶ原遺跡』三島市教育委員会

鈴木保彦（2014）「晩氷期から後氷期における気候変動と縄文集落の変遷」『縄文時代』25：1-28

隅田祥光・土屋美穂（2016）「広原Ⅰ・Ⅱ遺跡出土遺物の岩石学的分析―長野県霧ヶ峰地域における広原遺跡群出土の黒曜石製石器の原産地解析―」小野昭・島田和高・橋詰潤・吉田明弘・公文富士夫（編）『長野県中部高地における先史時代人類誌―広原遺跡群第1次～第3次調査報告書―』明治大学黒耀石研究センター資料・報告集1：197-219，明治大学黒耀石研究センター

須藤隆司（1999）『ガラス質黒色安山岩原産地　八風山遺跡群』佐久市教育委員会

須藤隆司（2009）「細石刃技術―環日本海技術と地域技術の構造と組織―」『旧石器研究』5：67-97

須藤隆司（2012）「赤城山麓を遊動する細石刃狩猟民」『北関東の細石刃文化』：81-88，岩宿フォーラム実行委員会・岩宿博物館

諏訪間順（1988）「相模野台地における石器群の変遷について―層位的出土例の検討による石器群の段階的把握―」『神奈川考古』24：1-30

諏訪間順（2002）「相模野旧石器編年と寒冷期の適応過程」『科学』72（6）：636-643

諏訪間順・野口淳・島立桂（2010）「関東地方南部」稲田孝司・佐藤宏之（編）『講座日本の考古学1　旧石器時代（下）』：381-437，青木書店

関口博幸（2010）「群馬における旧石器時代石器群の変遷」『北関東地方の石器文化の特色』：6-14，岩宿博物館・岩宿フォーラム実行委員会

石器文化研究会（編）（1996）『シンポジウムＡＴ降灰以降のナイフ形石器文化―関東地方におけるⅤ～Ⅳ下層段階石器群の検討―』石器文化研究5，石器文化研究会

石器文化研究会（編）（2000）『シンポジウム砂川―その石器群と地域性―資料集成　南関東地域の基礎的検討』石器文化研究8，石器文化研究会

石器文化研究会（編）（2005）『シンポジウム「ナイフ形石器文化終末期」再考―ナイフ形石器文化終末期石器群の変動―資料集成』石器文化研究11，石器文化研究会

芹澤清八・後藤信祐・塚本師也・谷中　隆・江原　英・亀田幸久・片根義幸・合

田恵美子・武川夏樹・中村信博・津野田陽介（2011）「石器時代における石材利用の地域相（資料）」『日本考古学協会栃木大会 2011 年度大会研究発表資料集』：61-268，日本考古学協会
芹沢長介（1954）「関東及中部地方に於ける無土器文化の終末と縄文文化の発生とに関する予察」『駿台史学』4：65-106
芹沢長介（1967）「日本石器時代と ^{14}C 年代」『第四紀研究』6（4）：239-242
早田　勉（2016）「広原湿原および広原Ｉ・Ⅱ遺跡におけるテフラ分析」小野　昭・島田和高・橋詰　潤・吉田明弘・公文富士夫（編）『長野県中部高地における先史時代人類誌―広原遺跡群第１次～第３次調査報告書―』明治大学黒耀石研究センター資料・報告集 1：160-191
高尾好之（2006）「東海地方の地域編年」安斎正人・佐藤宏之（編）『旧石器時代の地域編年的研究』：61-102，同成社
高尾好之・原田雄紀（2011）『井出丸山遺跡発掘調査報告書』沼津市教育委員会
高橋啓一（2007）「日本列島の鮮新・更新世における陸生哺乳動物相の形成過程」『旧石器研究』3：5-14
高橋　康（2015）「星糞峠における黒曜石原石の産出状況と起源」鷹山遺跡群調査団（編）『鷹山遺跡群Ⅶ』：134-141，長和町教育委員会
鷹山遺跡群調査団（編）（2015）『鷹山遺跡群Ⅶ―史跡整備に伴う星糞峠黒耀石原産地遺跡第１号採掘址の調査―』長和町教育委員会
田名塩田遺跡群発掘調査団（編）（2003）『田名向原遺跡Ｉ』相模原市教育委員会
谷　和隆（2007）「野尻湖遺跡群における先土器時代石器群の変遷」『長野県立歴史館研究紀要』13：3-21，長野県立歴史館
谷　和隆・塚原秀之・鶴田典昭・中島　透・橋詰　潤・羽生俊郎・前田一也・村田弘之・山科　哲（2013）「中部地方の黒曜石原産地分析資料」『日本考古学協会 2013 年度長野大会研究発表資料集』：63-174，日本考古学協会
谷口康浩（2011）『縄文文化起源論の再構築』同成社
田村　隆・国武貞克・吉野真如（2004）「石器石材収集資料」『千葉県の歴史』資料編考古 4（遺跡・遺構・遺物）：1320-1426，山川出版社
千葉県文化財センター（編）（2004）『十余三稲荷峰遺跡（空港 No.67 遺跡）』新東京国際空港公団・千葉県文化財センター
辻　誠一郎（2013）「縄文時代の年代と陸域の生態系史」泉　拓良・今村啓爾（編）『講座日本の考古学 3　縄文時代（上）』：61-81，青木書店

引用参考文献

津田美弥子 (1990)「長野県入笠山大阿原湿原堆積物の花粉分析」『第四紀研究』29 (5): 439-446

土屋　積・中島英子 (編) (2000)『上信越自動車道埋蔵文化財調査報告書 16 図版編』日本道路公団・長野県教育委員会・長野県埋蔵文化財センター

土屋美穂・隅田祥光 (2018)「広原遺跡群第Ⅰ遺跡・第Ⅱ遺跡から出土の黒曜石製石器の原産地解析―判別プログラムの修正と判別結果―」『資源環境と人類』8: 31-42

堤　隆 (2002)「信州黒曜石原産地をめぐる資源開発と資源需給―後期旧石器時代を中心として―」『國學院大學考古学資料館紀要』18: 1-21

堤　隆 (2011)「細石刃狩猟採集民の黒曜石資源需給と石材・技術運用」『資源環境と人類』1: 47-65

堤　隆・望月明彦 (2013)「中ッ原遺跡群第5遺跡B地点および第1遺跡G地点における削片系細石刃石器群の産地推定」『資源環境と人類』4: 73-81

堤　隆・八ヶ岳旧石器研究グループ (編) (2015)『矢出川―日本列島で最初に発見された細石刃石器群の研究―』信毎書籍出版センター

鶴田典昭・大竹憲昭 (2010)『長野県竹佐中原遺跡における旧石器時代の石器群Ⅱ』長野県振興事業団長野県埋蔵文化財センター

戸沢充則 (1964)「矢出川遺跡」『考古学集刊』2 (3): 1-34

戸沢充則 (1968)「埼玉県砂川遺跡の石器文化」『考古学集刊』4 (1): 1-42

戸沢充則・矢島國雄・大竹幸恵・安蒜政雄・友田哲弘・大竹憲昭・須藤隆司・小菅将夫 (1989)『鷹山遺跡群Ⅰ』長門町教育委員会

中川　毅 (2017)『人類と気候の10万年史―過去に何が起きたのか、これから何が起こるのか』講談社

長友恒人 (1999)『考古学のための年代測定学入門』古今書院

長野県埋蔵文化財センター (編) (1992)『下茂内遺跡』日本道路公団東京第二建設局・長野県教育委員会・長野県埋蔵文化財センター

中村　修 (1995)『なぜ経済学は自然を無限ととらえたか』日本経済評論社

中村龍雄 (1978)『黒耀石　下巻』中村龍雄

中村雄紀 (2014)「関東地方における旧石器時代の年代と編年」『旧石器研究』10: 107-127

中村由克 (2015)「和田・鷹山地域の黒曜石河川礫の分布調査」『資源環境と人類』5: 53-64

中村由克（2016）「広原遺跡群に持ち込まれた非黒曜石の石器石材」小野　昭・島田和高・橋詰　潤・吉田明弘・公文富士夫（編）『長野県中部高地における先史時代人類誌―広原遺跡群第1次～第3次調査報告書―』明治大学黒耀石研究センター資料・報告集1：220-228

中村由克（2018）「黒曜石採集地の推定のための自然面解析法」『資源環境と人類』8：43-51

那須浩郎・百原　新・沖津　進（1999）「軽井沢の化石蘚苔類群集から復元した晩氷期針葉樹林の分布立地」『植生史研究』7：71-80

夏木大吾（2013）「稜柱形細石刃核の形態変異に関する研究―地域・遺跡における黒曜石の補給・消費という観点から―」『東京大学考古学研究室研究紀要』27：79-129

奈良貴史・渡辺丈彦・澤田純明・澤浦亮平・佐藤孝雄（編）（2015）『青森県下北郡東通村尻労安部洞窟遺跡1-2001～2012年度発掘調査報告書―』六一書房

西井幸雄（2009）『清河寺前原遺跡』埼玉県埋蔵文化財調査事業団

日本旧石器学会（編）（2010）『日本列島の旧石器時代』日本旧石器学会

野尻湖発掘調査団（編）（1997）『最終氷期の自然と人類』共立出版

野尻湖発掘調査団人類考古グループ（1990）「野尻湖立が鼻遺跡第10次発掘出土の骨器」『第四紀研究』29（2）：89-103

野尻湖人類考古グループ（1996）「第12次野尻湖発掘の考古学的成果と野尻湖文化研究の現段階」『野尻湖ナウマンゾウ博物館研究報告』4：21-40

橋詰　潤（2010）「新潟県室谷洞窟遺跡下層出土石器の再検討（1）―器種組成の再検討を中心に―」『長岡市立科学博物館研究報告』45：71-100

橋詰　潤（2014）「更新世―完新世移行期の環境変動と人類」『黒曜石をめぐるヒトと資源利用 PART3』：21-32，明治大学リバティアカデミー

橋詰　潤（2015a）「石器に見る生活の変化（1）東日本」『季刊考古学』132：38-41

橋詰　潤（2015b）「後期更新世末期の本州中央部における両面加工狩猟具利用の変遷」『第四紀研究』54（5）：235-255

橋詰　潤（2015c）「新潟県小瀬ヶ沢洞窟遺跡出土石器の再検討（1）」『長岡市立科学博物館研究報告』50：87-106

橋詰　潤（2016）「東アジアにおける土器の出現とオシノヴァヤレーチカ遺跡群の発掘調査成果」『オシノヴァヤレーチカ12遺跡（2010年）およびオシノヴァヤレーチカ10遺跡（2012-2013年）発掘調査報告書』明治大学黒耀石研究セ

ンター資料・報告集 2：84-95，明治大学黒耀石研究センター
橋詰　潤（2018）「広原遺跡群第Ⅰ遺跡における黒曜石をめぐる人類の行動」『資源環境と人類』8：53-66
橋詰　潤・工藤雄一郎・島田和高（2016）「広原遺跡群における人類活動と景観変遷」小野　昭・島田和高・橋詰　潤・吉田明弘・公文富士夫（編）『長野県中部高地における先史時代人類誌：広原遺跡群第1次～第3次調査報告書』：316-328，明治大学黒耀石研究センター
畠中俊明（2010）『津久井城跡馬込地区』かながわ考古学財団
花泉遺跡調査団（編）（1993）『花泉遺跡』岩手県花泉町教育委員会
林　茂樹・上伊那考古学会（編）（2008）『神子柴―後期旧石器時代末から縄文時代草創期にかかる移行期石器群の発掘調査と研究―』信毎書籍出版センター
ピケティ，T.（2014）『21世紀の資本』山形浩生・守岡　桜・森本正史（訳），みすず書房
福沢仁之・山田和芳・加藤めぐみ（1999）「湖沼年縞およびレス―古土壌堆積物による地球環境変動の高精度復元」『国立歴史民俗博物館研究報告』81：463-484
藤森英二（2011）『信州の縄文早期の世界・栃原岩陰遺跡』シリーズ「遺跡を学ぶ」No.78，新泉社
藤山龍造（2009）『環境変化と縄文社会の幕開け』雄山閣
ほしくずの里たかやま黒耀石体験ミュージアム友の会（2009）「長和町立ほしくずの里たかやま黒耀石体験ミュージアム友の会活動による表面採集資料」『長野県考古学会誌』129：29-36
ボジンスキー，G.（1991）『ゲナスドルフ―氷河時代狩猟民の世界』小野　昭（訳），六興出版
町田　洋（2009）「＜第四紀＞の重要性」『科学』79：1315-1319
町田　洋・新井房夫（1976）「広域に分布する火山灰―姶良Tn火山灰の発見とその意義―」『科学』46：339-347
町田　洋・大場忠道・小野　昭・山崎晴雄・河村善也・百原　新（編）（2003）『第四紀学』朝倉書店
御堂島　正（1986）「黒曜石製石器の使用痕―ポリッシュに関する実験的研究―」『神奈川考古』22：51-77
御堂島　正（1991）「石鏃と有舌尖頭器の衝撃剥離」『古代』92：79-97
御堂島　正（2005）『石器使用痕の研究』同成社

宮　重行・麻生正信・永塚俊司（2000）『東峰御幸畑西遺跡（空港No.61遺跡）』千葉県文化財センター

宮脇　昭（編）（1987）『日本植生誌6　中部』至文堂

明治大学考古学研究室（編）（1981）『報告・野辺山シンポジウム1980』明治大学考古学研究室

明治大学考古学研究室（編）（1982）『報告・野辺山シンポジウム1981』明治大学考古学研究室

望月明彦（2008）「神子柴遺跡出土石器の産地推定」林　茂樹・上伊那考古学会（編）『神子柴―後期旧石器時代末から縄文時代草創期にかかる移行期石器群の発掘調査と研究―』：211-219，信毎書籍出版センター

望月明彦・池谷信之・小林克次・武藤由里（1994）「遺跡内における黒曜石製石器の原産地別分布について―沼津市土手上遺跡BBⅤ層の原産地推定から―」『静岡県考古学研究』26：1-24

森嶋　稔（編）（1976）『男女倉』　長野県道路公社・和田村教育委員会

守田益宗（1984）「東北地方の亜高山帯における表層花粉と植生の関係について」『第四紀研究』23（3）：197-208

守田益宗（2004）「北海道東端ユルリ島における表層堆積物の花粉スペクトル」『植生史研究』13：3-12

矢島國雄・鈴木次郎（1976）「相模野台地における先土器時代研究の現状」『神奈川考古』1：1-30

安田喜憲（1974）「日本列島における晩氷期以降の植生変遷と人類の居住」『第四紀研究』13（3）：106-174

安田喜憲（1981）「長野県矢出川遺跡群の古環境復元報告（1）」明治大学考古学研究室（編）『報告・野辺山シンポジウム1980』：13-26，明治大学考古学研究室

安田喜憲（1982）「長野県矢出川遺跡群の古環境復元報告（2）」明治大学考古学研究室（編）『報告・野辺山シンポジウム1981』：50-60，明治大学考古学研究室

安田喜憲（1983）「堆積物の各種分析からみた最終氷期以降の気候変動」『気象研究ノート』147：613-626

安田喜憲・成田健一（1981）「日本列島における最終氷期の植生図復元への一資料」『地理学評論』54（7）：369-381

八千穂村池の平遺跡発掘調査団（編）（1986）『池の平遺跡群―八千穂村大反遺跡・塩くれ場遺跡の尖頭器文化―』八千穂村池の平遺跡発掘調査団

八ヶ岳旧石器研究グループ（編）（1991）『中ッ原遺跡群第5遺跡B地点の研究』八ヶ岳旧石器研究グループ

八ヶ岳旧石器研究グループ（編）（1995）『中ッ原遺跡群第1遺跡G地点の研究Ⅰ』八ヶ岳旧石器研究グループ

八ヶ岳旧石器研究グループ（編）（1996）『中ッ原遺跡群第1遺跡G地点の研究Ⅱ』八ヶ岳旧石器研究グループ

柳町　治（1987）「氷河・周氷河地形からみた中部日本における最終氷期の気候」『第四紀研究』25（4）：295-303

山中一郎（1979）「技術形態学と機能形態学」『考古学ジャーナル』167：13-15

吉川昌伸（2018）「旧石器時代から縄文時代草創期における東北日本の植生史研究と課題」東北日本の旧石器文化を語る会（編）『東北日本の旧石器時代』：19-33，六一書房

吉田明弘（2016）「長野県広原湿原周辺における過去3万年間の景観変遷と気候変動」小野　昭・島田和高・橋詰　潤・吉田明弘・公文富士夫（編）『長野県中部高地における先史時代人類誌―広原遺跡群第1次～第3次調査報告書―』明治大学黒耀石研究センター資料・報告集1：305-315，明治大学黒耀石研究センター

吉田明弘・鈴木三男（2013）「宮城県多賀城跡の高精度植生復元からみた古代の森林伐採と地形形成への影響」『季刊地理学』64（4）：155-172

吉田明弘・叶内敦子・神谷千穂（2016）「長野県広原湿原における花粉分析と微粒炭分析からみた過去3万年間の植生変動と気候変動」小野　昭・島田和高・橋詰　潤・吉田明弘・公文富士夫（編）『長野県中部高地における先史時代人類誌―広原遺跡群第1次～第3次調査報告書―』明治大学黒耀石研究センター資料・報告集1：253-268，明治大学黒耀石研究センター

米田　穣（2001）「長野県追分遺跡群における放射性炭素年代決定」大竹幸恵ほか「県道男女倉・長門線改良工事に伴う発掘調査報告書―鷹山遺跡群Ⅰ遺跡及び追分遺跡群発掘調査―」：455-462，長門町教育委員会

利渉幾多郎（2012）「栃原岩陰遺跡の哺乳類遺体」『佐久考古学通信』111：19-21

渡辺修一（1991）『四街道市内黒田遺跡群　第1分冊』千葉県文化財センター

＜外国語文献＞

Allee, W.C., Emerson, A., Park, O., Park, T., and Schmidt, K.P. (1949) *Principles of*

Animal Ecology. W.B. Saunders Company

Andersen, K.K., Azuma, N., Barnola, J.M., Bigler, M., Biscaye, P., Caillon, N., Chappellaz, J., Clausen, H.B., Dahl-Jensen, D., Fischer, H., Flückiger, J., Fritzsche, D., Fujii, Y., Goto-Azuma, K., Grønvold, K., Gundestrup, N.S., Hansson, M., Huber, C., Hvidberg, C.S., Johnsen, S.J., Jonsell, U., Jouzel, J., Kipfstuhl, S., Landais, A., Leuenberger, M., Lorrain, R., Masson-Delmotte, V., Miller, H., Motoyama, H., Narita, H., Popp, T., Rasmussen, S.O., Raynaud, D., Rothlisberger, R., Ruth, U., Samyn D., Schwander, J., Shoji, H., Siggard-Andersen, M.L., Steffensen, J.P., Stocker, T., Sveinbjörnsdóttir, A.E., Svensson, A., Takata, M., Tison, J.L., Thorsteinsson, Th., Watanabe, O., Wilhelms, F., and White, J.W.C. (2004) High-resolution record of northern hemisphere climate extending into the last interglacial period. *Nature* 431: 147-151

Birks, H.H., Gelorini, V., Robinson, E., Hoek, W.Z., (2015) Impacts of paleoclimate change 60,000-8,000 years ago on humans and their environments in Europe: Integrating palaeoenvironmental and archaeological data. *Quaternary International* 378: 4-13

Blegen, N. (2017) The earliest long-distance obsidian transport: Evidence from the ~200 ka Middle Stone Age Sibilo School Road Site, Baringo, Kenya. *Journal of Human Evolution* 103: 1-19

Boaretto, E., Wu, X., Yuan, J., Bar-Yosef, O., Chu, V., Pan, Y., Liu, K., Cohen, D., Jiao, T., Li, S., Gu, H., Goldberg, P., and Weiner, S. (2009) Radiocarbon dating of charcoal and bone collagen associated with early pottery at Yuchanyan Cave, Hunan Province, China. *PNAS* 106: 9595-9600.

Bosinski, G. (1979) *Die Ausgrabungen in Gönnersdorf 1968-1976 und die Siedlungsbefunde der Grabung 1968*. Der Magdalénien-Fundplatz Gönnersdorf, Band 3. Bosinski, G. (ed.), Franz Steiner Verlag GmbH

Bowman, D.M.J.S., Balch, J.K., Artaxo, P., Bond, W.J., Carlson, J.M., Cochrane, M.A., D'Antonio, C.M., DeFries, R.S., Doyle, J.C., Harrison, S.P., Johnston, F.H., Keeley, J.E., Krawchuk, M.A., Kull, C.A., Marston, J.B., Moritz, M.A., Prentice, I.C., Roos, C.I., Scott, A.C., Swetnam, T.W., van der Werf, G.R., and Pyne, S.J. (2009) Fire in the earth system. *Science* 324: 481-484

Bronk Ramsey, C. (2009) Bayesian analysis of radiocarbon dates. *Radiocarbon* 51

(1) : 337 - 360

Brooks, A.S., Yellen. J.E., Potts. R., Behrensmeyer, A.K., Deino. A.L., Leslie, D.E., Ambrose, S.H., Ferguson, J.R., d'Errico, F., Zipkin, A.M., Whittaker, S., Post, J., Veatch, E.G., Foecke, K., and Clark, J.B. (2018) Long-distance stone transport and pigment use in the earliest Middle Stone Age. *Science* 360: 90 - 94

Childe, V.G. (1942) *What Happened in History*. Penguin Books

Childe, V.G. (1944) *Progress and Archaeology*. Watts & Co.

Clark, P.U., and Mix, A.C. (2002) Ice sheets and sea level of the last glacial maximum. *Quaternary Science Reviews* 21 (1 - 3) : 1 - 7

Cohen, D.J. (2013) The advent and spread of early pottery in East Asia: new dates and new considerations of the world's earliest ceramic vessels. *Journal of Austrinesian Studies* 4 (2) : 55 - 92

Cupillard, C., Magny, M., Bocherens, H., Bridault, A., Begeot, C., Bichet, V., Bossuet, G., Drucker, D.G., Gauthier, E., Jouannic, G., Millet, L., Richard, H., Rius, D., Ruffaldi, P., and Walter-Simonet, A. (2015) Changes in ecosystems, climate and societies in the Jura Mountains between 40 and 8 ka cal BP. *Quaternary International* 378: 40 - 72

Ehlers, J., Hughes, P.D., and Gibbard, P.L. (2016) *The Ice Age*. John Wiley & Sons, Ltd.

Emiliani, C. (1955) Pleistocene temperatures. *The Journal of Geology* 63: 538 - 557

Faegri, K., Kaland, P.E., and Krzywinski, K. (eds.) (1989) *Textbook of Pollen Analysis 4th Edition*. The Blackburn Press

Grimm, E.C. (1987) CONISS: A FORTRAN 77 program for stratigraphically constrained cluster analysis by the method of incremental sum squares. *Computers & Geosciences* 13 (1) : 13 - 35

Hohenstein, U.T., Turrini, M.C., Guerreschi, A., and Fontana, F. (2016) Red deer vs. ibex hunting at a seasonal base camp in the Dolomites: Mondevalde Sora, site 1, sector I . *Quaternary International* 423: 92 - 101

Ikeya, N. (2015) Maritime transport of obsidian in Japan during the Upper Palaeolithic. In: Kaihu, Y., M. Izuho, T. Geobel, H. Sato and A. Ono (eds.) *Emergence of Diversity of Modern Human Behaviour in Palaeolithic Asia*: 362 - 375, Texas A&M University Press

Jouzel, J., Koster, R.D., Suozzo, R.J., and Russell, G.L. (1994) Stable water isotope behavior during the last glacial maximum: A general circulation model analysis. *Journal of Geophysical Research*, 99 (D12) : 25791 - 25801.

Kahlke, H.D. (1994) *Die Eiszeit*. 3., korr. Aufl. Urania-Verlag

Kudo, Y., and Kumon, F. (2012) Paleolithic cultures of MIS 3 to MIS 1 in relation to climate changes in the central Japanese islands. *Quaternary International* 248: 22 - 31

Kunikita, D., Wang, L., Onuki, S., Sato, H., and Matsuzaki, H. (2017) Radiocarbon dating and dietary reconstruction of the Early Neolithic Houtaomuga and Shuangta sites in the Song-Nen Plain, Northeast China. *Quaternary International* 441: 62 - 68

Kunitake, S. (2016) Settlement behavior in the Kanto Plain during the Japanese Paleolithic based on lithic raw material procurement and consumption. *Quaternary International* 425: 158 - 172

Leakey, L.S.B., Evernden, J.F., and Curtis, G.H. (1961) Age of bed I, Olduvai Gorge, Tanganyika. *Nature* 191: 478 - 479

Lowe, J. and Walker, M. (2015) *Reconstructing Quaternary Environments*. Third Edition. Routledge

McBrearty, S., and Brooks, A.S. (2000) The revolution that wasn't: A new interpretation of the origin of modern human behavior. *Journal of Human Evolution* 39 (5) : 453 - 563

Mellars, P. (1989) Major issues in the emergence of modern human. *Current Anthropology* 30 (3) : 349 - 385

Mithen, S. (1996) The origin of art: Natural signs, mental modularity, and visual symbolism. In: Maschner, H.D.G., Shennan, S. (eds.) *Darwinian Archaeologies*: 197 - 217, Plenum Press

Mithen, S. (2006) *After the Ice: A Global Human History, 20,000-5000 BC*. Harvard University Press (スティーヴン・ミズン著, 久保儀明訳 (2015)『氷河期以後 : 紀元前二万年からはじまる人類史』青土社)

Morita, Y. (1985) Pollen diagrams of some peat moors in the subalpine zone in the Shinshu District, Japan. *Ecological Review* 20 (4) : 301 - 307

Moutsiou, T. (2014) *The Obsidian Evidence for the Scale of Social Life During the Palaeolithic*. BAR International Series 2613, Archaeopress

Nakagawa, T., Kitagawa, H., Yasuda, Y., Tarasov, P.E., Nishida, K., Gotanda, K., Sawai, Y., and Yangtze River Civilization Program Members (2003) Asynchronous climate changes in the North Atlantic and Japan during the Last Termination. *Science* 299: 688-691

Nakagawa, T., Kitagawa, H., Yasuda, Y., Tarasov, P.E., Gotanda, K., and Sawai, Y. (2005) Pollen/event stratigraphy of the varved sediment of Lake Suigetsu, central Japan from 15,701 to 10,217 SG vyr BP (Suigetsu varve years before present): description, interpretation, and correlation with other regions. *Quaternary Science Reviews* 24 (14-15): 1691-1701

Nakagawa, T., Tarasov, P.E., Kitagawa, H., Yasuda, Y., and Gotanda, K. (2006) Seasonally specific responses of the East Asian monsoon to deglacial climate changes. *Geology* 34 (7): 521-524

Nakazawa, Y. (2017) On the Pleistocene population history in the Japanese Archipelago. Current *Anthropology* 58 (S17): S539-S552

Nakazawa, Y., Iwase, A., Akai, F., and Izuho, M. (2011) Human responses to the Younger Dryas in Japan. *Quaternary International* 242 (2): 416-433

Noshiro, S., Suzuki, M., and Tsuji, S. (2004) Latest Pleistocene forests buried by Asama tephra in the Minami-Karuizawa basin, central Japan. *Japanese Journal of Historical Botany* 13 (1): 13-23

Osborn, H.F. (1915) *Men of the Old Stone Age*. Charles Scribner's Sons

Penck, A., and Brückner, E. (1901-1910) *Die Alpen im Eiszeitalter*. 3Bände

Reimer, P.J., Bard, E., Bayliss, A., Beck, J.W., Blackwll, P.G., Bronk Ramsey, C., Buck, C.E., Cheng, H., Edwards, R.L., Friedrich, M., Grootes, P.M., Guilderson, T.P., Haflidason, H., Hajdas, I., Hatté, C., Heaton, T.J., Heaton, T.J., Hoffmann, D.L., Hogg, A.G., Hughen, K.A., Kaiser, K.F., Kormer, B., Manning, S.W., Niu, M., Reimer, R.W., Richards, D.A., E Scott, M., Southon, J.R., Staff, R.A., Turney, C.S.M., and van der Plicht, J. (2013) IntCal 13 and Marine 13 radiocarbon age calibration curves, 0-50,000 years cal BP. *Radiocarbon* 55 (4): 1869-1887

Robinson, E., and Sellet, E. (2018) Lithic technological organization and paleoenvironmental change. In: Robinson, E., and Sellet, E (eds.) *Lithic Technological Organization and Paleoenvironmental Change: Global and Diachronic*

Perspectives: 1-11, Springer

Sasaki, N., and Takahara, H. (2011) Late Holocene human impact on the vegetation around Mizorogaike pond in northern Kyoto basin, Japan: A comparison of pollen and charcoal records with archaeological and historical data. *Journal of Archaeological Science* 38 (6) : 1199-1208

Sasaki, N,. and Takahara, H. (2012) Fire and human impact on the vegetation of the western Tamba Highlands, Kyoto, Japan during the late Holocene. *Quaternary International* 254: 3-11

Schäfer, D. (ed.) (2011) *Das Mesolithikum-Projekt Ullafelsen(Teil 1)*. Mensch und Umwelt im Holozän Tirols, Band 1, P.560, Verlag Philipp von Zabern

Shimada, K. (2014) Upper Palaeolithic obsidian use in central Japan: The origin of obsidian source exploitation. In: Yamada, M. and A. Ono (eds.) Lithic Raw Material Exploitation and Circulation in Prehistory. *Études et Recherches Archéologiques de l'Université de Liège* 138: 175-199, The University of Liège

Shimada, K., Yoshida, A., Hashizume, J., and Ono, A. (2017) Human responses to climate change on obsidian source exploitation during the Upper Paleolithic in the Central Highlands, central Japan. *Quaternary International* 442 (B) : 12-22

Smith, V.C., Staff, R.A., Blockley, S.P.E., Ramsey, C.B., Nakagawa, T., Mark, D.F., Takemura, K., Danhara, T. and Suigetsu 2006 Project Members (2013) Identification and correlation of visible tephras in the Lake Suigetsu SG06 sedimentary archive, Japan: Chronostratigraphic markers for synchronizing of east Asian/west Pacific palaeoclimatic records across the last 150 ka. *Quaternary Science Reviews,* 67: 121-137

Stuiver, M., Grootes, P.M., and Braziunas, T.F. (1995) The GISP2 $\sigma^{18}O$ climate record of the past 16,500 years and the role of the sun, ocean, and volcanoes. *Quaternary Research* 44 (3) : 341-354

Stuiver, M., and Grootes, P.M. (2000) GISP2 oxygen isotope ratios. *Quaternary Research* 53 (3) : 277-284

Suda, Y., Tsuchiya, M., Hashizume, J., and Oyokawa, M. (2018) Chemical discrimination of obsidian sources in the Kirigamine area and provenance analysis of obsidian artifacts from the Hiroppara prehistoric sites I and II, central Japan. *Quaternary International* 468（A）：72-83

Tsukada, M. (1988) Glacial and Holocene vegetation history-20 ky to present Ⅲ. 4 Japan. In: Huntley, B., and Webb Ⅲ, T. (eds.) *Vegetation History*: 459-518, Kluwer Academic Publishers

van Andel, T.H. and Davies, W.D. (eds.) (2003) *Neanderthals and Modern Humans in the European Landscape of the Last Glaciation-Archaeological Results of the Stage 3 Project*. The McDonald Institute for Archaeological Research

Walker, M., Johnsen, S., Rasmussen, S.O., Popp, T., Steffensen, J.P., Gibbard, P., Hoek, W., Lowe, J., Andrews, J., Björck, S., Cwynar, L.C., Hughen, K., Kershaw, P., Kromer, B., Litt, T., Lowe, D.J., Nakagawa, T., Newnham, R., and Schwander, J. (2009) Formal definition and dating of the GSSP (Global Stratotype Section and Point) for the base of the Holocene using the Greenland NGRIP ice core, and selected auxiliary records. *Journal of Quaternary Science* 24（1）：3-17

Wang, Y.J., Cheng, H., Edwards, R.L., An, Z.S., Wu, J.Y., Chen, C.C., and Dorale, J.A. (2001) A high-resolution absolute-dated Late Pleistocene monsoon record from Hulu Cave, China. *Science* 294: 2345-2348

Wu, X., Zhang, C., Goldberg, P., Cohen, D., Pan, Y., Arpin, T., and Bar-Yosef, O. (2012) Early pottery at 20,000 years ago in Xianrendong Cave, China. *Science* 336: 1696-1700

Yoshida A., Kudo Y., Shimada K., Hashizume J., and Ono A. (2016) Impact of landscape changes on obsidian exploitation since the Palaeolithic in the central highland of Japan. *Vegetation History and Archaeobotany* 25（1）：45-55

Yue, J., Hou, Y., Yang, S., Chang, Y., Zhang, W., Li, Y., Hao, H., Wang, X., and Qiu, L. (2017) A preliminary report on the 2014 excavation at Taoshan site in Heilongjiang Province, Northeast China. *Acta Anthropologica Sinica* 36（2）：180-192（Chinese with English abstract）

索 引

■遺跡

【あ】
アバクチ洞穴遺跡 *22*
池のくるみ遺跡群 <u>75</u>
池ノ平遺跡群 <u>75</u>
池ノ平白樺湖遺跡群 <u>75</u>
池花南遺跡 <u>104</u>
井出丸山遺跡 43
岩宿遺跡 30
上原遺跡 167
ヴェルテシュセレーシュ遺跡 5
ウラーフェルゼン遺跡 18, 19, 20, 137, 202, 203, 204
追分遺跡群 <u>34</u>, 35, 73
大反り遺跡 <u>179</u>, 180
大平山元Ⅰ遺跡 *195*
大奴田場遺跡 167
男女倉遺跡群 24, 25, <u>75</u>
オルドヴァイ渓谷 9
小瀬ヶ沢洞窟 <u>188</u>

【か】
ガーシャ遺跡 *195*
風穴洞穴遺跡 *22*
上草柳遺跡第2地点 <u>171</u>, 172
上林遺跡 142
北原遺跡 185, *195*
葛原遺跡B地点 *172*
ゲナスドルフ遺跡 16, 17
剣ヶ峰地区（高原山原産地） 181

【さ】
三ノ宮・下谷戸遺跡 167
塩くれ場遺跡 180
尻労安部洞窟 *22*
渋川遺跡群 <u>75</u>

下鶴間長堀遺跡 <u>171</u>
下触牛伏遺跡 *103*, 143, 145
下茂内遺跡 181
ジャコッパラ遺跡群 <u>75</u>
仙人洞遺跡（Xianrendong）*195*
自由学園南遺跡 *171*, *172*
白草遺跡 <u>177</u>
砂川遺跡 143, *171*
諏訪湖東岸遺跡群 <u>75</u>
清河寺前遺跡 147
星光山荘B遺跡 <u>190</u>

【た】
帝釈峡観音洞窟遺跡 *22*
帝釈峡馬渡岩陰遺跡 *22*
鷹山遺跡群 <u>53</u>
鷹山遺跡群第Ⅰ遺跡S地点 <u>107</u>, 157
鷹山遺跡群第Ⅰ遺跡M地点 108
鷹山遺跡群第Ⅻ遺跡黒耀石研究センター地点 108
鷹山遺跡群星糞峠2001主調査区 108
竹佐中原遺跡 141
立が鼻遺跡 *21*
田名塩田遺跡群A地区 <u>171</u>
田名向原遺跡 161, <u>162</u>, 163, 164, *172*
多聞寺前遺跡 *171*
月見野遺跡群 30
津久井城跡馬込地区 147
東峰御幸畑西遺跡 <u>144</u>
栃原岩陰遺跡 19
十余三稲荷峰遺跡 167

【な】
中ッ原第1遺跡G地点 176
中ッ原第5遺跡B地点 176, <u>177</u>
夏島貝塚 *195*
野川遺跡 30, 143
野尻湖遺跡群 32, 90, 142

229

野水遺跡 147

【は】

初音ヶ原遺跡 *103*

八風山Ⅵ遺跡 181

花泉遺跡 *22*

パンスヴァン遺跡 16

ビルツィンクスレーベン遺跡 5

広原遺跡群 14, 17〜19, 29, 37, 45, *48*, 53, 73, 74, 78, 87, 99, 102, 112, 113, 116, 118, 122, 124, 126, 127, 199, 200, 202〜205

広原第Ⅰ遺跡 35, 38, 49, <u>79</u>, 80, 81, <u>83</u>, 84, 85, 97, 101, 105, 108, 109, 111, 116, 117, 120, 135, 139, 201

広原第Ⅱ遺跡 85〜87, <u>89</u>, <u>90</u>, <u>94</u>, 96, 97, 99, 111, 122, 123, 125,〜127, 129, 131, 141, 142, 146, 203

深見諏訪山遺跡 <u>171</u>, <u>172</u>

福井洞穴遺跡 *195*

報恩寺遺跡 167

【ま】

神子柴遺跡 <u>179</u>, 180, <u>190</u>

南三里塚宮原第1遺跡 <u>144</u>

室谷洞窟 <u>188</u>, <u>190</u>

モンデヴァル・デ・ソーラ遺跡 20

【や】

八島遺跡群 <u>75</u>

矢出川第Ⅰ遺跡 166〜169, 176

玉蟾岩遺跡（Yuchanyan）*195*

横田遺跡 <u>172</u>

吉岡遺跡群C地点 22, <u>188</u>

【ら】

浪人塚下遺跡 179, 180

【わ】

和田峠遺跡群 <u>36</u>, <u>75</u>

割橋遺跡群 <u>75</u>

■術語・地名

【あ】

アーレンスブルク文化 204

始良-Tn 火山灰 *22*, 30, 33, 80, **206**

アカマツ 65

亜高山帯性針葉樹（林）56, 67, 68, 101, 180, 181

アトランティック期 19, 205

亜氷期／亜間氷期サイクル 136, 140, **206**

アムール川 *195*, *197*

アルプス・アイベックス 19, 20, 203〜205

アレレード亜間氷期 10

いきち 57〜59, 61〜64, 139, 153, **207**

石皿 186, 187

遺跡間接合 148

遺跡連鎖 96, 133

イノシシ 19, *22*, *103*, 203

イワノガリヤス 78

ヴュルム氷期 18, **208**

雨裂 78

上家構造 157, 162〜164

円磨度 120, **206**

青海—蓮華地域 90

大石川 180

押型文系土器 82, 87, 99, 101

陥し穴 *103*, *104*, 189

男女倉川 120, 121, 128, 133

男女倉谷 112, 121, 124〜126

温帯性針葉樹（林）64, 65

【か】

海産資源 151

海洋酸素同位体ステージ 8, 9, *21*, *32*, *72*, 137, 140, 152, **208**

火砕流 27, 78, 119, 124, **207**, **208**

火山灰 15, *21*, *22*, 30, 33, 35, 80, 82, 87, 94, 100, *174*, **206**, **207**, **208**, 209

化石周氷河地形　62
加速器質量分析法　55
カバノキ属　58, 62, 63, 67, 101
花粉化石　52, 55, 57～59, 62～66, 199
花粉帯　25, 59, 61, 63～65
花粉分析　16, 18, 24, 25, 29, 52, 55, 58, 59, 62～65, 203, 207
カモシカ　19, 22
カラマツ属　57～59, 60, 66
カリウム・アルゴン法　9
環状ブロック群　103, 104, 141～152
完新世　6, 10, 11, 18～20, 64, 65, 101, 175, 182～187, 191, 194, 195, 197, 206, 208
技術形態学　170, 173
北チロル　18, 19, 137, 203, 205
機能形態学　173
求心状剝離石核　93
玉髄　97
極相林　68
局地花粉帯　59, 60, 61
局部磨製石斧　85, 88, 90, 94, 97, 99, 136, 146, 151
鋸歯縁加工　173
錐器　87, 173
切出形石器　170
楔形石器　87
クマシデ属　60, 64
クリーヴァー　21
グリーンランド氷床コア　32, 44, 136, 183, 184, 191
クロマツ　65
景観変遷史　45, 73, 135, 139, 199
蛍光Ｘ線分析　78, 206
蛍光Ｘ線分析装置
　　エネルギー分散型―　46, 49, 112
　　波長分散型―　78, 110
珪質凝灰質頁岩　97

珪質頁岩　14
形象芸術　4
欠損痕跡　188～191
原産地
　　天城柏峠―　28, 40, 43, 44, 135, 152, 155, 160
　　―遺跡　37, 53, 73, 107, 108, 199
　　異地性―　77
　　霧ヶ峰―　28, 47, 49, 52, 75, 76, 77, 104, 110, 142, 161, 163, 176, 180
　　原地性―　49, 76, 110, 127
　　神津島―　28, 30, 40, 42, 43, 104, 135, 141, 142, 150, 163, 165～169, 176, 178
　　―行動系　96, 106, 122, 133, 135, 139, 142, 181, 201
　　高原山―　28, 43, 135, 142, 152, 163, 181
　　鷹山―　34, 75, 78, 107, 108, 112, 116～119, 121, 124, 125, 157, 164
　　八ヶ岳―　28, 52, 66, 75, 100, 104, 124, 126, 142, 161, 163, 165～167, 176, 177, 180
　　中部高地―　14, 23, 25, 28～30, 33～38, 40～45, 51～53, 55, 56, 58, 62～64, 66～68, 73～76, 87, 88, 97, 99～102, 105～109, 112, 116, 122, 127, 133, 134, 135, 138, 139, 140, 151～153, 155～157, 160, 161, 164～166, 169, 175, 176, 178, 180～182, 199, 200～202, 205
　　箱根―　28, 32, 42～44, 103, 135, 142, 152, 155, 160, 163, 166, 167, 169
　　東餅屋―　78, 112, 116～121, 124, 126
　　―分析　14, 23～25, 27～29, 31, 32, 37～39, 41, 42, 44, 45, 46, 47, 74, 77, 78, 96, 105, 106, 108, 109, 111～114, 116～118, 120～127, 129, 132～135, 139, 140, 142, 154, 156, 158～160, 163, 167, 180, 199～201
　　星糞峠―　24, 34, 53, 75, 108, 124
現生人類　3～5, 106, 141, 143, 149～151, 202

原石
　—獲得領域　127, 128, 134, 139
　—分布インデックス　109, 114〜117, 122, 126
元素組成グループ
　小深沢（K）　77, 110, 117, 118, 124
　高松沢（M）　77, 110, 117, 124
　ツチヤ沢（T）　77, 110, 117, 121, 124
　東餅屋・鷹山（MT）　77, 178, 110, 117, 112, 116, 118, 121, 124
　ブドウ沢（B）　77, 110, 117, 121, 124, 125, 132
　ブドウ沢・本沢・ウツギ沢・牧ヶ沢（BHU）　77, 110, 117,
　古峠・三ノ又沢（FS）　77, 110, 117, 124
　星ヶ塔・星ヶ台（HH）　77, 78, 110, 112, 116, 117, 118, 124, 126, 180
　ブドウ沢・本沢尾根（BH）　77, 110, 117, 121, 124
　本沢上流（H）　77, 110, 117, 121, 124
　牧ヶ沢（O）　77, 110, 117,
　麦草峠・冷山（Ms）　77, 110, 117, 124, 134, 161
　和田峠（W）　11, 24, 48, 53, 77, 78, 101, 110, 112, 116, 117, 118, 124, 126, 128, 133, 180
元素分析　110
現代人的行動　28, 106, 143
コア試料　53〜55, 58, 59, 60
後期旧石器時代
　—後半期後葉　84, 97, 156, 157
　—後半期終末　176, 182
　—後半期前葉　152
　—前半期後葉　145
　—前半期前葉　94, 97, 123, 133, 140, 141, 144, 149
後期更新世　7, 21, 22, 184

高山植生　56
高山草原　62, 63
更新世　7, 10, 11, 19, 20, 21, 22, 182〜184, 195, 196, 197, 200, 204, 206
較正曲線　55, 183
後氷期　10, 18, 52, 64, 101, 175, 182, 202, 204, 208
古環境学　23, 25, 26, 29
国際地質科学連合　8, 206
黒曜石
　—獲得集団　85, 97, 101, 122, 127〜129, 132, 133, 134, 141, 150, 157, 164, 199
　—獲得領域　117
　—集石　86, 88, 90, 92, 93, 94, 131
コケスギラン　58, 62, 63
湖沼堆積物　183, 193
骨器　4, 13, 21
古ドリアス期　10, 11
コナラ　56, 67
コナラ亜属　58, 64, 101

【さ】

採掘址群　76, 101
採掘活動　75, 101
最古ドリアス期　10, 11
歳差運動　69, 70
最終氷期　6, 7, 9, 10, 21, 23〜26, 29, 35, 42, 44, 45, 52, 56, 67, 87, 136, 137, 166, 183, 184, 202, 206, 208
最終氷期最寒冷期　44, 56, 62, 63, 100, 139, 152, 157, 164, 175, 184, 195
細石刃石器群　42, 43, 84, 164, 165〜169, 176〜178, 181, 182, 195, 197, 205
在地石材　155, 158, 160, 161, 163, 176, 178, 181, 182
相模川　163
削器　82, 90, 173

サヌカイト　14
酸性凝灰岩　97
酸性土壌　21, *103*, 188
酸素同位体比　9, 10, 70, 71, 136
¹⁴C生成率　55
資源開発　106
資源環境　2, 5, 6, 12, 25, 26, 37, 45, *48*, 73, 74, 78, 105, 116, 135, 143, 151, 199, 202, 203
資源探索　30, 150, 151
住居址　85, 193
住居状遺構　161～164, 172, 191
周口店動物群　*21*
周氷河環境　100
出現期土器　*195, 197*
狩猟活動　19, 96, 100, 137, 204
狩猟採集社会　12, 148, 175
衝撃痕　113, 114
衝撃剥離痕　*173*, 189
縄文海進　151
縄文鉱山　76
植刃器　*173*
植生帯　11, 51
植生復元　52, 140
植生変遷　52, 62
植物珪酸体　52, 207
植物（質）資源　150, 188, 193, *197*
植物相　5, 6, 9, 137
深海底コア　70～72
新石器時代　9, 14, 19, 195, 204
新第三紀　3
新ドリアス期　10
森林限界　11, 18～20, 57, 63, 64, 66, 101, 135, 137, 140, 153, 164, 175, 176, 182, 200, 203 ～205, **207**
水月湖　64, 183, 191
水和層年代測定　*174*
磨石　84, 87, 88, 101, 102, 162, *173*, 186, 187

生業活動　18, 146, 149, 151, 163, 164
生業施設　163
生態系　3, 12, 13
石筍　64, 183, 191, 193, **207**
石刃　81, 82, 83, 84, 93, 95, 96, 130～134, 187
石刃技法　4
石鏃　19, 82, 84, 87, 88, 101, 186, 187, 189, 191, 193, 204
石斧　85, 88, 90, 94, 97, 99, 136, 146, 147, 149, 151, *173*, 178, 180, 182, 186, 187, 190～193, *197*
石灰岩洞窟　15, 191, 193
石器集中部　88, 107, 108, 143
石器製作残滓　101, 143, 145, 147, 159, 180
接合　17, *21*, 84～86, 88, 92, 95, 122, 123, 126, 132, 145, 148, *170*, 180
背潰し加工　91, *170*, **207**
前期・中期旧石器時代遺跡捏造　30
尖頭器　30, 81, 83, 84, 85, 122, 156, 160, 161, 163, *172, 173*, 174, 178, 179, 185, 186, 189, *197*, **207**, 208
尖頭器石器群　44, 82, 84, 97, 99, 100, 107, 156, 200

【た】

第一次生産者　13
台形様石器　90, 136, **207**
代替指標　*70, 72*, **207**
大門川　120
第四紀　7, 8, 31, *69, 70, 72*, 206, 208
打製石器　26, 193
敲石　84, *173*
ダンスガード＝オシュガー・サイクル　136
単設打面石核　93
地磁気境界　8
地軸の傾き　*69*
中央分水界　116, 126, 128, 133, 168, 169

中期更新世 *21*
長距離運搬 28, 97
長距離交換ネットワーク 28
チョッパー 5
チョッピングトゥール 5
ツガ属 <u>58</u>, 62〜64, 67
爪形文・多縄文系土器 <u>186</u>
定住集落 148
底生有孔虫 10, *72*
適応行動 45, 187, 194
テフラ 81, 206, **207**, 208
テフラ分析 80, 85, 87
同位体分別 *72*
洞窟壁画 4
凍結融解作用 88
投射方法 *173*
透閃石岩 88, 90, 97, 99
投槍器 15, 20, 189, 204, **208**
トウヒ属 <u>58</u>, 62〜64, 67
動物化石 *21, 22*
動物資源 *21, 22*, 189
動物相 5, 6, 9, 20, *21*, 29, 137, 175
トウヨウゾウ *21*
土器出現期 176, 180, 182, *195, 197*

【な】

内水面漁撈 163
ナイフ形石器 *22*, 84, 90, 99, 136, 156, 160, 161, *170, 171, 173*, **208**
ナウマンゾウ *21, 22, 103*
ナウマンゾウ—オオツノジカ動物群 *21*
ニホンジカ 19, *21*, 203
ニホンムカシジカ *21*
人間—環境相互作用 17, 45, 105, 136, 137, 169, 202
認知モジュール 4
ヌマガヤ 78

ネアンデルタール 137
年縞堆積物 64
ノッチ 90
野辺山高原 63, 100, 166〜168

【は】

バイソン *21, 22*
ハイマツ 56, 62
八風山 181
万県動物群 *21*
板状石核 93
ハンドアックス 5
晩氷期 10, 11, 43, 63, 139, 175, 176, 178, 180, 181〜183, 191, 194, *195〜197*, 208
東アジアモンスーン 64
微化石 52
ヒグマ *21, 22*
ヒト—資源環境系 25, 26, 37, 45, 73, 74, 78, 105, 135, 199
氷河性海水準変動 6, 208
氷期／間氷期サイクル 9
標高移動 137
標式石器 <u>32</u>, 88, 136, *170, 173*
氷床コア <u>32</u>, 44, *70〜72*, 136, 182〜<u>184</u>, 191, 193, 206
微粒炭 55, <u>58</u>, 59, <u>60</u>, 61, 65
広原湿原 11, 17, 24〜26, 29, 45, *48*, 53, <u>54</u>, <u>55</u>, 56, 57, <u>58</u>, 59, <u>60</u>, 62〜66, 73, 74, 77, 78, <u>79</u>, 80, 97, <u>98</u>, 99〜102, 110, 126, 135, 137, 139, 140, 164, 175, 199, 200
広原小丘 78, 85
フォッチャー渓谷 <u>57</u>, 67
ブナ <u>58</u>, 67, 68
フリント 15, 16
プレボレアル期 204, **208**
ブロック *22*, 87, 143, 145〜148, 163
文化的適応 157, 160, 161, 164

234

ベーリング亜間氷期　10
ベーリング／アレレード期　185, 208
ヘラジカ　21, 22
編年
　火山灰—　30, *174*
　後期旧石器時代—　32, 33, 35, 36, 38, 97, 108, 139, 200
　考古・古環境統合—　74, 102, 105
　第四紀—　31
　地域—　30, 31, 33
　中部高地—　41, 97, 160
　—モデル　35, 37, 73, 74, 99
ボイロニアン（ボイロン文化）　204
放射性炭素年代測定　9, 31, 34, 35, 54, 55, 94, *195*, 209
北方系細石刃石器群　176, 178, 181, 182
哺乳動物群　21
ホモ・サピエンス　3, 28, 30, 106, 137, 143, 202
ボレアル期　19, 204, 205, 208

【ま】

マグダレニアン　11, 16
磨製骨器　4
マツ属単維管束亜属　62, 63
マツ属複維管束亜属　65
マンモス　16, *21, 22*
マンモス動物群　21
神子柴系石器群　179, 180, 182
ミズナラ　67, 78
ミランコビッチ・サイクル　*69*
武蔵野編年　153
明治大学黒耀石研究センター　23, 24, *47, 48*, 54, 199
木材化石　54
木器　15
モミ属　62
モン・サン・ニコラ　8

【や】

ヤベオオツノジカ　*21, 22*
ヤンガー・ドリアス期　11, 139, 185, 206, 208
有茎尖頭器　87, 99, 101, 186, 189
有肩尖頭器　156, *173*
有効環境　7
有効環境領域　135〜137, 139
有孔虫　9, 10, *72*, 183
有樋尖頭器　84, 156, 160, 161, *173*, 207
弓矢猟　20, 191, 193
依田川　113, 115, 119〜121, 127, 128, 133

【ら】

ライン川　16
離心率　*69*
隆起線文土器　185, *195*
流紋岩質マグマ　*46*
両極剝離　82, 87
両設打面石核　93
稜柱形細石刃石核　165, 166, *172, 173*
稜柱系細石刃石器群　39, 42, 43, 164, 165〜169, 176, 178, 181
両面加工石器　187, *197*
両面加工尖頭器　84, *173*, 207
冷温帯性落葉広葉樹（林）　57, 64, 65, 67, 68
礫群　157, 164
礫斧　187, 191
礫面分類　116, 117, 120
礫器　88, 101, 162, *173*, 187
ローム　18, 30, 32, 33, 35, 80, 85, 142, 145, 148, 209
ローム層　145, 148, 182, 209

【わ】

和田川　78, 109, 112, 113, 115, 116〜118, 119〜121, 126〜128, 133
和田峠　11, 24, *48*, 53, 101, 128, 133, 180

■英語・略称

Alleröd Interstadial 10
AMS 55
AT *22*, 30, 33, 35, 80, 82, 84, 85, 87, 94, 100, 206
Bölling Interstadial 10
Center for Obsidian and Lithic Studies, Meiji University 23
COLS 23～25, 35, 45, *49*
early part of Early Upper Palaeolithic 33
early part of Late Upper Palaeolithic 33
Early Upper Palaeolithic 33
EDXRF 112, 123
e-EUP 33, 40, 42, 43, 88, 90, 91, 94, 96, 97, 99, 123, 133, 134, 140～143, <u>144</u>, 145, 149, 151, 181
effective environment 7
e-LUP 33, 40, 43, 44, 152, 153, 156, 157, *170*
EUP 33, 35, 40, 100, 122
final part of Late Upper Palaeolithic 33
f-LUP 33, 39, 40, 42～44, 164, <u>165</u>, 166, 168, 169, 176, 182
GISP2 184
Greenland Ice Sheet Project 2 184
Homo sapiens 3
Hulu Cave 64
human-environment interaction 17, 97
human resource 5
IntCal 13 55
INTegrating Ice core, MArine and TErrestrial records 137
INTIMATE 137
IUGS 8, 206
K-Ar 9
Last Glacial Maximum 10, 56
late part of Early Upper Palaeolithic 33
late part of Late Upper Palaeolithic 33
Late Upper Palaeolithic 33
l-EUP 33, 40, 43, 140, 141, 145, 156
LGM 10, 44, 56, 100, 139, 140, 152, 157, 161, 164, 168, 175, 176, 184, 208
l-LUP 33, 40, 42, 43, 97, 99, 122, 157, 158, *170*
LUP 33, 35, <u>154</u>, <u>155</u>, 161
Marine Oxygen Isotope Stage 9
MIS 9～11, *21*, *72*, 137, 140, 141, 152, 153, 156, 200, 208
natural resource 5
NGRIP <u>32</u>, 136
Older Dryas 10
Oldest Dryas 10
OxCal 4.2 55
PARt 58, 59, 61～64, 66, 135, 139, 152, 153, 156, 157, 160, 161, 164, 182, 207
Pleistocene/Holocene boundary 11
Pollen accumulation rate for trees 58
Stage Three Project 137
WDXRF 110～112, 123
Younger Dryas 10
$\delta^{18}O$ *70*～*72*, 136

執筆分担（50音順）

小野　昭　　Ⅰ章・Ⅷ章
島田和高　　Ⅱ章・Ⅳ章・Ⅴ章・Ⅵ章・Ⅶ章・Ⅷ章・コラム5
隅田祥光　　コラム2
中村由克　　コラム1
橋詰　潤　　Ⅳ章・Ⅴ章・Ⅶ章・コラム4・コラム6
吉田明弘　　Ⅲ章・コラム3

執筆者一覧（50音順）

阿部　芳郎（あべ　よしろう）1959年生
明治大学文学部教授　明治大学黒耀石研究センター長
主要著作論文　「貝食文化と貝塚形成」『地域と文化の考古学』Ⅰ、2005、「大森貝塚の調査と大森ムラの実像」『東京の貝塚を考える』雄山閣 2008、「加曽利貝塚の形成過程と集落構造」『東京湾巨大貝塚の時代と社会』雄山閣 2009

小野　昭（おの　あきら）1946年生
東京都立大学名誉教授
主要著書論文　『打製骨器論―旧石器時代の探求―』東京大学出版会 2001、『旧石器時代の日本列島と世界』同成社 2007、『ネアンデルタール人奇跡の再発見』朝日選書 2012

島田　和高（しまだ　かずたか）1970年生
明治大学博物館学芸員
主要著作論文　「後期旧石器時代前半期における環状ブロック群の多様性と現代人の拡散」『資源環境と人類』1、2011、『特別展図録　氷河時代のヒト・環境・文化：THE ICE AGE WORLD』明治大学博物館 2012、Human responses to climate change on obsidian source exploitation during the Upper Paleolithic in the Central Highlands, central Japan. *Quaternary International* 442, 2017

隅田　祥光（すだ　よしみつ）1976 年生
長崎大学教育学部准教授

主要著作論文　「夜久野オフィオライト朝来岩体における古生代海洋内島弧地殻の形成と進化過程」『地質学雑誌』115、2009、Inter-laboratory validation of the WDXRF, EDXRF, ICP-MS, NAA and PGAA analytical techniques and geochemical characterisation of obsidian sources in northeast Hokkaido Island, Japan, *Journal of Archaeological Science: Reports* 17, 2018、Chemical discrimination of obsidian sources in the Kirigamine area and provenance analysis of obsidian artifacts from the Hiroppara prehistoric sites I and II, central Japan, *Quaternary International* 468, 2018

中村　由克（なかむら　よしかつ）1953 年生
下仁田町自然史館館長　明治大学黒耀石研究センター員

主要著作論文　「中部地方における後期更新世以降の人類活動」『第四紀研究』42、2003、「旧石器時代における石斧の石材鑑定」『野尻湖ナウマンゾウ博物館研究報告』19、2011、「後期旧石器時代における透閃石岩製石斧のひろがり」『旧石器研究』11、2015

橋詰　潤（はしづめ　じゅん）1977 年生
新潟県立歴史博物館主任研究員

主要著作論文　「後期更新世末期の本州中央部における両面加工狩猟具利用の変遷」『第四紀研究』54、2015、『更新世末期のアムール川下流域における環境変動と人類行動』vol.1～3、明治大学黒耀石研究センター、2016・2017・2018、「広原遺跡群第Ⅰ遺跡における黒曜石をめぐる人類の行動」『資源環境と人類』8、2018

吉田　明弘（よしだ　あきひろ）1978 年生
鹿児島大学法文学部准教授

主要著作論文　Impact of landscape changes on obsidian exploitation since the Palaeolithic in the central highland of Japan, *Vegetation History and Archaeobotany* 25, 2015、Quantitative reconstruction of palaeoclimate from pollen profiles in northeastern Japan and the timing of a cold reversal event during the Last Termination, *Journal of Quaternary Science* 24, 2009、「青森県八甲田山田代湿原における約 13,000 年前以降の古環境変遷」『第四紀研究』45、2006

2019年2月12日　初版発行　　　　　　　　　　《検印省略》

明治大学黒耀石研究センター叢書
人類と資源環境のダイナミクスⅠ　旧石器時代

編　者	小野　昭
発行者	宮田哲男
発行所	株式会社　雄山閣

〒102-0071　東京都千代田区富士見2-6-9
TEL 03-3262-3231　FAX 03-3262-6938
振　替 00130-5-1685
http://www.yuzankaku.co.jp

印刷・製本　株式会社ティーケー出版印刷

Printed in Japan　ⓒ Akira Ono 2019　　　　　N.D.C. 210 256P 21cm
ISBN978-4-639-02629-7　C3021